U0857548

法律与政策实证研究前沿

主编 魏建／副主编 李春明 林舒

山东大学出版社

图书在版编目(CIP)数据

法律与政策实证研究前沿.2019 / 魏建主编.—济南：
山东大学出版社，2019.6
ISBN 978-7-5607-6374-3

Ⅰ.①法… Ⅱ.①魏… Ⅲ.①法律—研究②政策—研究
Ⅳ.①D9②D035-01

中国版本图书馆 CIP 数据核字(2019)第 135846 号

责任编辑：尹凤桐
封面设计：牛 钧

出版发行：山东大学出版社
社 址 山东省济南市山大南路 20 号
邮 编 250100
电 话 市场部(0531)88364466
经 销：新华书店
印 刷：济南新科印务有限公司
规 格：720 毫米×1000 毫米 1/16
15.5 印张 254 千字
版 次：2019 年 6 月第 1 版
印 次：2019 年 6 月第 1 次印刷
定 价：39.00 元

前　言

2000 年以来，我国的法律实证研究成果在数量和质量上均呈稳步提升态势，兴起了法律实证研究的新风，成为一种与法教义学研究、社科法学研究并行的重要的研究范式。

一、开展“法律与政策实证研究”的重要意义

法律实证研究的兴起，既适应了国际法学界研究热潮，也适应了当代中国发展的需要。

第一，法律实证研究适应了国际法学研究热潮和国际法学发展趋势。据左为民教授的研究，当代实证法律研究 20 世纪 90 年代晚期在美国法学界崛起，并在 21 世纪获得迅猛发展，2004 年，*Journal of Empirical Legal Studies* 一书由康奈尔法学院编辑出版，第一届美国实证法律研究年会 2006 年 10 月在得克萨斯法学院召开，以后每年如期举办。时至今日，实证法律研究已成美国法学界主流研究范式之一，越来越多的青年学者从事实证研究。而首届欧洲实证法律研究年会于 2015 年 6 月在阿姆斯特丹大学法学院召开，首届亚洲实证法律研究年会于 2017 年 6 月在台北市召开。[①] 在国内，法律实证研究也是如火如荼。2018 年 7 月 2 日，由四川大学法律实证研究所与四川省社科重点研究基地纠纷解决与司法改革研究中心承办的“第二届中国法律实证研究年会”在四川成都举行；2018 年 6 月，由云南大学法学院承办的第三届中国法律实证研究年会，在昆明举行；2018 年 8 月，由中国社科院法学所主办的“依法治

① 左卫民：《一场新的范式革命？——解读中国法律实证研究》，《清华法学》2017 年第 3 期。

国与实证法学年会(2018)暨新时代中国法治的理论走向”学术研讨会，在浙江衢州举办。2018 年 12 月，由《山东大学报(哲学社会科学版)》主办的“法律与政策实证研究”专题研讨会，在济南举行。另外，第四届中国法律实证研究年会，将于 2019 年 7 月在山东大学青岛校区举办。这表明，法律实证研究已经成为世界性趋势，成为一种重要的法学研究方法和范式的创新。

第二，法律实证研究适应了大数据时代提供的历史机遇与技术支持。伴随着“大数据”时代的到来，人类社会已经进入“社会数字化”与“数字社会化”时代，使用大数据来进行商业、社会、经济与政治决策日益普遍。在大数据时代，社会科学研究不可避免地“大数据化”，法学研究也不例外。同时，法律活动的公开性也令其越来越“大数据化”。例如，中国裁判文书网的出现以及大范围地公布司法裁判文书，使之成为中国司法乃至整个法律大数据的最新、最重要的表现形式。此外，一批关注法律大数据的法律实务与学术研究方面的机构、个人均开始投入大数据的收集、分析和应用进程。关注和运用大数据的法律与法学研究方式会是相当长时间内中国法律与法学界的普遍趋势。①

第三，法律实证研究弥补了法教义学、社科法学研究范式的局限，对于中国法治建设具有独特的价值。目前，法学研究领域存在三种研究：法教义学研究、社科法学研究和实证法学研究。法教义学研究、社科法学研究具有自己独特的研究优势，同时也具有明显的研究劣势。而法律实证研究能够弥补它们的缺陷，对当代中国的法治建设具有独特的价值。左卫民教授指出：法教义学更多关注的是法律应该是什么，实践应该及如何接近立法；而社科法学虽然关注实践，但往往通过个案的深度挖掘与解析来发现法之真谛，或提出独特的理论命题，这可能因为考察对象的有限而失之偏颇。相反，实证研究基于数据的研究方法，决定了其本质上不仅是一种实践法学，以实践(包括立法实践与司法实践)为关注的中心对象，更由于关注对象的广泛性、解读的客观性与注重归纳的研究思路，易于获取真知，检验理论并进而提出新观点。②

另外，在公共政策领域，实证研究对共同政策制定和评估的科学性、实效性同样具有重要的意义。公共政策是现代政府用以管理和规范社会、体现价

① 参见左卫民：《一场新的范式革命？——解读中国法律实证研究》，《清华法学》2017 年第 3 期。

② 参见左卫民：《一场新的范式革命？——解读中国法律实证研究》，《清华法学》2017 年第 3 期。

值目标、进行资源分配和再分配的重要管理手段。[①] 实证方法强调事实和经验,促使人们对政策过程进行更细致的分析,考察问题的每一环节,找出问题的具体症结所在,并进行修正。这就大大推动了政策制定和评估的科学化水平。所以,公共政策领域的实证研究同样具有重要的现实意义。

由此可见,实证研究对于开拓法学、政策学研究领域中新的研究方法和研究范式具有重要的意义。但是,目前国内期刊界鲜有开辟专栏对其进行集中研究者。鉴于此,《山东大学学报(哲学社会科学版)》发挥综合性社科学报的优势,自 2017 年开设"法律与政策实证研究"栏目。该栏目开设以来,在推进实证研究在法学政策学研究中的运用、搭建高水平的学术交流平台和良好的互动合作机制、促进学科发展、提升公共政策质量方面,发挥了良好的作用,得到了学界的广泛认可和赞誉。2018 年,"法律与政策实证研究"栏目共发表文章 13 篇,内容涉及基本理论、民事诉讼法实证研究、刑事诉讼法实证研究、法律法规适用实证研究、立法问题实证研究、公共政策实证研究等领域。为集中展示该栏目 2018 年的研究成果,我们把该 13 篇文章结集出版,从中可以管窥我国法律与政策实证研究领域的关注热点。

二、"法律与政策实证研究"的热点问题与领域

从《山东大学学报(哲学社会科学版)》2018 年"法律与政策实证研究"栏目所发的 13 篇文章看,目前国内法律与政策实证研究主要侧重于如下热点和问题领域:

(一)法律与政策实证研究的基础理论问题

在《法律与政策实证研究前沿(2018)》中,我们曾指出:目前的实证研究尽管获取了大量有价值的数据信息,但是除了数据堆积外,缺乏发人深省的问题揭示和理论思辨。现有的法律实证研究,更多体现为一种对策法学。致力于立法建言的对策法学尽管能在短期内催生大量学术成果,但是由于缺乏深入的论证和理论锤炼,很难具有长久的生命力。[②] 2018 年,学界对法律实证研究

① 参见蓝志勇:《实证科学与现代公共政策》,钟杨等主编:《实证社会科学》第 1 卷,上海交通大学出版社 2016 年版。

② 参见雷鑫洪:《方法论演进视野下的中国法律实证研究》,《法学研究》2017 年第 4 期。

方面的基础理论比较重视，尤其是蓬勃兴起的社科法学，在很大程度上为法律与政策实证研究提供了基础理论方面的支撑，特别是在法律论证方面，社会科学发挥着重要作用。赵雷在《社会科学与法律论证》(2018 年第 5 期)中认为，社会科学对法学研究和实践有重要的推动作用，法律理论的发展与社会科学的进展密切相关。社会科学一方面可以充当工具和方法，进而提供证据、信息、背景理论，为法律推理提供支撑；另一方面，社会科学也是法学理论自身的演化、进展背后的重要推动力量，这种推动尤其体现在法律推理中的因果论证过程。在社会科学和法学联姻的过程中，如何理解社会科学在法律论证中的重要作用，如何确保作为助力的社会科学研究不是一件有缺陷的工具，并进而提供不准确的、误导性的信息和推理？这些问题涉及法学研究的科学论证问题。法律论证离不开社会科学的介入。这种介入集中表现为法学分析必然包含经验性内容和因果性推论，而社会科学在确定因果关系中具有无以替代的重要作用。这种作用至少体现在确定原因性手段和确定适当的立法目标两个方面。但是，社会科学的介入，并不必然确保法学研究和实践结论的准确和论证的科学。作者以一个影响性案件——杜克斯诉沃尔玛案为例，认为法学论证取决于所应用的科学方法符合特定的科学程序与规则，而比研究方法更根本的是科学态度，科学态度是法学研究与实践科学论证的基础与保证。

在案件审理过程中，当事人陈述对查清案件事实、准确适用法律、维护当事人合法权益发挥着重要作用。但是，作为纠纷的亲历者，当事人虽对案件事实最为了解，但因其是诉讼结果的直接承受者，趋利避害的本性使当事人往往倾向于只陈述对自己有利的内容，甚至不惜虚假陈述，以达到胜诉的目的。因此，如何认定和规制当事人的虚假陈述行为，就成为一个重要的理论和现实问题。熊跃敏、陈亢睿在《当事人虚假陈述的认定与规制——以司法裁决为中心的考察》(2018 年第 6 期)中，把当事人的虚假陈述分为不实陈述、虚假否认及不完整陈述三种。在实践中，由于作为证据种类的当事人陈述内涵模糊、认定与规制当事人虚假陈述的法律依据有限、认定当事人虚假陈述难度大成本高等原因，导致法院对虚假陈述的处理较为消极。为进一步规制当事人虚假陈述，首先，要重塑当事人陈述的地位与功能，即以询问当事人作为获取证据性陈述的手段，并科以真实陈述义务。其次，要厘清当事人虚假陈述的构成要件。虚假陈述规制的范围仅限于基本事实，虚假陈述的主观认识仅限于故意；虚假陈述规制的对象应包括诉讼代理人。再次，综合运用多种手段规制当事人虚假陈述。加大对当事人虚假陈述的惩戒力度。除不予采信外，对于已经通过签署保证书确保真实陈述的当事人在诉讼中做虚假陈述的，应适用罚款乃至拘留的强制措施。

（二）民事诉讼实证研究

民事诉讼法实证研究是法律实证研究的一大热点。2018 年，《山东大学学报（哲学社会科学版）》“法律与政策实证研究”栏目刊发这个领域的文章 5 篇。

“案多人少”是目前我国法院系统的一个实践问题，但目前法院对“案多人少”现象的应对之策陷入困境。鉴于此，张海燕的《法院“案多人少”的应对困境及其出路——以民事案件为中心的分析》（2018 年第 2 期）一文，通过对我国 2002～2014 年民事诉讼案件主要结案方式进行结构性分析，发现撤诉和调解结案率共计 60%左右，而通过撤诉和调解结案的纠纷中蕴含着当事人能够和解的极大可能性，这为扩展调解程序的强制性适用提供了现实基础。为此，作者提出了应对“案多人少”现象的思路。第一，扩展强制性调解程序的适用范围。一是修改民事诉讼法或制定单独的“家事诉讼法”来规定婚姻家庭和继承这类家事案件应当在起诉前先行调解，未经调解当事人不得直接向法院起诉。二是进一步扩大强制诉讼调解的适用范围。有必要将调解规定为民事案件判决前的必经程序，除非该案件因其性质或当事人之间的关系而不适宜调解。第二，进行审前准备程序的实质化改造。提高当事人的举证能力，在立法层面规定文书提出义务，明确文书范围、适用程序以及当事人或第三人违反该义务所应承担的制裁等事项；还应将庭审程序中法庭调查的部分内容提前到审前准备程序。

随着环境权、环境公平与正义理念在环境法领域的日渐渗透，我们应该将环境案件救济的范围从单纯的物质损害扩充至精神损害。目前，我国环境侵权精神损害赔偿制度面临着赔偿范围认定不一、与相邻关系请求权竞合、赔偿数额确定难度大等诸多问题。为了解决上述问题，我国应在维护原有法律秩序和法律体系的基础上，在环境侵权精神损害赔偿的限制与扩张的平衡状态中最大限度地保障公民的精神利益。史一舒的《我国环境侵权精神损害赔偿制度的司法限制与扩张——基于 18 个典型案例的分析性比较》（2018 年第 3 期）认为，在我国环境侵权精神损害赔偿制度的司法限制方面，应该做到：第一，以《民法总则》中“绿色原则”为基础，明确环境权的具体类别和内容并确认环境侵权精神损害赔偿的适用范围。在合理范围控制下,可以针对不同类别的环境权分别进行判定。对所涉人数众多、属于纯粹的精神享受权利的环境权,在我国司法资源有限的情形下,对其以精神损害赔偿私益救济是难度较大且有失公正的。第二,明确归责原则的类型化适用。即针对噪声、光、电磁波辐射等"不可量物"污染,法院承认合规抗辩的效力,超过相关标准即承担环境侵权精神损害赔偿责任;针对大气、水等物质污染,法院不承认合规抗辩的效力,直接适用无过错责任原则。在我国环境侵权精神损害赔偿制度的司法扩张方面,我国也应借鉴发达国家的经验,扩大环境责任保险的承保范围,将精神损害纳入其中。可以通过保险人和被保险人自由意志约定方式,确定合同中所承保严重精神损害的类型及认定标准,将是否承保精神损害交由保险人和投保人自行决定,以适应环境市场的需求,维护环境市场的和谐与稳定。

在离婚案件中,家庭暴力很少被认定。究其原因,当事人举证不能是过去较为常见的认识。然而,事实果真如此吗?张剑源的《家庭暴力为何难被认定?——以涉家暴离婚案件为中心的实证研究》(2018 年第 4 期)一文,通过案例统计和分析表明,当事人举证不能只是家庭暴力难被认定的众多因素之一,一系列结构性因素的存在也对家庭暴力认定产生重要影响。这些结构性因素既包括法律规定的模糊性和不确定性、法官人身安全保障不足等司法实践中的共性问题,也包括法官对家庭暴力认知偏差等独特性问题。"共性"和"独特性"问题并存揭示了司法制度完善的"整体"面向。众多司法实践难题的解决,不仅需要关注各自领域所面临的个性问题,更重要的,还得依赖于司法制度"整体"的完善。

(三)法律法规适用实证研究

2015 年 3 月,十二届全国人大第三次会议修改立法法,赋予所有设区的市地方立法权。但是,设区的市制定的地方性法规在司法判决中的适用情况如何?这是学界关注较少的地方。而激励判决书引用地方性判决有利于促进设区的市地方立法的完善和发展。李红军、徐瑶的《地方立法的司法态度——基于 18 个较大的市地方性法规判决书引用现状的实证分析》(2018 年第 2 期)一文,通过考察民事和行政判决书引用原国务院批准的 18 个较大的市人民代表大会及其常务委员会制定的地方性法规的情况后发现,判决书引用这些地方性法规的频次极低。究其原因,法官面临的制度激励和现实约束是导致判决书较少引用地方性法规的重要原因。作者认为,在大范围授予设区的市人民代表大会及其常务委员会立法权的形势下,需要采取有效措施,建设判决书引用地方性法规的激励机制。一方面,统一引用法律和地方性法规的条件。修改《引用法律、法规等规范性法律文件的规定》第四条和第五条,不再强调引用地方性法规必须以"应当适用"为条件,对法律、行政法规和地方性法规在民事和行政案件中的适用与否采取一视同仁的态度,由法官根据案件的具体情形决定是否引用。另一方面,豁免法官引用地方性法规的责任。即便判决书因适用地方性法规错误被撤销或者改判,一审法官也不应对此承担法律上或者政治上的责任。

我国新环境保护法被称为"史上最严的环境保护法",它的实施对重污染企业的影响如何？这是一个极具现实意义意义的问题。陈屹立、曾琳琳的《新环境保护法实施对重污染企业的影响研究——基于上市公司的分析》(2018 年第 4 期)的研究表明,新环保法实施对重污染行业上市公司的绩效并无显著影响,区分国有和民营企业以及不同纳税规模的企业所得到的结论都是一致的。其原因可能是上市公司环境合规性相对较高,受到的冲击较小,同时,上市公司可能在一定程度上存在着多有文献证实的波特效应。另外,作者指出:值得注意的是,本文的结论局限于上市公司,不能推广到其他类型的企业。从后续研究来讲,利用其他类型企业的数据以及行业数据进行研究,可以进一步明确新《环保法》对企业产生的影响,进而综合评估新环保法实施的效果。但就本文结论而言,严厉的环境执法不仅有助于改善环境,而且对上市公司层面的企业并无负面影响,所以不用担心新环保法对这部分微观主体可能带来的负面效应,环保法的实施应该继续不折不扣地严厉执法。

(四)刑事诉讼实证研究

长期以来,刑事证人出庭作证率低下、特别是关键证人不出庭成为制约刑事司法公正的重要因素,并成为诉讼法学界和实务界关注的焦点之一。鉴于此,罗苟新的《职务犯罪二审证人出庭率研究——以 W 中院 2011～2015 案件为样本》(2018 年第 1 期)一文,综合运用定量分析和定性分析方法,以 W 中级人民法院 2011～2015 年审理的职务犯罪案件证人出庭作证情况为分析对象;同时,在样本选取方面,为保证研究发现的准确性和有效性,特意选取既往研究缺乏关注但又具有学术意义,同时也是控辩双方异议较大的二审开庭案件为重点分析对象。在具体研究内容上,主要分析职务犯罪二审案件证人出庭率、证人出庭作证效果等实践特征,并在探析其成因基础上提出完善路径。研究发现,W中院2011～2015年职务犯罪二审案件出现了证人出庭申请率、同意率、实际出庭率相对高,但出庭证言采信率及其对案件裁判影响率极低的现象。究其原因在于,证人证言是认定职务犯罪的重要证据,而二审惯有的庭前书面证言印证及案外因素顾虑,使证人出庭仅仅成为救济权利的一种程序保障而不影响二审实体裁判。这不仅会引发上诉人及舆论对二审的质疑,也会影响审判资源的合理使用,也有违庭审实质化改革初衷。因而,建立二审针对性操作机制及落实配套保障机制,应当是一种针对性解决办法。

(五)立法问题实证研究

在当今劳动分工高度发达的社会中,平等就业权作为适当生活水准以及个人尊严的第一道保障理应受到重视。而立法保护是保障劳动者平等就业权最直接、最有效的方式之一,国家应当建立和完善相关立法,保护并促进平等就业权在国内的实施。有前科劳动者作为劳动者中的一员,在就业过程中应当享受立法对其平等就业权的保护。但我国有前科劳动者的平等就业状况仍不容乐观,这反映出相关立法中仍存在着缺陷及不足。为了解实践中我国有前科劳动者平等就业权的实现情况,石慧的《我国前科劳动者平等就业权的立法保护》(2018年第1期)一文,选取了S省Q市某区A街道、B街道的刑释解教人员作为调查对象进行调研,并结合全国其他的有关调研数据,来探讨有前科劳动者平等就业权保护的相关要求在落实中存在的问题,并反思我国有前科劳动者立法保护中存在的缺陷和不足,提出解决问题的思路建议。文章认为,应进一步加强我国有前科劳动者平等就业权的立法保护。要增加对反前科就业歧视的规定,将"不因其他身份受到歧视"作为兜底条款;要增加并进一步完善就业安置机制,并明确相关实施单位的责任与义务;要修正对前科就业资格的限制,排除对过失犯的就业资格限制,确保就业资格限制与犯罪行为之间具有关联性,明确就业资格前科限制具有存续期限;要修正对前科制度的有关规定,废除前科报告义务,建立前科消灭制度。

短时艺术品尽管具有存在"短时性"的特点,但不影响其满足著作权法上作品的构成要件。短时艺术品符合"作品"的构成要件,满足独创性、可复制性的智力劳动成果,因此对其应进行著作权保护。为此,崔立红的《短时艺术品著作权保护的实证研究》(2018 年第 6 期)一文,分析了短时艺术品著作权保护的必要性及可行性、短时艺术作品著作权保护面临的障碍因素、短时艺术作品的著作权保护思路及其保护限制等问题。认为,短时艺术作品的著作权主体是多样化的,短时艺术作品的创作者可以与固定、传播短时艺术作品的创作者同为合作作者,也可以以委托创作者的身份约定成为著作权人,或者直接以权利人的身份许可他人使用短时艺术作品;短时艺术作品的类型具有法定化与开放性特征。对静态的短时艺术作品可以界定为美术作品或者实用艺术作品;对动态短时艺术作品及其他没有出现在列举类型的作品,可以修改我国著作权法中的作品类型条款,用开放式替代封闭式立法予以涵盖。要严格区分对短时艺术作品的复制与改编行为。对短时艺术作品的单纯摄影、录制,仍旧是复制行为,只有增加了独创的新表达,并且与原短时艺术作品有明显差异,才属于改编行为;要厘清公共场所短时艺术作品合理使用的界限。除了列举外,我国著作权法还应该按照国际公约的合理使用判断标准予以概括规定,以此为依据,不仅禁止对短时艺术作品从立体到立体的复制,即使从立体到平面,对短时艺术作品的营利性复制也不能视为合理使用。

(六)公共政策实证研究

公共政策的实施需要效果评估,以掌握阶段性进展状况,判断是否收到了预期效果,并及时发现政策实施中存在的问题,从而决定政策的继续或者调整。养老机构及其服务的实际利用是养老机构扶持政策实施效果评估的综合指标和核心内容。田杨、崔树义、杨素雯的《养老机构扶持政策实施效果研究——基于山东省 45 家养老机构的调查分析》(2018 年第 3 期)一文,通过对山东省 45 家养老机构的调查数据分析发现,半数以上养老机构的运行效率还需要进一步提升;养老机构的性质、建立时间、投资金额、入住老人数量、收费标准、政府的建设和运营补助等对养老机构的运营状况具有显著影响。作者建议:第一,合理扶持,避免资源浪费。地方政府可将养老机构和床位建设、医养结合情况等纳入考核指标,鼓励机构做大做全。第二,加强人才培养。政府可扩大在养老机构设立的公益性岗位数量,通过购买服务的方式,对养老机构和护理人员进行扶持;针对已设立养老护理专业的大专院校,强化学生在校期间的实习机制,与专业学生签订最低服务年限,实现高校培养和社会需要的对接,提高护理员队伍专业化水平。第三,提升老年人在养老服务发展中的获得感。应根据不同需求群体特征实施相应的保障方式，扩大长期护理保险制度的试点范围，尤其是有刚性需求的失能失智老人和农村贫困老人，使他们有机会平等享受发展起来的养老服务。

近年来，我国频繁发生的医药品副作用致害事件严重侵害了服用者的生命权、健康权。然而，由于致害医药品均为质量合格、经授权生产或进口销售的，而非假药、劣药，且医生对医药品用途、用量的指示亦未存在违规操作，因而在我国现有法律制度下患者陷入了无法可依、救济不能的尴尬境地。因此，借鉴国外经验，完善我国医药品副作用致害的法律法规和政策，具有紧迫性。董文的《日本医药品副作用致害的救济制度与实践研究——以风险分担的转变为视角》(2018 年第 4 期)一文，以日本 20 世纪 50 年代始药害事件井喷式爆发为背景，考察了日本基于过错责任对医药品副作用致害之救济制度、基于无过错责任对医药品副作用致害之救济制度，以及日本的医药品副作用致害救济基金制度的内容和具体的救济途径。作者认为，就我国而言，基于医药品的特殊性质，不管是由制药企业还是由患者承担无法预见与回避的副作用致害，结果都会有失公平，因而与其将医药品副作用致害定性为医疗事故进行诉讼救济，不如将其视为医疗风险给予基金补偿。这样不仅更加贴合医药品的特殊性质，而且亦不影响医药品研究、开发、生产者的积极性，促使医药事业健康有序发展。此外，对于患者也具有精神抚慰作用，有助于损害结果的尽早修复。

裁判文书是司法过程和裁判结果的集中体现，诉讼参加人对裁判文书的满意度直接影响他们对司法的评价，也是反映公众对我国当前司法政策满意度的一个“晴雨表”。胡昌明的《中国基层法院司法满意度考察——以民事裁判文书为例的实证分析》(2018 年第 5 期)一文，问卷调查了参与 B 市某基层法院(Y 法院)民事诉讼案件的当事人及其代理人。作者之所以选择民事诉讼的诉讼参加人，主要原因在于：一是民事诉讼是法院最主要的案件类型之一，从数量上来说，占据绝对优势；二是民事诉讼是最常见的、与民众关系最为密切的案件类型；三是民事诉讼双方地位平等。之所以将视角集中在基层法院，基于以下几方面理由：一是中国的基层法院是中国法院的重要组成部分；二是基层法院审理案件的范围更为广泛，当事人的身份更为多样化，调查反映出的民众态度更加多元化；三是一审民商事案件的绝大部分由基层法院审理，这些案件对普通民众的利益影响最大，最能够体现民众司法感受。作者调查研究发现，当事人的身份地位、当事人对法律知识的掌握程度、裁判结果以及文书撰写水平等，是诉讼参加人满意度的重要影响因素。为增强公众的司法满意度，作者提出：第一，要加强立法的公平性建设。应给予弱势群体更多的法律援助，尝试特定案件强制代理制度。第二，要加强司法的亲民性建设。加强法官的释明工作，重构多元纠纷解决机制，增强诉讼程序的亲和力，适当进行裁判文书改革。第三，要加强社会融合建设。缩小社会各阶层差距；增强司法透明度，利用信息化手段加强与民众的互动，提高民众对诉讼程序的认知水平；满足民众多元司法需求，赢得公众的信赖。

三、"法律与政策实证研究"的特点、问题及研究趋势

法律与政策实证研究既反映了国际国内的学术研究热潮，也适应了新时代中国的发展需求，得到了广泛的学术认可和社会认同。《山东大学学报(哲学社会科学版)》2018 年所刊发的 13 篇文章，充分反映了国内学者在该领域的关注热点和最新研究成果，该栏目也成为国内从事法律、政策实证研究的专家学者重要的学术交流平台和成果展示平台，得到了广泛认可。该栏目所刊发的文章，也取得了良好的学术反响。从《山东大学学报(哲学社会科学版)》2018 年所刊发的 13 篇文章来看，当前国内"法律与政策实证研究"领域呈现以下研究特点：

第一，对法律与政策实证研究领域的基本理论问题，投入了比较大的关注。2018 年，《山东大学学报(哲学社会科学版)》"法律与政策实证研究"栏目刊发该领域的基本理论问题文章 2 篇，分别为赵雷的《社会科学与法律论证》(2018 年第 5 期)，熊跃敏、陈亢睿的《当事人虚假陈述的认定与规制——以司法裁决为中心的考察》(2018 年第 6 期)，约占发稿量的 15%。这在一定程度上改变了 2017 年该领域研究所存在的"缺乏深入的论证和理论锤炼"的缺陷。

第二，实证研究的领域不断拓展。2018 年，从《山东大学学报(哲学社会科学版)》"法律与政策实证研究"栏目刊发的 13 篇论文来看，学者们继续关注传统的民事诉讼实证研究、刑事诉讼实证研究。这两个领域发文 4 篇，占 31%。而 2017 年，该栏目刊文 10 篇。其中，刑事诉讼实证研究(4 篇，40%)、民事诉讼实证研究(3 篇，30%)，合占比为 70%。2018 年，法律与政策实证研究领域的学者们的关注视野明显拓展。除了持续关注民事诉讼、刑事诉讼实证研究

外,还涉及基础理论研究(2 篇,15%)、法律法规适用实证研究(2 篇,15%)、立法问题实证研究(2 篇,15%)、公共政策实证研究(3 篇,占 23%)。这在一定程度上改变了以前存在的实证研究分布不均的缺憾。

然而,我们认为,目前国内法律与政策实证研究领域依然存在以下问题与不足:

第一,实证研究分布不均的现象依然没有得到根本改观。从《山东大学学报(哲学社会科学版)》2018 年的发文来看,法律实证研究依然较多集中在民事诉讼、刑事诉讼领域,占比为 31%。这也与国内整个法律实证研究的现状相吻合。总的说来,法律实证研究"在诉讼法尤其是刑诉法领域较强"已成为学界共识,而在法理学、法史学、行政法等领域,还鲜见有影响力的实证性文章。这种状况依然没有得到根本改善。

第二,对实证研究缺乏正确认识,"实证性"色彩还不够浓厚。虽然实证研究已经成为法学和政策学研究中的重要力量,但是从我刊接收的一些"实证类"文章可以看出,不少作者对"实证研究"还缺乏正确的认识。不少作者认为,实证研究就是围绕论证主题搜罗一些相关数据、搜集几个典型案例,甚至还把实务部门召开座谈会的情形、围绕相关主题梳理发展脉络的情形,作为"实证研究"。由于对"实证研究"认识上的缺陷,使得有些文章的实证色彩大为降低。一方面,收集的相关数据和典型案例与主题相关性不足,从而对主题的支撑性不足。另一方面,某些"实证材料"缺乏作者自身的调查研究,仅仅是收集公开的相关数据和案例,作者本人实证调研的"一手材料"缺乏,给人以"接地气"不足的感觉。

第三,从实证研究中进行有价值的理论思考的文章还需要进一步增强。实证研究中尽管获取了大量有价值的数据信息,但是除了数据堆积外,缺乏发人深省的问题揭示和理论思辨。现有的法律实证研究,更多体现为一种对策学研究。致力于立法建言的对策学研究尽管能在短期内催生大量学术成果,但是由于缺乏深入的论证和理论锤炼,很难具有长久的生命力。我刊 2018 年的刊文,虽然关注了基本理论问题的研究。但是,就深入的理论论证和理论锤炼方面,还需要进一步加强。

下一步,我刊将从以下几个方面入手,推进该栏目的持续发展:一是与专家学者紧密合作,根据新时代我国改革发展的需要,精心设置相关选题,进行专题研究,提高研究的针对性和现实意义。二是拓展实证研究的领域。在重视民事、刑事领域实证研究的同时，加大对行政法治领域、法理学、法史学领域以及公共政策领域的实证研究的力度，全方位推动法律与公共政策的实证研究。三是着力提供实证类文章的“实证色彩”以及“实证质量”，注重在实证研究的基础上的理论辨思和理论总结，提升了文章的理论内涵。

《山东大学学报（哲学社会科学版）》愿以《法律与政策实证研究前沿（2019）》付梓为契机，进一步与专家学者加强合作，更加精心地培育“法律与政策实证研究”专栏，推动国内法律与政策实证研究向更高水平发展。

编　者

2019 年 3 月 26 日

目　录

法律与政策实证研究的基础理论问题

民事诉讼实证研究

法律法规适用实证研究

刑事诉讼实证研究

立法问题实证研究

公共政策实证研究

法律与政策实证研究的基础理论问题

社会科学与法律论证

赵　雷

社会科学对法学研究的进步和法律实践的助力无疑是巨大的，因为社会科学的介入，法学研究和实践渐渐的更像一门“科学”。实际上，法学理论以及司法实践的进步和社会科学的进展和应用密切相关，这其中包括法律和经济学的联姻，也包括社会学、心理学在法学领域的更多的应用。在社科法学的研究中，社会科学一方面可以充当工具和方法，进而提供证据、信息、背景理论，为法律推理提供理论支撑；另一方面，社会科学，包括经济学、心理学和社会学理论也是法学理论自身的演化、进展背后的重要推动力量，这种推动尤其体现在法律推理中的因果论证过程。在社会科学和法学联姻的过程中，如何理解社会科学在法律论证中的上述重要作用，如何确保作为助力的社会科学研究不是一件有缺陷的工具，并进而提供不准确的、误导性的信息和推理，涉及法学研究的科学论证问题。与研究范式已经较为规范的经济学等学科不同，法学学科对这些问题尚未形成清晰共识，需要进一步讨论。

一、社会科学在法律论证中不可或缺

现代法学学科的进展使得社会科学已经成为法律论证的不可或缺的部分。无论是倾向于视法律为一套规范性的体系（legal systems as systems of norms）的教义法学，还是更倾向于从动态、制度的角度看待法律，即视法律为一套程序体系（legal systems as systems of procedures），从制定、解释、适用、效能这样一个系统的过程分析法律的运作的社科法学[①],社会科学都是法律研究和适用的重要内容。

具体而言,在法学的规范性体系中,有相当部分内容牵涉法律建议或最后要落脚于法律建议,也称规范建议(norm recommendations)。法学研究意义上的规范建议关注"法律规范如何适用,法律规范如何修正、应该制定何种法律规范"[②]。规范建议的重要环节,对规范建议提供支持和理由的过程,即为法律论证(legal reasoning)[③],而提供因果链条中的原"因"部分是法律论证的重要内容。

社会科学的不可或缺主要体现于法律的因果论证中。社会科学在规范建议和法律论证中的价值主要体现在两种维度,即无论遵从教义法学还是社科法学,无论从什么角度理解法律,司法者或立法者或者需要思考制定、适用、解释法律的理由,或者需要考虑立法、司法及执法的效果及影响因素,这二者都离不开某种形式的对因果关系的讨论。在论证法律建议、主张,宣称法律权利,做出判决、起草新法、改变现行司法惯例及行政行为时,合理论证、理由充分是以理服人、有理有据的必然要求。换言之,"法律制定与法律适用行为看作是由一连串经验事件所组成的因果链中的一环,其主要的理论兴趣在于推论出立法、司法或行政行为(得以)做出的原因,并观察或预测这些行为所导致的后果"[④]。此时需要确定因果关系。其次,考虑立法、司法及行政执法行为的效果和影响,更是离不开以严格科学观察、严谨逻辑推理为特征的社会科学的介入和帮助,此时,也常常需要社会科学的严谨推理确定因果关系。

因果论证之外,秉承教义学传统的德国著名学者 Alexy 指出,法律教义学

① 王鹏翔、张永健:《经验面向的规范意义——论实证研究在法学中的角色》,《北航法律评论》2016 年第 1 期。王鹏翔、张永健的这一分类强调观察法律的不同视角及法律的不同形态,可类比于法律与社会学之常见的分类:Law in Action and Law in Books, see Generally Stewart Macaulay, "Wisconsin's Legal Tradition," *Gargoyle*, 1994,24, pp. 6-10; Paul D. Carrington and Erika King, "Law and the Wisconsin Idea," *Journal of Legal Education*, 1997,47, p. 297。

② 王鹏翔、张永健:《经验面向的规范意义——论实证研究在法学中的角色》,《北航法律评论》2016 年第 1 期。

③ Neil MacCormick, *Legal Reasoning and Legal Theory*, Oxford: Clarendon Press, 1994.

④ 王鹏翔、张永健:《经验面向的规范意义——论实证研究在法学中的角色》,《北航法律评论》2016 年第 1 期。

包括三类内容:经验性内容、分析性内容和规范性内容。其中,经验性内容对现行法律内容和效力进行描述,分析性内容对法律概念和体系展开分析,规范性内容解决法律问题的法律对策。① 三者中,认识、描述现行法律需要经验、实证性内容,主要表现为在法律论证中对运用经验性事实的说明,这也是社会科学描述类研究的传统领地。

社会科学的价值与视法律为一种社会现象的视角及法律的客观实践是契合的,是难以否认的社会行动的理性。因而,法学研究中社会科学的介入是自然而然、不可或缺的过程。首先,描述研究是社会科学的强项,比如,行动中的法律的经典研究,无论是准确论述了交易无须书面合约的 Stewart Macaulay,还是描述了秩序无须法律的 Robert Ellickson 的研究,其论证都是建立在准确了解、描述了社会现实的基础上。描述有效的法律,势必要依赖经验性研究,至少也须大幅借助经验性研究的成果。②

对此,一向有社科法学传统的美国法学研究自不必言,包括以教义法学著称的欧陆学者也难以回避法学研究的经验维度。例如,Alf Ross 甚至认为,不仅法教义学的命题"'某条指令或规范是有效的法律'一定是需要经验上可被检证的……教义法学也必须被看作是一门经验性的社会科学"。而 Alexy 则进一步指出:"几乎所有的法律论证形式,如同几乎所有的实践论证形式(一样),都会包含经验陈述。"③而且,"论证法律上的规范主张时,经验陈述经常是理由或论据的一部分。这些经验性的论据包含了特定的经验事实、个人行动、行动者的动机,乃至自然科学或社会科学的法则等等;它们可被归类为不同的学术领域,例如经济学、社会学、心理学等等"④。故而,一向被认为与社科法学对立的教义法学实际上也并不否认法学研究的经验维度,不否认实证经验对法学论证的不可或缺。而且,既然"经验陈述经常是理由或论据的一部分",这些陈述的准确与否直接关乎论证的质量。

故而,法学研究与实践的经验之维对法学研究的不可或缺集中体现于其

---

① Robert Alexy, Theorie der Juristischen Argumentation, 3. Aufl., 1996, S. 307.

② Alf Ross 甚至认为,不仅法释义学的命题是经验上可被检证的,因为它指的是作为经验现象而可被观察的社会事实,而且注释法学也必须被看作是一门经验性的社会科学。参见 Ross Alf, *On Law and Justice*, Berkeley: University of California Press, 1959, p. 40.

③ Robert Alexy, Theorie der Juristischen Argumentation, 3. Aufl., 1996, S. 307.

④ 王鹏翔、张永健:《经验面向的规范意义——论实证研究在法学中的角色》,《北航法律评论》2016 年第 1 期。

对因果关系论证的刚性需求。例如,在立法的层面,立法过程之所以有必要验证因果关系,至少存在两类情形:

其一,社会实践的现实需要论证实现某种立法目的、价值追求的原因性手段。比如,我国的房地产经济的高速、畸形的发展已经严重影响我国的经济稳定,房地产已经超出了其本应作为不动产,满足个人生活、休息,实现个人劳动力生产再生产需求的基本功能。针对抑制房地产过热这样一种现实需求,我们试图寻求各种对策,要求征收地产税的呼声日益增高。而这种呼声的背后是一种假定的因果关系,即地产税可以抑制过多的持房、囤房不卖的现象,促进房产的合理流通。但征收地产税与抑制房地产过热是否必定存在因果关系,或者,还是像一些经济学者论证的那样,房地产的异常发展仍然还是基本的供求关系的表现,其背后的原因是土地供给不足与人口涌入城市的住房需求的不对称。[①] 无论如何,对这一关键性的问题需要社会科学的研究和论证,包括经济学和社会心理等的准确分析。而且,也只有经验证据支持的对因果关系的探求,才能有助于查明这一问题。如果社会科学研究证实其存在因果关系,可以确定的是,地产税立法才是一种有效的备选项。从更大的层面上看,立法中无论是现在常用的整体利益衡量之“衡量”,到逐渐受到推崇的成本收益分析之“成本分析”,以及对立法预期效果(因果关系之“果”)的估算,都离不开实证经验数据。换言之,准确科学的因果论证都很难离开实证、经验数据。

其二,立法中对因果关系的验证需求还可表现为另外一种形式,即需要确定某种立法目的本身是否为应该追求的立法目标。例如,当使用玩具枪经营谋利被判刑的案例发生时,引发的诸多质疑并非全无根据,尤其是当控枪的具体法令、标准未得到科学研判的时候。至少,现行的对禁止私人持有的“枪支”的认定标准的立法,其合理性、其作为原因对实现背后的更大社会治安的政策目标的有效性值得怀疑,即现行的立法标准或目标,由于其本身作为因果链条的一环的逻辑合理性是存疑的。一般认为,为了维护社会治安和公共安全,应该严格控制枪支,严禁个人持枪。这里面一个隐含的因果关系(事实)是,我们确信私人持枪,拥有较大杀伤力的武器会导致社会治安恶化和公共安全缺失。这种因果关系在我们的立法中被作为无须证明的司法认知。但实际上,这样

---

① 周黎安:《中国房价不断创新高背后的“政治经济学”》,http://news.hexun.com/2017-05-24/189336981.html,访问日期:2017 年 6 月 20 日。

一种因果关系在复杂的社会生活中未必是那么清晰。至少在允许私人持枪的美国，持枪与社会治安的复杂关系绝非那么简单。美国不同地区的分化严重、“冰火两重天”的治安形势提示我们，允许枪支持有与否，与良好的社会治安或许并无因果关系，因为持枪带来的威慑至少是某些条件下改善社会治安的有利因素。比如在美国，缺少拥枪传统、较少持枪的华人社区常有抢劫案件发生，而持枪更为普遍、不惮于持枪对射、持枪防卫的韩裔社区则较少遭到打劫，这样的案例多有报道。而且，在枪与治安的问题上，也不能简单排除我国其他的社会治理、正式的或非正式的社会控制方式可能起到了更大的确保社会治安的效果。枪支管理立法这样一个略显极端的例子，背后体现的是法律论证中社会科学研究有助于建立适宜立法目的的一般性价值。

二、法律中的社会科学论证举例：杜克斯诉沃尔玛案

如果说欧陆传统或法教义学对法律论证的经验之维的认同尚缺热情的话①，美国学者对经验性事实在法律论证中的关键作用显然有更清醒的认知，其法律理论对法律论证中的“事实”的强调是显然的例证。美国法学理论强调一般性的立法及特定的司法过程中的“事实”效用，这种强调，不但凸显其对法律论证的经验之维的明知，并且显示出其对经验性事实对因果论证的关键性作用的清晰了解。下述案例对此有较好的说明。

杜克斯诉沃尔玛（Wal-Mart Stores，Inc. v. Dukes）一案中，美国第九上诉法院批准了史上最大的集团诉讼案件。但这起涉及约150万原告、可能是最为壮阔的一场集团诉讼，在最后一刻被美国最高法院踩了刹车。本案的焦点是公司雇佣实践中的性别歧视这一雇佣法的重要问题，最高法院的判决让许多大型公司的总裁们很是松了一口气②，因为既往的普通法判例有利于该案的

---

① 教义法学对法律论证的经验维度的接纳显示出某种程度的不情愿或更像是一种被动之举。比如有学者指出法教义学面临着社科法学的挑战，法教义学试图捍卫其逻辑自洽。参见宋旭光：《面对社科法学挑战的法教义学——西方经验与中国问题》，《环球法律评论》2015年第6期。

② 比如在该诉讼中，沃尔玛的竞争对手另一巨人级的商业集团好市多（Costco）也提交了法律之友助诉书，帮助沃尔玛应诉。作为沃尔玛（及Sam's Club）的直接竞争对手，好市多的举动，无疑是因为感受到了迫近的共同危机。

原告,沃尔玛绝不会是最后一家因为雇佣中的性别歧视而“大出血”的企业。[①]另外,在最高法院的判决作出后,受到“阻击”的还有在案件进程中起到关键作用的专家证言中得到较为广泛使用的一种分析方法[②],正是使用这种方法得出的分析结论作为证言在本案中“起了很重要的作用”[③],从而使案件得以推进。

本案中,联邦第九上诉法院在庭审中采纳的原告提供的一项关键性证据,是美国前社会学学会主席、“最著名但最不受大公司律师欢迎的社会学学者”William Bielby 提供的专家证言。[④] Bielby 教授应用“社会框架分析”方法提供了一份专家证言。此前,他采用同样的分析方法得出的专家证言在许多案例中被采纳,对该方法及其应用的分析,可以帮助我们了解更一般意义上的社会科学的经验性维度在法学论证中应用的情况,并进而帮助我们分析社科法学的科学论证这一命题。

(一)两种传统性应用

美国司法实践中采纳社会科学研究的发现并应用于法律论证的实践由来已久,其中,最著名的案例可能是“布朗诉教委会”一案。[⑤] 布朗案之前应用社会科学的成果于法学研究和法庭实践并不鲜见,但布朗案中美国最高法院充分肯定了社会科学研究的效用,越来越多的社会科学研究成果被用来作为改变陈旧法律、创立新法律的依据。

---

① 本案中,原告的诉讼标的达到了惊人的 15 亿美元,这一标的对沃尔玛这个巨人级企业来讲也并非小的数额。但因为有约 150 万人的原告作为铺垫,15 亿美元的诉求看上去也不是太不合理,不至于因为狮子大开口而被轻易驳回。

② 美国社会学会以及法律和社会学会为原告提供了法庭之友助诉书。参见 American Sociological Association. 2011b. “Brief of Amici Curiae American Sociological Association and the Law and Society Association in Support of Respondents,” http://www.asanet.org/images/press/docs/pdf/Amicus_Brief_Wal-Mart_v__Dukes_et_al.pdf, 访问日期:2017 年 6 月 20 日。

③ Mitchell, Gregory, John Monahan, and Laurens Walker,“The ASA's Missed Opportunity to Promote Sound Science in Court,” *Sociological Methods & Research*, 2011, No. 4, pp. 605-620.

④ Mitchell, Gregory, John Monahan, and Laurens Walker,“The ASA's Missed Opportunity to Promote Sound Science in court,” *Sociological Methods & Research*, 2011, No. 4, pp. 605-620.

⑤ Brown v. Board of Education, 347 U. S. 483 (1954).

1. 认定审判性事实

在法律实践中,可能会有几种不同的事实需要在分析中加以认定和证实。我们最熟悉也最常见的是特定案件中特定事实的认定和判断。比如,在一个具体的案件中,特定事件的源起、其发展和结束的过程、效果如何、由何人作为、作用于何人,这些可能都需要准确的认定,而这些事实与特定案件中如何确定双方的权利和责任有关,可以被认为是个案事实或审判事实。[①] 对这些事实的认定有的可能需要证人证言;有些是自然科学的传统领地,比如现场发现的血迹DNA属于哪个特定个体;但也有可能是普通的非专家证人证言或自然科学实验难以认定的事实,其信息的获取必须求助于社会科学的帮助。比如,认定某游戏软件是否对年轻人有暴力性影响,认定反垄断案件中的市场份额等都是例子。在涉及特定案件的特定事实时,一定的社会科学研究范式和方法被应用到特定的对象,个人或事件被放在相应社会科学的范式里被分析和验证。比如,在成型塑化公司诉华纳传播公司一案中,争议的焦点是被告生产的玩具汽车是否侵犯了原告的商标权。而认定侵犯商标权这一事实必须查明被告生产的玩具汽车的实际社会效果,是否让消费者产生误认,因而使被告从这种误认中不当获利。而查明这一事实,必须进行准确的社会调查。原告通过对该产品特定的消费者对象——随机选取的一组儿童——的调查问卷说明,被告产品的形状和标识和原告受保护的产品是如此的近似,这些儿童的绝大多数确实会把被告的产品误认为原告的产品。[②] 这是社会科学研究直接为特定案件的特定事实的认定提供依据。实际上,用社会调查的方法查明商标侵权中的误认已经是常规做法。反垄断、商标侵权、虚假广告、大规模侵权类案件都是常见的用社会科学的方法开展研究,为法律实践提供直接论证支持的领域。

2. 认定立法性事实

把社会科学的研究成果和方法用于查明论证一些不局限于特定案件,而是更宽广范围内的、影响更多人的有一般意义的事实,也即一般性事实或立法

① 对审判事实和立法事实的一般性论述,参见 Kenneth C. Davis,"An Approach to Problems of Evidence in the Administrative Process," *Harvard Law Review*, 1942, No. 3, pp. 364-425.

② Processed Plastic Co. v. Warner Communications, Inc. 675 F. 2d 852 (1982).

性事实,是另一类常见的应用。[①] 有时,这类事实只能通过一个严格的、准确的社会科学研究才能得以发现和被认知。比如,如果侦察人员获取的搜查令满足了实质性条件但并不符合程序性要求,在这样的搜查令下获取的证据是否应该在刑事案件中采用?有法院认为:"排除这类证据的行为必须产生足够的收益(做担保)才是正当的。"[②]但排除这类证据的使用的成本和收益究竟如何?如何测定?再比如,我们知道,点火时必须达到一个临界点,被引燃的煤块或木材足够多、足够大,热量才可以顺利传递,煤块或木材才能自动燃烧下去,同样的特性也适用于核反应堆的启动。这样一个现象即场聚现象(critical mass dynamic)和社会接力(social relay),也体现在集体行动中。集体行动的形成和持续进行依赖于一定数量的发起人,体现在谣言的传播过程中,就是只有当一些人获知谣言,然后其中部分人通过社会接力,一传十,十传百,达到某一临界点(critical mass),才能保证谣言继续传播,实现更大的社会接力。但这一临界点的确定是一个需要实证研究的问题。假设经过对众多的网络谣言中选取的一个足够大的随机样本的观察发现,一旦某谣言被转发五百次,就能保证足够多的人获知谣言,有大多数谣言就像达到临界点的火堆,有了自己的生命,会自动地传播。那么,我们把五百次转发传谣定义为一个施加惩罚的界限(critical mass point)就有了科学的研究的支持,至少会是一个有理有据的立法。经验观察发现,每次谣言的传播都有不同的场聚点,则我们会知道五百次的传谣仅能是一个参考,并非非常科学的结论。再比如,困扰我们的老龄化、劳动力成本上升的问题,放开计划生育是否会造成出生人口暴增?是否可以解决出生人口减少的趋势?此外,恐怖事件、恐怖袭击背后的种族、宗教问题,社会科学都有着深入的研究,可以为我们的法律政策决策提供一般性的理论背景。对这些问题,我们可以求助于一些严密的社会科学研究,甚至只能从社会科学研究中获得准确的信息支持,否则就可能主观地做出判断和选择。对于这类问题,任何没有社会科学研究支持的主张恐怕都是武断的。社会科学的研究在这里的作用在于为一些特定的法律政策用其一般性的研究结论提供支持与论证,这是社会科学应用于法学研究与实践的另一个传统的阵地。社会科学的这类应用,为法律的建立和颁布提供了数据信息,与前面的局限于个案的应用存在区别。按照

① Kenneth C. Davis, "An Approach to Problems of Evidence in the Administrative Process," *Harvard Law Review*, 1942, No. 3, p. 402.

② United States v. Leon, 468 U. S. 897, 907 n. 6 (1984).

Kenneth C. Davis 的定义，可以把社会科学的应用根据其提供的上述两类事实的信息的不同，分为立法性事实类应用和审判性事实类应用。[①]

（二）社会框架分析：认定“中间型”事实

上述两种传统意义上、较为人熟知的社会科学在法学研究和实践中对事实认定和法律论证的关系的阐述之外，另一类应用在法律实践中日渐增多。这是一种介于前述两种论证之间的一种社会科学的应用，即所谓的“社会框架分析”[②]。这类应用的实例中，最著名的应用可能就是沃尔玛一案。本案中，沃尔玛在加州一家店面的雇员杜克斯认为沃尔玛在她的雇佣和升职过程中存在性别歧视，因为她的女性性别，不能更快地升职，她的薪水也不像同等资历的其他男性雇员那样丰厚，因而她和若干其他雇员一起提起诉讼。证明存在性别歧视或许并不难，但是证明对 150 万女性雇员都存在性别歧视却绝非易事。幸运的是，原告请到了前美国社会学会会长 Bielby 教授出庭作证。

1. 社会框架分析的含义

Bielby 的证言中，他试图回答的问题主要包括沃尔玛的人事系统是否全国统一、人事系统统一的特征是否妨碍女性雇员的职业发展，尤其是升职和加薪。[③] 在专家证言中，Bielby 自称试图实现如下目的：描述社会科学研究中发现的广泛存在的性别歧视现象及其如何发生，发生歧视时的社会、企业背景；描述所有沃尔玛的人事评估的状态，并且这种状态与前述的存在性别歧视的社会、企业背景是否吻合。Bielby 的证言中关于其研究方法的论述如下：

> 上述材料之外，我还依据大量的关于（企业）机构性政策和实践及工作场所存在偏见的社会科学研究。我的方法是查看公司的政策和实践的特征，用社会科学相应的研究得出的产生歧视和偏见的影响因子作为对

① Generally Kenneth C. Davis, “An Approach to Problems of Evidence in the Administrative Process,” *Harvard Law Review*, 1942, No. 3, pp. 364-425.

② Generally John Monahan and Laurens Walker, *Social Science in Law: Cases and Materials*, Westbury, NY: Foundation Press, 1990, pp. 383-605.

③ Bielby 的证言，参见 http://www. walmartclass. com/staticdata/reports/r3. html，访问日期：2017 年 6 月 20 日。

照和参考。在诉讼背景下,这种方法称作社会框架分析。①

Bielby 是以社会科学权威、社会学专家的身份出现的,他的证言如果有什么证明力的话,其证明力应该是来自它背后的学科的力量,也即科学研究论证的力量,但事实上 Bielby 的证言却是经不住推敲的。

在其证言中,Bielby 自述其研究方法是社会框架分析(social framework analysis)。社会框架分析这一术语最早被 Laurens Walker 和 John Monahan 采用,用来概括法律实践中日益增多的用已经存在的社会科学研究为特定审判性事实论证的这一类社会科学应用(区别于直接用社会科学研究来查明特定事实)。Walker 定义社会框架分析为:为决定特定争端的重要、关键事实争议,一般性的社会科学研究结论被用来构建一个展开分析的参考框架和背景知识体系。② 可以发现,其本意仅是为特定事实是否发生或存在提供参考框架和背景知识,而所谓框架和背景可以想象为一种一般性的、概率性的知识。在审判实践中,一般认为社会框架分析是社会科学研究在最常见地提供立法性事实和审判性事实两种应用之外的一种"中间型"做法。③ 该分析试图应用一般性社会研究为特定事实的发生进行论证,用已经存在的既往的社会科学研究推论特定事件中特定事实的发生与否。与立法性事实类应用相比,这类应用针对特定的对象,不是满足于论证某种一般性的事实的发生或存在,比如先前的独生子女政策已经与我国现阶段的社会发展相脱节这样一种事实。与审判事实类应用相比,这类应用又不是直接针对某个特定事实展开直接的、严格遵循程序的研究,而是仅仅通过对既往、已经存在的研究的回顾,试图论证特定案件中的情形可以划归于某类研究因而遵循、符合该研究的规律或结论。比如,假设既往的研究发现复员军人的配偶很容易是受虐待综合征的受害者,社会框架分析的模式大概是这样一种推理:既往研究发现复员军人的配偶很容易是受虐待综合征的受害者,这个案例中某女性是复员军人的配偶,符合既有研究的特征,因而她是受虐待综合征的受害者。对该女性是否存在受虐待综合征这一事实,社会框架分析的采用者没有进行直接的评估和调查,其得出的结

① Bielby 的证言,参见 http://www.walmartclass.com/staticdata/reports/r3.html,访问日期:2017 年 6 月 20 日。

② Laurens Walker and John Monahan,"Social Frameworks: A New Use of Social Science in Law," *Virginia Law Review*, 1987,73, pp. 559-598.

③ State v. Alger, 764 p.2d 119, 127-28 (Idaho Ct. App. 1988).

论纯粹是依据既往的社会科学研究结论做出的推理，因而只能是一种盖然性结论。而之所以没有进行直接的研究，常常可能是主客观的条件限制开展直接的研究，但也有可能是直接的研究会得出不受欢迎的结论。比如，在沃尔玛一案中，原告有150万人员，直接的、逐个开展调查是“不可能完成的任务”，而随机抽样调查也并不适当，因为研究对象就是倾向鲜明的原告，存在天然的预设立场。

2. 误用的社会框架分析

社会框架分析是社会学中一种较为广泛应用的方法。[①] 但是，许多时候，这种分析得出的结论应有的限制可能被有意无意地突破，得出超过其论证能力的推论。在证言中说明其证言结论来自于社会框架分析，但是这一概念的创立者 Walker 和 Monahan 明确提醒使用者“社会框架分析不是一种方法论的简称”[②]，并且二人对 Bielby 的证言也提出了强烈的批评，认为 Bielby 的分析，不具有一般研究的典型结构和要素，数据到结论之间的论证链条存在断裂和薄弱环节，不是严谨的推理过程，推理结论就像是从魔术师的黑盒子中取出的一样。换言之，后来者无从重复 Bielby 的研究过程，自然也无从验证其分析、研究结论。Bielby 的论证至少存在如下问题：

首先，概念模糊。Bielby 的分析中存在的一个问题在于缺少对研究对象（概念）的准确定义。在社会科学研究尤其是定性研究中，许多概念并不是像质量和长度那样可以方便直接地进行观察的，因而必须对研究、分析对象建立操作性定义，详述如何测量这些研究对象。[③] 操作化定义解决了如何观察、测量与研究有关的概念的问题。对如何测量这些变量进行的细致介绍，是科学可重复性特征的必然要求。具体而言，Bielby 没有系统地应用已经被人发展出来的标准量表工具或操作化定义，对证言、企业文化或统一性、偏见、区别对待等变量进行编码。固然，在社会科学的研究中，这样的情景确实并不少见，但正是这些较为常见的“主观判断”（judgment call）在消减着社会科学研究的

---

① John Monahan, Laurens Walker, and Gregory Mitchell. “Contextual Evidence of Gender Discrimination: The Ascendance of ‘Social Frameworks’,” *Virginia Law Review*, Nov. 2008, pp. 1717-1718.

② John Monahan and Laurens Walker, *Social Science in Law: Cases and Materials*, Westbury, NY: Foundation Press, 1990. p. 559.

③ Janet Ruane, *Essentials of Research Methods: A Guide to Social Science Research*, Malden, MA: Blackwell, 2005.

科学性(客观严谨性)。

其次,样本的代表性存疑。Bielby 的分析对研究对象没有随机化取样。一个基本的社会科学方法论规则要求研究的样本必须精心选择,才能够保证可以从该数据得出可靠的描述性结论或因果性推论。[①] 换言之,只有进行概率抽样(probability sampling)才能保证样本对群体推论的可靠性,并且,此时也必须考虑样本误差。依赖于非随机的、为诉讼而特意准备的、先天具有倾向性的数据得出的结论至少是可疑的。当然,非随机样本在探索性研究或反证某种假设、理论的情景下,可能是适宜的取样方法,但在沃尔玛一案的研究中,非随机样本显然不是适当的取样方法,至少不是特别有说服力的方法。

最后,Bielby 的分析存在区位谬误。Bielby 在使用社会框架分析时,社会框架分析这种通过一般性的研究为特定事实发生的可能性提供支持的方法,还使得 Bielby 的分析陷入一种常见的推理误区,即假定对团体、集体适用的结论也适用于该团体的某一个体的这样一个逻辑错误——区位谬误(ecological fallacy)。简言之,对团体而言是正确的研究结论并不一定适用于该团体的每个个体。社会框架分析本身就蕴含这种逻辑风险,因为这种分析依据的是已经发生的既往的研究,虽然可以为特定事件的发生提供背景信息,却很容易诱使分析人员向前迈出"一小步",即进一步对特定事件、特定个体的特征也做出结论。例如,很多研究发现,异族之间的辨认更困难,容易有更多错误。[②] 生活中常见的这种错误,也是社会科学研究中常见的推论谬误,但有时并不一定是那么显而易见的错误,一不小心就可能陷入这一推论陷阱。由于社会框架分析这一固有的局限,Walker 和 Monahan 明确提醒使用者"社会框架分析不是一种方法论的简称",而是仅能提供背景性知识。

三、科学论证与科学态度

故而,无论是认定立法性(一般)事实、审判性(特定)事实,抑或框架性(中

① Janet Ruane, *Essentials of Research Methods: A Guide to Social Science Research*, Malden, MA: Blackwell Publishing, 2005, p. 101.

② Christian Meissner & John Brigham, "Thirty Years of Investigating the Own-Race Bias in Memory for Faces: A Meta-Analytic Review," *Psychology Public Policy & Law*, 2001, 7(1), pp. 3-35.

间性)事实,社会科学的研究都因其在发现、证明因果关系上的优势为法律论证提供关键助力。作为经验性证据的这些“事实”都是法律论证的重要环节和内容,论证的效果乃至成败都严重依赖于这些事实的准确。这些事实是否准确、充分,能否支撑起法律论证,依赖于严格的实证研究的方法和程序。换言之,法学之所以演化为社科法学从而有了科学的味道,在展开论证和得出研究结论时有了更多的底气,原因之一就在于其得出结论、进行论证的过程要遵循一定的刚性的方法和程序,要遵从特定的科学原则和规律。社会科学研究要力求客观,而客观与否某种意义上指的是对研究的测量步骤和方法坦率的、无保留的揭示,因而他人可以更容易地发现研究的谬误之处。① 这正是科学的研究方法的基本特征。

杜克斯诉沃尔玛案传递给我们的另一个信息是,比科学方法更为重要的或许是法律社区共同体所应秉承的科学态度。科学的程序和研究方法合理地使用于论证时,是可以获得客观真实信息的有效方法。但即使科学的方法、科学的程序也未必是足够完善、尽善尽美,这是由社会科学本身的发展程度和阶段决定的。科学程序和科学方法又非常容易被一些背景设定、前提假定所困扰。如果研究的前提、出发点等这些假定发生偏差,那么随后的研究,即使应用严格的科学方法,也不能保证研究结论的准确。对此,许多学者可能不愿意承认。但是,科学方法可能没有最好,只有更好。社科法学研究实际上比我们希望的严格刚性的状态要模糊、不精确的多,科学研究有太多的过程可能出现疏漏,这就要求我们在研究、在实践中采取严谨、符合程序的科学态度,在作出结论时充分明了、说明其可能的局限。诚如格里内尔所言:大部分人即使采用了“科学方法”,却有意无意地忽视了更为重要的科学态度。② 毕竟科学方法只是一个理想状态的建构,而科学态度才是人们观察世界的最终指南。

社科法学的科学态度和科学论证,说到底就是严格的数据收集和严格的推理,是严格地“用事实说话”,有多少证据就得出多少的结论,不能多也不能少,力求少一些主管臆断,多一些客观实证。例如,有一天,如果涉水者发现江水不那么刺骨了,那么他只能得出水变暖的论断,而不能做出多一点点的结论。因为水变暖了,有着诸多的可能性。可能涉水的区域确实是春天来了,阳光温暖了江

① Russell Bernard, *Social Research Methods: Qualitative and Quantitative Approaches*, Newbury Park, CA: Sage, 2000, p. 10.

② Grinnellt Frederick, *The Scientific Attitude*. Boulder, CO: Estview, 1987, p. 125.

水,但也可能仅仅是涉水区域上游的春天来了,温暖的江水一路顺流而下,与本区域的季节并无关联。当然,春江水暖,涉水其中者又有着无与伦比的优势,只要谨慎地观察、谨慎地推论,就可以确信自己论证的准确性与科学性,这样的研究必然是科学的、经得起质疑的研究。这也是社科法学的天然优势。

不容否认的是法学的态度和论证常受到法学研究固有立场的影响。同一个雷洋案,公安人员看到的是对公安执法者的不够充分的保护,因而不利于大胆执法;而雷洋的亲友看到的是暴力、不合规范的过度执法,看到的是对个人权益的不法侵犯。和其他研究一样,研究者一旦有了先见和立场,哪怕试图开展客观的研究,常常也会无意识地影响自己本应客观的分析,成为某种形式的"作为参加者的观察者",因为介入观察对象过于深入而不自觉地受到被观察对象的影响,不自觉地选边站。预设立场还常常和观察者效应关联起来。观察者效应指的是观察者、研究者的动机状态和认知局限影响其对观察到的内容的感知和解读①,而这种解读一定是符合自己的预设立场的不客观的解读。故而,社会科学的研究和论证,鉴于研究对象是社会现象和人或人群,是更为复杂的研究过程,不可避免地涉及许多主观取舍,包括对因果推论成立与否的取舍、研究方向的取舍、证据权重的取舍等,这些都是不可回避的主观判断。正像教义法学无法否认法律论证的经验性维度一样,法律论证天然地也具有主观性成分。

法学研究带有"态度"、带有具有固有的立场常是必要的。在我们的科研和实践中,许多时候不管我们是否承认、是否认识到,我们可能需要先有立场,然后进行论证。法律常常本身就是有立场的,比如,在消费者保护这一法律关系中,法律就是要为消费者这一"弱者"张目、撑腰,即法律需要为达到一定的社会政策目的主动"选边站",为法律实践服务的法学研究亦然。法律并不总是要求单纯的客观,纯粹的客观和科学恐怕也不能解决法律的所有问题。但必须警醒的是,对这样一种偏见和立场,我们必须有清醒的认知,不能在法学论证中把主观判断混淆为客观事实,因而削弱我们的推理和论证的力量。

(原载于《山东大学学报(哲学社会科学版)》2018 年第 5 期)

---

① D. Mi-chael Risinger et al., "The Daubert/Kumho Implications of Observer Effects in Forensic Science: Hidden Problems of Expectation and Suggestion," *California Law Review*, 2002,90(1), pp. 1-56.

当事人虚假陈述的认定与规制
——以司法裁决为中心的考察

熊跃敏　陈亢睿

作为民事纠纷的亲历者，当事人虽对案件事实最为了解，但因其是诉讼结果的直接承受者，趋利避害的本性使当事人往往倾向于只陈述对自己有利的内容，甚至不惜虚假陈述，以达到胜诉的目的。当事人陈述①虽然具有主观性和不稳定性，却是民事审判过程中数量最多、内容最丰富的证据种类，对法官心证的形成具有重要的影响。当事人的虚假陈述，往往会误导法官的自由心证，增加法官正确认定案件事实的难度，甚至导致误判，损害司法权威。

2012 年修改后的民事诉讼法增设了诚实信用原则，但对该原则的具体适用并未明确。2015 年《最高人民法院关于适用〈中华人民共和国民事诉讼法〉的解释》（以下简称《民诉法解释》）第 110 条设立了法院询问当事人制度，该规定首次涉及当事人虚假陈述。② 自此，规制当事人虚假陈述有了一定的法律依据。但如何认定当事人虚假陈述？对虚假陈述进行规制的边界在哪里？采取何种方式进行规制与惩戒？本文拟通过法院已经做出的生效裁决对上述问题展开研究。

① 本文所指的当事人陈述，仅限于作为证据性的当事人陈述，后文有进一步探讨。

② 值得注意的是，2016 年 3 月《最高人民法院关于民事诉讼证据的解释》（征求意见稿）第 62 条对此做了规定："当事人应当就案件事实作真实而完整的陈述。当事人故意作虚假陈述且足以影响裁判结果的，人民法院可以根据情节，依照《民事诉讼法》第 111 条第一项的规定进行处理。"但是该规定较为笼统，实务可操作性有待考察。

一、认定与规制当事人虚假陈述的实践表达

为了考察民事诉讼中对当事人虚假陈述的认定与规制情况，我们在“中国裁判文书网”上分别以“诚实信用”“虚假陈述”“真实义务”“《民诉法解释》第110条”为关键词进行检索，查询到认定当事人虚假陈述的裁判文书共28份，其中判决书15份，罚款决定书12份，拘留罚款决定书1份。[①] 从数据来看，最直观的印象是法院明确认定当事人虚假陈述的情形极少，“中国裁判文书网”上近2000万份民事裁判文书中直接认定当事人虚假陈述的仅有28份，所占比例微乎其微。可见，法院对当事人虚假陈述的认定与规制持相当谨慎的态度。下文将对这些裁决书进行分析。

(一)当事人虚假陈述的类型

虚假陈述即当事人故意违反真实义务而进行的陈述。当事人的真实义务主要包括两方面的内容：一是狭义的真实义务，指禁止当事人故意为不真实的陈述(即不实陈述)，或者故意对对方当事人所为真实之陈述进行争执(即虚假否认)。其中所谓真实，系以当事人的主观认识为判断标准，即当事人主观认定为真，而其客观是否为真则在所不问。二是完整义务，指禁止当事人只提出某个事实经过的片段，而恶意将其他部分隐去以使法官获得错误认识(即不完整陈述)。[②] 据此，虚假陈述的类型可分为不实陈述、虚假否认及不完整陈述三种。司法裁决中所显示的虚假陈述亦主要表现为前述三种形态。

案例1：不实陈述——A与B、C买卖合同纠纷案。[③] A向法院起诉请求确认B与C签订的房屋买卖合同无效。关于被告B购买争议房屋的经过，B在法院第一次庭审中辩称，其是通过被告C在案外人甲处购买，而在第二次庭审中B又辩称，该争议房屋从被告C处购买。法院认为，B关于买房经过的两种

---

① 有关拘留、罚款的决定书之前不需要在互联网上公布，直至2016年10月1日起施行的《最高人民法院关于人民法院在互联网公布裁判文书的规定》才明确要求此类决定书在互联网上公布，这也是检索到罚款决定书数量极少的原因之一，所以可能存在法院对虚假陈述进行了处罚但未在互联网公布文书的情形。检索时间：2017年8月11日。

② 转引自任重：《民事诉讼真实义务边界问题研究》，《比较法研究》2012年第5期。

③ 参见吉林省白城市中级人民法院(2015)白民二终字第217号民事判决书。

不同陈述，违背了真实义务，属于对基本事实陈述不真实，故对 B 关于买房经过的陈述法院不作为认定案件事实的根据。

此案中，B 作为房屋买卖交易的主体，对买房经过最为清楚，而其在诉讼中对于买房经过的陈述却存在矛盾，可见 B 向法院做了不实陈述。

案例 2：虚假否认——甲公司与乙公司租赁合同纠纷案。[①] 甲公司在一审时提交 40 张发货单，其中，对有验收人余某签字的 14 张发货单，乙公司表示不认可其真实性，并称余某不是其公司员工。一审据此对有余某签字的 14 张发货单未予认可。一审宣判后，甲公司向北京市公安局报案，经公安机关调查，余某确系乙公司的员工，发货单上余某的签名也系其本人所签。二审中，法院认定乙公司在诉讼中作虚假陈述。

此案中，甲公司主张有余某签名的发货单为真，乙公司明知余某系其员工，且已在发货单上签名的情况下仍对甲公司的主张进行争执，乙公司的行为属于虚假否认。

案例 3：不完整陈述——甲公司与乙公司建设工程施工合同纠纷案。[②] 甲公司与乙公司签订建设工程施工合同，为乙公司进行小区的热计量改造工程建设[③]，甲公司主张工程已经竣工验收并交付使用，起诉要求乙公司支付工程款。乙公司称工程并未实际使用，小区供暖依旧按照原计价方式收费，并提交了数张供暖收费发票（发票上显示按照每平方米 30 元收费）。经法院调查，涉案工程已经实际使用，小区供暖费系每户按照每平方米 30 元预交费，待供暖结束后以实际使用量再进行结算退费。法院认为，关于涉案工程是否实际使用的问题，乙公司进行了虚假陈述，违反诚实信用原则，严重妨碍了法院的案件审理。

此案中，关于涉案工程是否实际使用的问题，乙公司有意向法院隐瞒所提供发票实为预交费，其后向住户退费的事实，此种行为系故意向法院提供不完整证据以误导法院认定事实，属于不完整陈述。

---

① 参见北京市第三中级人民法院（2015）三中民终字第 09688 号罚款决定书。

② 参见北京市第三中级人民法院（2016）京 03 民终 5718 号民事判决书。

③ 热计量是在城市集中供热系统中，对供热介质从热源得到的热量或用户消耗的热量所进行的计量。简而言之，即通过热计量改造，小区供暖收费将根据每户实际使用暖气的量进行精确收费，而不再采用传统仅按照房屋面积收费的标准。

(二)认定与规制当事人虚假陈述的法律依据

我国《民事诉讼法》并未明确设定当事人的真实义务,只有《民诉法解释》在询问当事人制度中要求其据实陈述。在检索到的28份裁判文书中,对当事人虚假陈述的认定均通过法定的诚实信用原则而引申出当事人负有真实义务。例如,较为典型的表达是:“民事诉讼应当遵循诚实信用原则,当事人及其代理人负有真实义务,当然这种真实义务仅为主观性义务,即根据本意进行真实、完整的陈述……被告违背民事诉讼诚实信用原则,对其辩解不予采信。”① 相似的阐述如:“根据《民事诉讼法》第十三条第一款‘民事诉讼应当遵循诚实信用原则’的规定,当事人在陈述中应当确立真实义务,对诉讼程序、对法庭以及对方当事人应当诚实信用,真实义务是诚信原则的内在要求。”②此外,也有个别罚款决定书引用了《民诉法解释》询问当事人时应如实陈述的规定作为法律依据。而对当事人虚假陈述的处罚则全部根据《民事诉讼法》第110条第1款的规定。③

(三)认定与规制当事人虚假陈述的方式

法院对当事人的虚假陈述一经认定,均不予采信,而是否处罚及如何处罚,则属于法院的自由裁量范围。前述28份裁判文书中,15份判决书与13份决定书并不具有对应性。换言之,15份判决书虽然对当事人虚假陈述进行了认定,但或许并未处罚当事人。④ 有限的对当事人的处罚裁决,也以罚款为主,极个别情况才采取拘留措施。

在检索过程中,还发现一些判决书对当事人虚假陈述的认定进行了模糊化处理,即在发现当事人陈述为虚假时,法院对其主张只是不予采信,而不进行真伪判断。

---

① 参见云南省昆明市中级人民法院(2014)昆民一终字第425号民事判决书。

② 参见吉林省延边朝鲜族自治州中级人民法院(2016)吉24民终271号民事判决书。

③ 《民事诉讼法》第110条第一款规定:“诉讼参与人或者其他人有下列行为之一的,人民法院可以根据情节轻重予以罚款、拘留;构成犯罪的,依法追究刑事责任:(一)伪造、毁灭重要证据,妨碍人民法院审理案件的……”

④ 此结论是以现有检索情况为基础进行总结,无法排除一些处罚决定书上传互联网存在遗漏、滞后等情形。

案例 4:在 A 与甲公司劳动争议纠纷案中[①],再审法院认为因 A 在本案一审中自认其系乙公司的员工,而在本案二审及再审中推翻自认,且不能就此说明理由,故对 A 关于其与甲公司系劳动关系的主张不予采信。

此案中,A 对其雇佣单位的陈述前后不一致,且未做出合理解释,可见其并未如实陈述。对于 A 的虚假陈述,法院只是不予采信,并未在判决中明确认定其为虚假陈述。此案中法院对虚假陈述的处理方式是司法实务中的普遍现象。

二、认定与规制当事人虚假陈述受限的原因

通过上述考察可以发现,自民事诉讼法确立诚实信用原则以来,司法实践中已经出现以诚信原则等为依据认定与规制当事人虚假陈述的案例,然而此种案例尚属凤毛麟角,法院对虚假陈述的处理依旧较为消极,究其原因,主要有以下几个方面:

(一)作为证据种类的当事人陈述内涵模糊

在民事诉讼中,当事人陈述具有丰富的内涵。[②] 仅就狭义的当事人关于案件事实的陈述而言,仍然具有多样性,可进一步区分为证据性陈述与非证据性陈述。在当事人陈述中,那些专门用来证明自己主张的事实为真或者对方主张的事实为假的陈述,才是证据,即为证据性陈述;而用以表明当事人对事实主张的陈述,仍需要当事人提供证据加以证明,系证明对象的范畴,即为非证据性陈述。只有证据性陈述才具有证据价值。[③] 当事人陈述在我国被笼统地列为法定的证据种类,但对当事人陈述的内涵以及在何种情况下具有证据属

① 参见重庆市高级人民法院(2016)渝民再 46 号民事判决书。

② 广义的当事人陈述包括当事人关于诉讼请求的陈述、抗辩意见的陈述、案件事实的陈述、法律问题的陈述、对证据分析的陈述等一切向法院作出的陈述;狭义的当事人陈述一般指当事人就案件事实所作的陈述。

③ 李浩:《当事人陈述:比较、借鉴与重构》,《现代法学》2005 年第 3 期。

性并未界定，此种立法缺陷已经引起学者的关注。[①]

2012年我国民事诉讼法修改，将当事人陈述列为八种证据种类之首。但《民事诉讼法》第75条又规定："人民法院对当事人的陈述，应当结合本案的其他证据，审查确定能否作为认定事实的根据。当事人拒绝陈述的，不影响人民法院根据证据认定案件事实。"这表明当事人陈述尽管被列为一种单独的证据形式，但其地位仍然是辅助性的，需要与其他证据结合起来综合判断才能确定是否作为认定案件事实的依据。可见，当事人陈述是否具有独立的证据价值，我国法律规定上亦存在矛盾之处，进而加剧了其证据价值的弱化。

通过检索"中国裁判文书网"，发现大部分的裁判文书对当事人陈述在何种情形下具有证据属性，并未明确区分。申言之，法院将证据性陈述与非证据性陈述甚至广义的当事人陈述混为一谈。加之当事人陈述本身带有的利益倾向，导致法院在认定事实时，对当事人陈述的证据价值并未给予充分重视，对其采信存在模糊性。法院即使发现当事人虚假陈述，一般也只是不予采信，并无其他惩罚措施，这也加剧了当事人陈述的随意性，致使诉讼中当事人虚假陈述的现象屡见不鲜。

(二)认定与规制当事人虚假陈述的法律依据有限

在所检索到的28份裁决中，法院认定与规制当事人虚假陈述的法律依据主要为《民事诉讼法》规定的诚实信用原则、对妨害民事诉讼的强制措施、《民诉法解释》规定的询问当事人制度。民事诉讼法虽然设立了诚实信用原则，但未明确其是否包含当事人的真实义务，只在司法解释中规定法院于询问当事人之前可要求其签署保证书，保证书应当载明据实陈述、如有虚假陈述愿意接受处罚等内容。然而，询问当事人制度的适用空间有限，仅限于法院认为有必要要求当事人本人到庭之际。换言之，除询问当事人之外的当事人陈述，若存在虚假陈述，尚无直接的处罚依据。对此类虚假陈述进行规制，法院不得不通过法解释学的方法寻找法律依据，即当事人陈述属于证据种类的一种，当事人

---

① 相关文章见李浩:《当事人陈述:比较、借鉴与重构》,《现代法学》2005年第3期;王亚新、陈杭平:《论作为证据的当事人陈述》,《政法论坛(中国政法大学学报)》2006年第6期;邵明:《我国民事诉讼当事人陈述制度之"治":从民事诉讼证明的角度分析》,《中外法学》2009年第2期;李浩:《民事证据制度的再修订》,《中外法学》2013年第1期;黄宣:《解构与续造:当事人的陈述制度化构建》,《河北法学》2015年第8期。

进行虚假陈述，就是向法院提供伪造的证据。此行为妨碍了民事诉讼的正常进行，也违背了诚实信用原则，所以应当对其采取强制措施，此规制路径略显牵强。法律依据的有限性直接影响到法院对当事人虚假陈述的规制力度。

（三）认定当事人虚假陈述难度大、成本高

对当事人虚假陈述的认定需要从主观和客观两个方面进行。客观上，主要是对当事人的陈述与查明的案件事实进行比对。但对当事人的陈述是否真实进行核实，本身就存有难度。假设双方当事人对同一事实分别举出相反的证据，但都没有足够的依据否定对方的证据，此时如何识别当事人陈述的真伪？

案例5：在返还原物纠纷中，A与B系父子关系，A起诉要求B返还代为保管的花瓶一只，B辩称该花瓶系A赠予自己，不同意返还。A、B双方均无充分证据证明己方主张，法院根据现有证据难以查明案件事实，只能依据举证责任分配规则做出A败诉的裁判。[①] 此案中，显然A或B必有一人进行了虚假陈述，但由于无法查清案件事实，所以无法识别究竟谁为虚假陈述。

主观上，要求当事人系明知自己所述为虚假或对方所述为真实而进行争执，即强调其主观的恶意。然而力图证明当事人目的、动机这些存于内心的主观态度如何，一直是法律难以应付的课题之一。[②] 当事人的不实陈述究竟系因过失抑或故意，如何对其主观意图进行甄别，亦成为法院规制虚假陈述的一大障碍。

另外，对当事人虚假陈述的认定不仅难度大，还会增加法院的工作负担。在通常情况下，只有法院认定案件事实后，当事人的主张是否真实才得以显现，也只有在这个时候才能判断当事人是否违反真实义务。但是，到了客观事实已明确的阶段，同时诉讼也已经发展至适合做出终局判决的成熟阶段。法官若为了追究当事人违反真实义务的行为，而对当事人的陈述是否有违主观

---

① 《最高人民法院关于民事诉讼证据的若干规定》第73条规定："双方当事人对同一事实分别举出相反的证据，但都没有足够的依据否定对方证据的，人民法院应当结合案件情况，判断一方提供证据的证明力是否明显大于另一方提供证据的证明力，并对证明力较大的证据予以确认。因证据的证明力无法判断导致争议事实难以认定的，人民法院应当依据举证责任分配的规则作出裁判。"

② 赵德玖：《民事诉讼法不应确立当事人真实义务》，《法学杂志》2006年第2期。

真实这一难以证明的事实进行探究,不免会招致判决延迟的后果。[①] 而且,在一个常规案件的审理中,法官无须对当事人提出的每个证据都进行真伪识别,只需依据高度盖然性原则对案件事实做出认定即可进行裁决。但如果把识别和规制当事人虚假陈述的任务也纳入其中,则可能需要突破高度盖然性的证明标准,以探求当事人陈述与案件的客观真实是否相符,这无形中就提高了民事案件的证明标准,增加了司法成本。若再涉及处罚当事人,还需进一步核查当事人是否存在主观故意,再另行制作处罚决定书,并报请院长批准,之后还需要执行相应的处罚。一旦当事人对处罚决定申请复议,原审法院还要接受上级法院的审查。这些都是日常审判之外的工作,势必增加法官的工作量。

三、认定与规制当事人虚假陈述的建议

在民事诉讼中,当事人虚假陈述,将会无端增加对方当事人的举证负担,阻碍法院对案件事实的发现与认定,造成诉讼迟延,增加司法成本,甚至导致法院误判,严重损害司法权威以及对方当事人的合法权益。我国立法和司法中均出现了对当事人虚假陈述进行认定和规制的"萌芽",本部分将以司法裁决中反映的问题为线索,进一步探索我国民事诉讼中对当事人虚假陈述的规制路径。

(一)重塑当事人陈述的地位与功能

如前所述,当事人陈述的内涵极为丰富,其中只有证据性陈述可以作为证据使用。然而,民事诉讼中当事人陈述往往分散在他们于不同的程序场景下所做的口头主张、辩论或提交的书面材料中,具体的诉讼程序运作中难以从内容和外观上加以明确识别,导致当事人陈述很难说得上真正成为一个独立的证据种类。[②] 要充分发挥当事人陈述在民事诉讼中的证据作用,首先应当将证据性陈述从一般意义上的当事人陈述中剥离出来,区分不同类型当事人陈述的地位与功能。

---

① [日]高桥宏志:《民事诉讼法——制度与理论的深层分析》,林剑锋译,法律出版社 2003 年版,第 381 页。

② 王亚新、陈杭平:《论作为证据的当事人陈述》,《政法论坛(中国政法大学学报)》2006 年第 6 期。

《民诉法解释》设立了询问当事人制度，将法院询问当事人作为一种独立的证据方法，赋予其程序上的可识别性，实为立法的一大进步。需要指出的是，询问当事人与当事人陈述是两个不同的概念，前者仅指当事人在接受法院询问下所为的陈述，而后者则涵盖当事人在法院诉讼期间所进行的所有陈述。重塑当事人陈述在民事诉讼中的地位，可以借鉴德国民事诉讼法的做法，将当事人陈述定位为听取当事人意见，其目的在于消除当事人陈述的不清楚、不完整和矛盾之处并确认对哪些问题存在争议；而询问当事人则是证据手段，目的在于证明有争议的主张。[①] 立法应弱化当事人陈述的证据价值，将其定位为当事人意见的阐述和表明，而通过询问当事人来实现其独立的证据功能。由此，可以作为证据采纳的当事人陈述是指法院在询问当事人的过程中当事人所做的陈述。这一规定看似缩小了作为证据的当事人陈述的范围，实则通过法院职权的介入，规范了当事人陈述的取得程序，并通过真实义务的要求，提高了当事人陈述的证据价值，是一种比较务实的选择[②]。将证据种类中的当事人陈述制度限定为询问当事人程序下的陈述，由询问当事人来承担当事人陈述的证据功能，进而将当事人的真实义务主要设立在此种情况下。这也限缩了法官对当事人虚假陈述的审查范围，有利于缓解虚假陈述的认定难度，节省司法成本。

基于我国现行立法与司法实践的考虑，宜对当事人陈述进行分层管理：首先，对询问当事人制度下的当事人陈述苛以严格意义上的真实义务，当事人一旦虚假陈述则应予以相应处罚；其次，对广义上的当事人陈述亦应以真实陈述为原则进行教化和引导，逐步树立当事人在民事诉讼中诚实信用、如实陈述的观念。

对于当事人陈述的分类、功能定位及相应的真实义务，见下图。

---

① ［德］奥特马·尧厄尼希：《民事诉讼法》，周翠译，法律出版社2003年版，第297页。

② 纪格非：《我国民事诉讼中当事人真实陈述义务之重构》，《法律科学(西北政法大学学报)》2016年第1期。

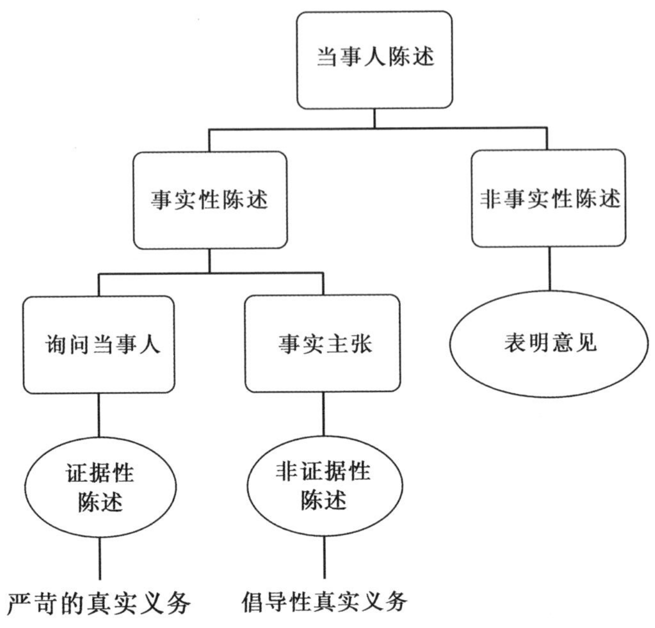

当事人陈述分类、功能定位及真实义务图

(二)厘清当事人虚假陈述的构成要件

1. 虚假陈述规制的范围仅限于基本事实

根据法律规定,基本事实是指用以确定当事人主体资格、案件性质、民事权利义务等对判决、裁定的结果有实质性影响的事实。而案件的次要事实往往是用来辅助证明案件基本事实,与案件的处理结果关联度较低,而且内容比较烦琐,当事人陈述易与事实细节存在出入,所以对当事人虚假陈述的规制应主要限定于对案件基本事实的陈述。

另外,一些案件中还涉及对当事人秘匿利益的保护问题。秘匿利益保护是指在民事诉讼过程中,为了保护法律规定的某些利益,而赋予特定主体享有的拒绝作证或提出相关证据的权利。美国、德国、日本等国家均有相关秘匿利益保护的法律规定,但我国在此方面尚属空白。[①] 因此,在对当事人真实陈述义务的构建中,应对此予以考虑。例如,可规定当事人对于可能让自己蒙羞或惹出刑事追诉危险的事实有权不予陈述。

① 常怡:《民事诉讼法学研究》,法律出版社 2010 年版,第 280 页。

2. 虚假陈述的主观认识仅限于故意

当事人的真实义务又被称为"主观真实义务"。当事人出于故意虚假陈述,显然违反了真实义务,自不待言。当事人因过失所为虚假陈述,是否也应予以规制?是否要求当事人须以符合一般谨慎理性良知之人所可能具备的观察能力、角度所得的认知结果,才可以将之作为其陈述内容?对此,立法与实践的做法较为一致,即因过失所致陈述与事实不符,并不违反真实陈述义务。因为如果要求陈述中须谨慎地形成其确信,而后才可以对此陈述,则可能造成权利人不敢伸张权利。① 因此,虚假陈述对于当事人主观心理的判断仅限于故意,依此强调对其主观恶意的规制;对于因疏忽大意等过失造成的陈述有误,不属于虚假陈述的范畴。

3. 虚假陈述规制的对象应包括诉讼代理人

如前所述,当事人真实义务主要设定于询问当事人过程中。作为当事人的诉讼代理人是否应承担真实义务?对虚假陈述的规制是否包含诉讼代理人?

美国《联邦民事诉讼规则》第11条规定,律师向法院提交诉答状、书面动议或其他文件,应当"是经过合理的调查并尽可能依其本人的知识、信息或信念的情况下做出的",并确认其提出的文件有足够的证据和法律支持,而"并不是为了骚扰他人、不必要地拖延诉讼或者增加无谓的诉讼费用"。否则,法院可以依职权或者依对方当事人的申请,对代理律师、律师事务所或者被代理的当事人科以相应的制裁。② 我国没有采取律师强制代理制度,可是随着人们法律意识的提高及诉讼专业性的增强,诉讼代理人特别是律师参与民事诉讼已经是很普遍的现象,经特别授权的律师已经代替当事人本人全程参与诉讼活动,如果被代理人是单位的,诉讼活动则演绎成诉讼代理人冠当事人之名实为自己操控的杰作,当事人仅是诉讼结果承受者罢了。③

民事诉讼中当事人和代理人联手或代理人擅自虚假陈述的现象并不鲜见,有时当事人虚假陈述甚至是在诉讼代理人授意下进行的,将制裁仅局限于当事人难以达到规制虚假陈述的后果。因此,虚假陈述规制的对象也应包括

---

① 姜世明:《民事诉讼法》上册,新学林出版股份有限公司2012年版,第474页。

② 唐东楚:《诉讼主体诚信论:以民事诉讼诚信原则立法为中心》,光明日报出版社2011年版,第152页。

③ 周艳波:《论民事诉讼的真实义务》,《南开学报(哲学社会科学版)》2015年第4期。

诉讼代理人。当然,对诉讼代理人的规制因其身份不同应有所区别。律师是对法律顺利实施和司法质量负有特殊责任的公民,其在诉讼活动中作用重大,若其虚假陈述往往危害更大,所以律师在民事诉讼中应当承担真实义务。而公民代理一般是由当事人的近亲属或者单位员工等担任,由于其往往不具备专业的法律知识,且代理案件具有临时性,在诉讼中的陈述只要尽到一般的合理注意义务即可,不宜要求其与律师承担同等的真实义务。

(三)综合运用多种手段规制当事人虚假陈述

如前所述,审判实务中对当事人虚假陈述的规制主要包括法院对虚假陈述不予采信、对当事人处以罚款或拘留的强制措施及至追究刑事责任。其中,法院对虚假陈述最常见的处理就是不予采信,对当事人罚款的情形较少,而拘留、追究刑事责任的更是罕见。笔者认为,应加大对当事人虚假陈述的惩戒力度。除不予采信外,对于已经通过签署保证书承诺真实陈述的当事人在诉讼中作虚假陈述的,应适用罚款乃至拘留的强制措施。

对当事人的经济处罚,除罚款外,还应包括相应诉讼费用的承担。一方当事人的虚假陈述势必加重对方当事人的证明负担,亦阻碍了诉讼程序的顺利进行,因此产生的诉讼费用理应由虚假陈述方承担。《德国民事诉讼费用法》第 39 条就规定,如当事人违背真实义务,致使诉讼程序延滞的,应负担因延滞而产生的费用。

此外,我国台湾地区对当事人虚假陈述的规制方式除了罚款外,还给当事人创设了“改过自新”的机会,即当事人在第二审言词辩论终结前,承认错误的,法院可以酌情撤销原罚款裁定。此项规定,有利于鼓励、督促当事人主动承认并改正错误,符合设立当事人真实义务的初衷,可以借鉴。

值得注意的是,训诫亦是我国民事诉讼法对妨害民事诉讼的强制措施之一,在当事人诉讼行为出现偏差时,法院通过训诫对其教育,亦应适用于对当事人虚假陈述的规制。

(四)建立事前宣誓制度

当代的当事人宣誓制度愈加趋向于一种诉讼契约,即当事人与法院之间就当事人承担的义务及其违反后果所达成的合意。若当事人违反义务,则依该合意承担相应法律责任。《日本民事诉讼法典》第 209 条第 1 款规定,经宣誓的当事人作虚假陈述的，法院以裁定的方式处以10万日元以下的罚款。我国《民诉法解释》新创设的询问当事人制度也规定了在询问当事人之前，可以要求当事人签署保证书。

询问当事人的宣誓应成为前置程序：其一，要求当事人在回答法庭询问前进行宣誓，赋予询问当事人制度一种独立程序的外观，有利于将证据性陈述从当事人其他陈述中剥离开来。当事人在宣誓后，可以明确意识到自己所述将作为证据使用，从而在陈述时更加慎重。其二，法院通过当事人事先宣誓，对当事人的真实义务进行释明，使当事人清楚其应承担的义务以及虚假陈述的法律后果，这对遵守承诺也是一种督促和警告。一旦当事人违反承诺内容，法院对其不当行为进行规制，更加合理合法，当事人心理上也更易接受。另外，宣誓的方式并不限于签署书面保证书，还包括口头宣誓。我国询问当事人制度只是规定法院可以要求当事人签署保证书，而非必须签署。纵观宣誓的作用及前置的必要性，即使不要求当事人事先签署保证书，也应当要求其口头宣誓并记入庭审笔录，以保障当事人切实履行真实陈述义务。

当事人虚假陈述对民事诉讼的危害不容小觑。当事人的真实义务与其诉讼利益天然存在紧张关系。规制当事人虚假陈述的主要目的在于防止当事人通过虚假陈述干扰法官认定案件事实，而非对当事人进行处罚，要防止法院判决沦为道德审判或“抓说谎比赛”。当事人陈述内涵与功能的精准界定是对当事人虚假陈述进行有效规制的大前提。在我国现阶段，尚不宜对当事人陈述全面设定真实义务。以询问当事人制度为契机，将真实义务限定于证据性陈述，对当事人陈述进行分层管理，是比较务实的选择。

（原载于《山东大学学报（哲学社会科学版）》2018年第6期）

民事诉讼实证研究

法院"案多人少"的应对困境及其出路

——以民事案件为中心的分析

张海燕

自1978年以来，我国法院受理的各类案件(包括一审、二审、再审案件)已从61.3万件增至2015年的1671.4万件，增长了27.3倍，其中民事案件的增长总量和幅度尤为引人注目：各级法院受理的民事案件数量从31.8万件增至1104.5万件，足足增长了34.7倍。同一期间，法官人数也有不小的增长(从1981年的6万多人增至2015年的19.6万人，增长了3.27倍)，但其增幅远远不及案件数量的增长。案件数量与法官人数的不均衡增长必然意味着法官工作量大大加重，法官年均结案数由1981年的20件增至2015年的85件。[①]"案多人少"已经成为当下我国法院系统存在的共识性问题。为破解法院"案多人少"这一司法难题，各界纷纷提供应对之策，但目前该问题仍未得以实质性缓解，甚至在本轮员额制司法改革背景下形势更为严峻。鉴于此，笔者认为有必要对我国法院"案多人少"的当下应对困境进行反思，并进一步探寻可能的更优举措。

---

① 2015年民事案件数据来源于《2015年法院司法统计数据新鲜"出炉"，新收一审案件数量首次突破千万》一文，http://blog.sina.com.cn/s/blog_5f686f530102wqh4.html，访问日期：2017年7月20日。2015年法官数据来源于2016年3月2日《华商报》A1版的《以案件多少定法官员额》一文。其他数据来源于朱景文主编的《中国人民大学中国法律发展报告2011：走向多元化的法律实施》(中国人民大学出版社2011年版，第1～6、45页)一书，以及尤陈俊的《"案多人少"的应对之道：清代、民国与当代的比较研究》(《法商研究》2013年第3期)一文。

一、法院“案多人少”的当下应对之策及其评析

2012年和2013年最高人民法院工作报告论及“案多人少”时认为，其是我国“基层法院工作面临的困难”，2014年和2015年工作报告指出案件数量“持续快速增长”“案多人少，人员流失”成为法院的普遍现象，2015年特别强调“案多人少”问题已经非常“突出”。于此背景下，我国目前各界提出的应对“案多人少”问题的方案繁多，但不外乎增加人员、减少案件和提高诉讼效率三种思路，实践中主要表现在以下五个方面：

(一)进一步增加法院人员编制和法官职数

该方案可能是“案多人少”首当其冲的应对之策，但在我国当下不具现实可行性。因为法院系统的部门增生有限，如果一味强调增加法院编制，会导致人员过于膨胀，也会带来办公条件拥挤、管理成本增加、人际摩擦上升和社会负担加重、人浮于事以及效率降低下等问题。而且，员额制要求法院入额法官不得超过全体在编干警的39%。故单从一线办案法官的绝对数量来看，法院短期内增加法官职数的可能性微乎其微，一线法官人数还会受员额制最高限额的冲击而减少。笔者调研数据显示，之前法院一线法官占全体在编干警的比例一般在40%～50%，远远高于39%这一员额上限。

(二)提高诉讼门槛，加大当事人接近诉讼的难度

这是从源头上阻止纠纷进入法院的一条路径。苏力教授主张应通过增加诉讼收费提高诉讼门槛来控制进入法院的案件数量。① 蔡彦敏教授亦主张提高正式第一审程序的门槛和要求，使第一审程序抛却既往“手工作坊”式的非规范审判程序模式，正式确立符合现代诉讼法治理念的“对抗与判定”的诉讼结构。② 笔者承认提高诉讼门槛固然短期内能有效阻止大量纠纷进入法院，但这并不适合当前的社会实际。通过设置较高起诉条件和提高诉讼收费来阻断

---

① 参见苏力：《审判管理与社会管理——法院如何有效回应“案多人少”?》，《中国法学》2010年第6期。

② 参见蔡彦敏：《对中国民事司法案件管理机制之冷思考》，傅郁林、兰姆寇・凡瑞主编：《中欧民事审判管理比较研究》，法律出版社2015年版，第244页。

案件进入法院的路径选择显然有违公平正义，高收费会将社会较为贫穷人士挡在法院门外，它与法律面前人人平等原则背道而驰。① 章武生教授也认为法院在面临“积案如山”的困扰时依靠增加接近诉讼的难度来降低诉讼率，并不是明智选择。②

（三）建立多元化的诉外纠纷解决机制

从应然意义上，如同增加当事人接近诉讼的难度一样，建立有效的案件分流机制也是解决“案多人少”问题的治本之策。司法本应是纠纷解决的最后一道防线，但现在却成为当事人纠纷解决的首要选择，纠纷往往不经任何过滤和分流直接进入法院。目前，我国法院的角色定位已发生很大变化，从之前的出门寻案变为现在的积极分流案件。诉外纠纷解决机制的建立是阻止案件进入法院的第一道关卡，将能在诉前化解的纠纷消解于立案之前。这既能减轻当事人的诉讼负担，也能缓和法院的人案矛盾。然而，我国十几年来建构的诉外纠纷解决机制尚未有效发挥其截流作用，原因在于法院所持之公权力对于诉外纠纷解决方式具有天然相对优势，理性当事人陷入纠纷时会优先选择诉讼。我国立法和司法层面已认识到该问题，近年来不断强化诉外纠纷解决方式的权威，旨在改变当下纠纷化解过度依赖国家公共资源以及社会力量特别是基层组织解纠功能发挥不足的状态。尽管法规范层面努力不断，但运行实效依然不佳。对此，笔者赞同荷兰学者兰姆寇·凡瑞的分析，其主张中国和欧洲通过诉讼外途径解决纠纷（比如中国的人民调解制度、欧洲多样化的法院附设调解机制）的前景是存疑的，因为由国家法院对私益诉讼做出判决是更优的纠纷解决路径，诉讼可以实现超越个案的目标且有助于强化法治。诉讼所具有的法律确定性（可预测性）众所周知，潜在的诉讼当事人可通过之前类似案件的裁判来估测其纠纷的可能结果，并因此可能决定不提起诉讼；而替代性纠纷解决机制则通常缺乏公开性因而无法对潜在诉讼当事人的决策产生影响。③

---

① 参见［英］阿德里安 A. S. 朱克曼：《危机中的司法/正义：民事程序的比较维度》，［英］阿德里安 A. S. 朱克曼主编：《危机中的民事司法：民事诉讼程序的比较视角》，傅郁林等译，中国政法大学出版社 2005 年版，第 43 页。

② 参见章武生：《民事简易程序研究》，中国人民大学出版社 2002 年版，第 18～19 页。

③ 参见傅郁林、兰姆寇·凡瑞主编：《中欧民事审判管理比较研究》，法律出版社 2015 年版，序言第 5～6 页。

(四)强化法院内部挖潜提高审判效率

应对"案多人少",既然不能过度依赖从总量上增加法官职数,就必然会考虑从内部存量上深度挖潜。法院内部挖潜的方式主要有两种:一是进一步规范案件的审判管理。2010年11月始法院系统自上而下设立案件审判管理办公室(简称审管办),管理案件审理流程以提高案件审结效率。审管办的一个重要职责就是督促法官在法定期限内审结案件。实务中,审管办的工作一方面大大提高了法官的审判效率,但也给法官施加了沉重的办案压力,因为目前各级法院普遍将结案率作为绩效考核的重要指标。二是进一步优化配置法院内部现有审判资源。长期以来,我国法院系统自身的行政管理事务以及配合地方政府工作占用了大量法院资源和法官精力,法官职业的行政化色彩曾经一度使得越高级别的法官越远离一线审判工作。本轮司法改革刚好为法院内部人力资源的重新整合提供了一个良好契机。我们承认,法院内部的深度挖潜能够在短期内盘活法院现有审判资源、提高审判效率、缓解审判压力,但该举措毕竟无法超越普通人所能承受之能力极限。傅郁林教授等曾指出:"我国民事普通案件的个案审理效率和速度已接近法官主观努力的极限,司法效率的提升空间已接近边际,这种边际效应应当引起司法管理的充分重视。"①此外,审判人员在高效裁决案件的同时,可能会产生民众对于司法质量的抱怨,因为在法官个人精力和工作时间总量相对恒定的情况下,在法官不可能短期内明显提高审判业务能力的前提下,案件的大量增加必然会压缩法官处理个案的时间和精力,导致劣质司法出现的可能。

(五)法院进行案件审理的繁简分流

繁简分流是指对于进入诉讼程序的案件,根据案件本身特点进行繁简有别的程序应对,以符合司法审判资源配置的比例原则。繁简分流是在"保障诉讼公正的前提下,尽可能地节约当事人和国家的诉讼成本,使用于解决争议的程序与案件的价值、重要性和复杂性成合理比例"②。由于诉外纠纷解决机制运行实效不佳,面对蜂拥而来的案件,法院又难以在传统一审程序之外寻觅到

---

① 傅郁林、兰姆寇·凡瑞主编:《中欧民事审判管理比较研究》,法律出版社2015年版,第253~254页。

② 王福华:《民事案件管理制度评析》,《法学论坛》2008年第2期。

有效方案，这决定了法院难以改变继续走简易程序扩大化、普通程序简易化的老套路。[①] 近年来，司法实践特别强调简易程序的扩大适用：《民事诉讼法》(下称《民诉法》)第157条增加了简易程序的合意适用制度；最高人民法院《关于适用〈中华人民共和国民事诉讼法〉的解释》(下称《民诉法解释》)第258条规定简易程序的审理期限可以延长至六个月，第260条规定普通程序开庭前还可以转为简易程序；《民诉法》第162条在简易程序中增设了小额诉讼程序。2016年最高人民法院工作报告中明确指出，要“加强繁简分流，依法适用简易程序、小额诉讼程序、刑事案件速裁程序，减轻群众诉累”。可以说，“从各国民事司法发展和改革趋势来看，繁简分流旨在以合乎理性的规范使案件各入其道，使普通程序的正当化在司法资源与司法需求的剧烈冲突中获得现实可能性”[②]。对于当下流行的简易程序扩大化以及普通程序简易化做法，笔者不否认其对于案件快速解决的积极意义[③]，但认为需要注意两点：一是作为繁简分流重要组成部分的小额诉讼程序设立旨趣绝不是为了分流司法压力，而是为了弥补正式司法在满足民众接近司法需求方面存在的缺陷。[④] 二是随着法治社会的不断发展，人们对诉讼期待过高，当社会把纠纷解决都推向法院时，最先受到危害的往往正是司法本身：小额诉讼程序可能会满足对司法“敞开供应”的心理需要，但可能诱发滥诉甚至造成纠纷解决机制紊乱，劣质司法会彻底毁掉法院的权威和公信度。[⑤]

综上，在前述法院应对“案多人少”困境的五种方法中，每种方法均具有理论上的可能性，但实践层面却效果不佳：第一种不具现实性，第二种欠缺正当性，第三种权威性不足，第四种已接近边际。目前，法院系统自上而下对作为第五种路径的繁简分流寄望很大、倚重颇深。那么，繁简分流能否在应对“案多人少”问题上发挥良好效果呢？

---

① 参见蔡彦敏：《对中国民事司法案件管理机制之冷思考》，载傅郁林、兰姆寇·凡瑞主编：《中欧民事审判管理比较研究》，第242页。

② 傅郁林：《民事司法制度的功能与结构》，北京大学出版社2006年版，第124页。

③ 参见范愉：《纠纷解决的理论与实践》，清华大学出版社2007年版，第245页。

④ 参见傅郁林：《小额诉讼与程序分类》，《清华法学》2011年第3期。

⑤ 参见刘晶：《浅谈小额诉讼程序》，《中国审判》2012年第11期。

二、繁简分流应对“案多人少”的逻辑困境

就一个国家的司法系统而言,普通程序与简易程序的划分体现了国家对其可支出司法资源的结构性安排,目的在于实现诉讼制度纠纷解决机能的最大化。繁简分流的理论基础是比例原则,英国学者朱克曼教授主张:根据比例理念,用于解决给定法律争议的程序应当与该争议的价值、重要性和复杂性成比例。[①] 繁简分流理论的实践落脚点在于民事纠纷的类型化处理。然而,长期以来我国实行繁简分流的实践似乎并未取得令人满意的效果,原因何在?是路径错误还是执行力度不够?对此,笔者认为根本原因在于繁简分流本身存在内在逻辑冲突,繁简分流进行合理化资源配置的一个重要逻辑前提是合理设定简易程序的适用范围。笔者接下来的论证建基于对S省A市中级人民法院下辖基层法院适用简易程序情况的实践调研。S省A市中级人民法院下辖12个基层法院,42处人民法庭;全市法院共有正式干警1495人,员额法官470人,占全体干警人数31.44%。本文以其中6个基层法院(分别为RC、ZC、YZ、QF、JX和LS法院)作为分析样本,初步得出实务中民事案件繁简分流实施过程中主要存在三个问题:

(一)案件繁与简的判断标准主观性太强,实践操作性较差,容易受法院系统政策的影响

《民诉法》第157条规定,简单民事案件的标准是“事实清楚、权利义务关系明确和争议不大”。实务中各基层法院多由立案庭来判断案件是否简单以及决定案件适用何种程序。但操作中对于案件事实是否清楚、权利义务关系是否明确、当事人争议是否不大这三个判断案件是否简单的基本要素,立案法官难以仅凭当事人的一纸诉状和一些零散证据做出精准判断。因为实务中有些案件名为房屋买卖合同纠纷却实为民间借贷合同纠纷,有些案件争议标的金额较大看似复杂实际法律关系却较为简单,立案法官在立案时难以甚至根本不可能对这些案件进行有效甄别。

笔者对S省A市6个基层法院立案庭的调研发现,它们在立案时确定案

---

① A. A. S. Zuckerman, *Civil Justice in Crisis-Comparative Perspective of Civil Procedure*, Oxford: Oxford University Press, 1999, p. 48.

件适用何种程序的具体做法主要有三种：

1. 将所有民商事案件默立为普通程序。该情形下简易程序适用率较低。比如，RC法院2015年上半年之前一律将争议标的金额10万元以上的案件立为普通程序，不足10万元的案件才立为简易程序；ZC法院2015年上半年之前将所有案件默立为普通程序；QF法院2012年之前出于普通程序诉讼收费高的考虑，立案时将案件默立为普通程序。

2. 将所有民商事案件默立为简易程序，法律规定不能适用简易程序的除外。① 该情形下简易程序适用率非常高。比如，YZ法院2003年至2015年上半年之间，一直将民商事案件按简易程序立案。目前，最高人民法院强调繁简分流，地方各高级人民法院通过多项举措着力提升简易程序适用率，比如S省高级人民法院2015年通过每月一通报的方式督促辖区内各基层法院提高简易程序适用率。② 此种命令式或者变相考核式提高简易程序适用率的要求，已使省内多数基层法院在立案时将民商事案件默立为简易程序，而不再考虑案件自身性质和争议标的金额等因素。当然，该刚性要求也遭到了一些基层法院的反感甚至反对，认为上级法院对于简易程序高适用率的过度追求未考虑基层法院的人员与硬件情况，会进一步增加基层法官的工作压力。

3. 根据案件性质和具体情况确定审理程序。比如，QF法院对于第二次离婚的案件均立为普通程序；JX法院2015年上半年之前以案由为标准决定是否适用简易程序，将婚姻家庭、交通事故和民间借贷等案件皆立为简易程序；LS法院2015年4月份通过院内文件明确了适用简易程序的两个条件：事实清楚、权利义务明确和当事人约定适用。

上述基层法院采取的繁简分流具体做法均非法定的"事实清楚、权利义务关系明确以及争议不大"这一主观标准，而是实践中基层法院基于上级法院政策性要求做出的适应性被动行为选择或者基于绩效考核利益最大化进行的功利性主动行为选择。但法院的行为选择似乎又蕴含着一种经验性的判断标

---

① 比如，起诉时被告下落不明案件、第三人撤销诉讼案件以及发回重审案件等。

② 需要注意，理论界和实务界在改革中存在两种不同的主张：理论界多期待我国民事诉讼能够建立起一套兼具公正和效率价值的民事案件纠纷程序，而实务界最为关注的则是如何解决一直困扰他们的"案多人少"这一当务之急问题。或言之，实务界之改革举措更加注重当下性、情境性、现实性问题的解决，理论界之研究关注则更加注重长远性、系统性和全局性问题的回应。

准:通常情况下法院会根据案件性质和争议标的金额大小来确定案件简单与否,但当面临上级法院的政策性考核指标时其通常做法便会遭受冲击或者挤压。前文所言当上级法院强调提高简易程序适用率时,多数基层法院在立案时将全部民商事案件默立为简易程序而不再顾及案件性质和争议标的金额的做法,便是一典型例证。

(二)民事简易程序的适用并未使法院和法官得到程序上的实质便利,反而在某种程度上增加了法官审案的压力

简易程序设置的旨趣在于快速审理简单案件,使当事人及时获得司法救济,节省司法资源,提高诉讼效率。实务中简易程序确实能够使法官在诉讼文书送达和传唤当事人等方面节省办案精力和司法资源,能够使当事人一定程度上获得及时裁判从而减少诉累。然而,实务中简易程序表现出来的两个问题不容忽视:

第一,从法官个体层面看,在目前司法改革愈发强调主审法官责任以及当事人信访压力巨大这一背景下,诉讼程序不完整很可能成为当事人不满法官裁判的托词。法官出于规避诉讼风险和强化自身保护考虑,往往非常重视诉讼程序操作,即使简易程序甚至小额诉讼程序也将庭审进行得如同普通程序般完善、将判决书论证得如同普通程序般缜密①,法官宁愿在简易程序中多花一些时间,也不愿在程序上出现丝毫纰漏,成为日后当事人信访甚至司法追责的可能借口。

第二,从法院整体层面看,在立案登记制背景下,2015 年各基层法院民商事案件的收案量大约增长了 20%左右,又加之简易程序和普通程序的高度同质化,这必然会增加基层法院法官在单位时间内的结案压力。如此一来,简易程序的大量适用实际上是加重而非减轻了法官的工作强度,一定程度上激化而非缓和了法院的人案矛盾。法院作为独立的行为博弈主体,若无上级法院的命令式或考核式要求,简易程序的适用并非其优先的行动策略选择。

---

① 当然,法官如此行为还可能有另外一种解释,即主审法官既适用普通程序又适用简易程序审理案件,基于职业思维及行为习惯,会下意识地将普通程序的庭审节奏带入简易程序中。

(三)简易程序扩大化和普通程序简易化的做法在一定程度上产生了诉讼效率高和司法品质低之间的紧张关系

鉴于法院立案时无法精准判断案件是否简单这一认知现状,法院进行案件繁简分流时可能出现三种情形:

1. 将本质上简单的案件适用普通程序审理,既增加了不必要的烦琐程序,又会延长案件的审理期限,浪费司法资源,降低诉讼效率。

2. 将本质上复杂的案件适用简易程序审理,在法律文书送达、庭审程序进行以及裁判文书论证说理方面予以简化,难以保障当事人的程序权利,影响诉讼公正的实现。

3. 将所有案件先假设为简单案件适用简易程序,如果发现案件复杂三个月内无法完成则转化为普通程序[①],该做法容易使简易程序成为法官延宕审理期限的一种借口,影响案件的诉讼效率。

上述三种情形,第一种发生的可能性较小,第二、三种近年来多受学界诟病,认为简易程序的扩大适用引发了我国“效率性高”而“公信力低”的悖论现象。[②]

我国民诉法规范和案件质量评估系统要求法官应当在审限内结案。为避免超审限可能导致的不利评估,扩大适用简易程序便成为法院系统首选的应对之策。于此背景下,实务中部分法院强调立案庭应将全部案件默立为简易程序,这种法院单方意志决定下的简易程序扩大化做法,实际带来的可能是一种饮鸩止渴的效应。简易程序扩大化适用产生的直接影响是法院简易程序适用率的提高,但案件审结数量之多并不等于质量之高。有些法官甚至直言法官审结案件数量的大幅增长必然带来低质的司法裁判结果,两者已呈现出紧张的负相关关系。诉讼的进行、法院的审判,应有适度的节奏,具备必要的品质,且均应与当事人诉权保障和适时审判请求权的实现紧密相连,诉讼程序既不可过分匆忙,亦不可过分延滞。就此而言,我国民事司法的速度不是太慢了而是太快了,诉讼程序不是太烦琐了而是太简化了,李浩教授曾明确提出“宁

① 根据《民诉法解释》第258条,经双方当事人同意并经本院院长批准,简易程序的审理期限可以延长至6个月。

② 傅郁林、[荷]兰姆寇·凡瑞主编:《中欧民事审判管理比较研究》,法律出版社2015年版,第226页。

可慢些,但要好些”的建议。[①] 我国简易程序扩大化和普通程序简易化,导致了过快的诉讼程序,缺失了必要的品质,甚至忽视了对当事人正当程序权利应有的最低限度关注,从而损害了当事人的适时审判请求权,也危害了诉讼公正。

三、法院“案多人少”应对困境的出路:基于对我国民事诉讼案件结案方式的分析

(一)对我国2002～2014年民事诉讼案件结案方式的分析

民事诉讼案件的结案方式根据当事人态度之不同可分为自愿性结案方式和强制性结案方式两种,前者如撤诉、调解,后者如判决。前者蕴含着当事人可就案件实体权利义务关系进行协商的极大可能性。鉴于此,笔者将我国法院系统2002～2014年民事诉讼案件(婚姻家庭、继承纠纷、合同纠纷和权属、侵权及其他纠纷[②])作为分析样本,通过对案件结案方式的考察,发现调解、判决和撤诉三种结案方式占全部案件的95%以上。[③] 在该分析样本中,婚姻家庭、继承纠纷13年间撤诉结案的比例在17.58%～25.3%,最高值为2011年,最低值为2002年,均值为20.91%;调解结案的比例在43.09%～48.93%,最高值为2010年,最低值为2002年,均值为46.15%;判决结案的比例在25.02%～37.97%,最高值为2002年,最低值为2012年,均值为31.68%。合同纠纷13年间撤诉结案的比例在23.36%～31.6%,最高值为2010年,最低值为2002年,均值为27.74%;调解结案的比例在26.54%～38.33%,最高值为2012年,最低值为2003年,均值为31.24%;判决结案的比例在28.1%～45.27%,最高值为2002年,最低值为2012年,均值为37.58%。权属、侵权及其他纠纷13年间撤诉结案的比例在14.7%～19.33%,最高值为2009年,最低值为2002年,均值为17.35%;调解结案的比例在18.94%～42.15%,最高值为2012年,最低值为2002年,均值为30.36%;判决结案的比例在28.35%～46.85%,最高值为2002年,最低值为2012年,均值为37.75%。三类案件

---

① 参见李浩:《宁可慢些,但要好些——中国民事司法改革的宏观思考》,《中外法学》2010年第6期。

② 这三类案由的选取依据是法院系统信息平台对于民事案件的司法统计分类。

③ 其他结案方式还有:驳回起诉、移送其他法院以及终结诉讼等情形,但所占比例很少。

13年间撤诉结案的比例在19.97%～26.62%，最高值为2011年，最低值为2002年，均值为23.59%；调解结案的比例在29.94%～41.7%，最高值为2012年，最低值为2003年，均值为34.76%；判决结案的比例在27.46%～43.46%，最高值为2002年，最低值为2012年，均值为36.01%。具体情况见图1、图2、图3、图4。

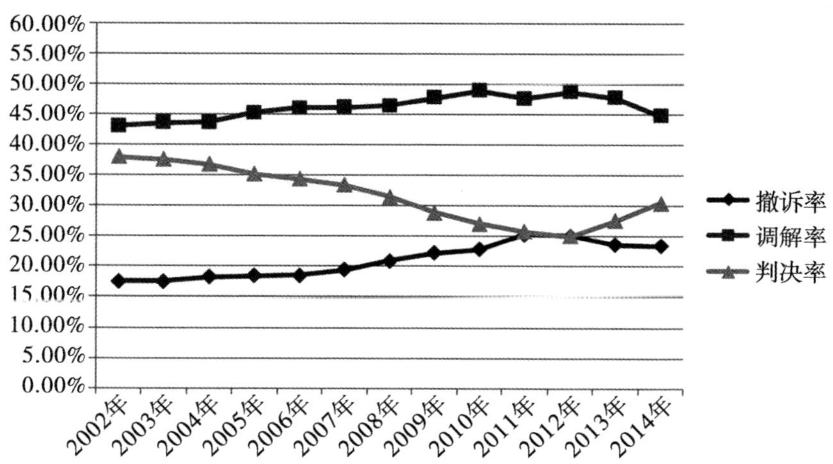

图1　全国法院系统2002～2014年婚姻家庭、继承纠纷主要结案方式的适用率

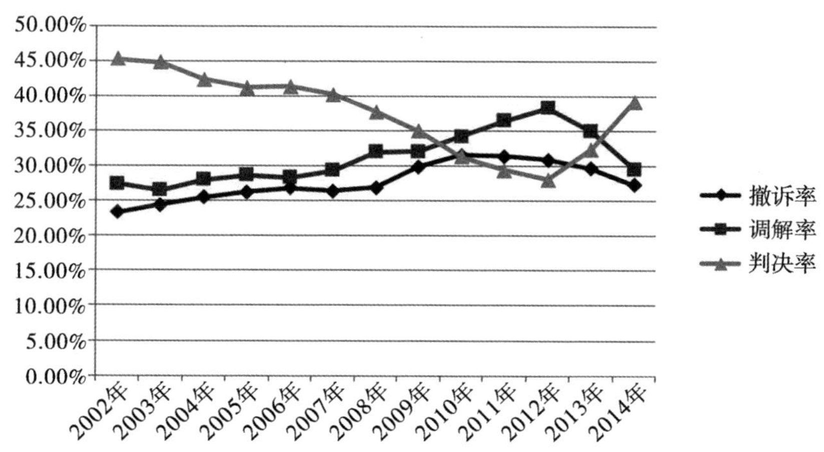

图2　全国法院系统2002～2014年合同纠纷主要结案方式的适用率

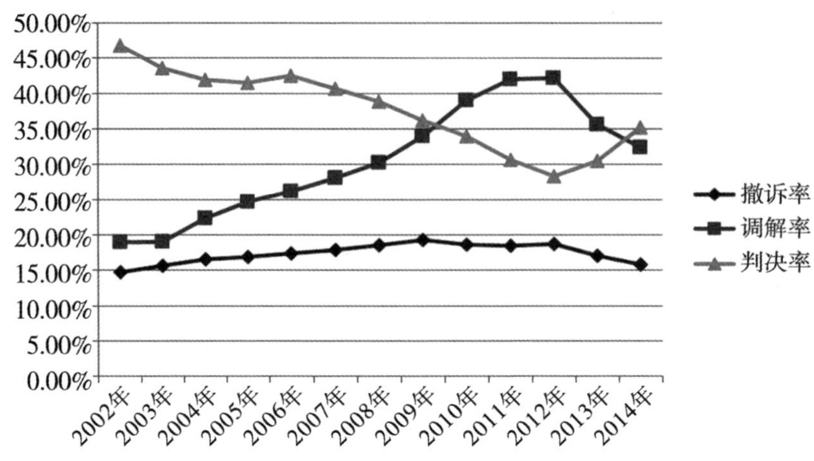

图 3 全国法院系统 2002～2014 年权属、侵权及其他纠纷主要结案方式的适用率

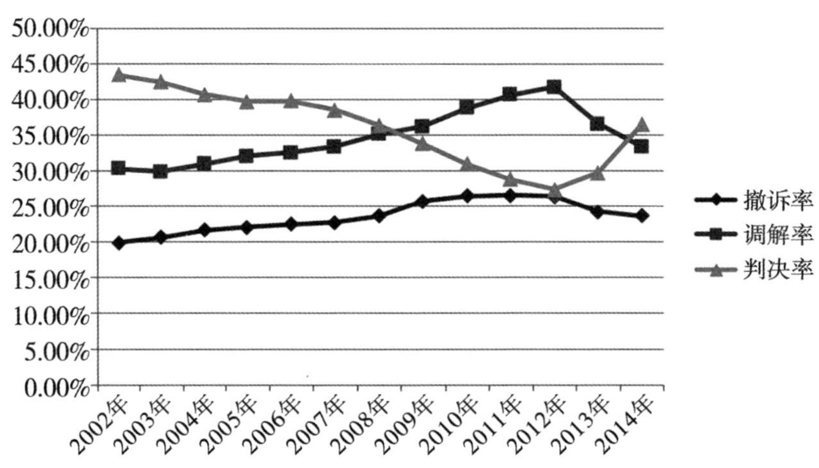

图 4 全国法院系统 2002～2014 年民事诉讼案件主要结案方式的适用率

从样本数据来看，当事人的撤诉率相对比较稳定，数值在 19.97%(2002 年)～26.62%(2011 年)，均值为 23.59%，总体维持着一个稳中有升的状态，但提升幅度较小。调解结案率走向非常明显，2002～2012 年之间基本是逐年缓慢攀升，比例保持在 29.94%(2003 年)～41.7%(2012 年)，均值为 34.76%，2012 年达到峰值，之后连续两年下行，2014 年为 33.37%。判决率的走向也很明显，正好与调解率相反，2002～2012 年基本处于逐年缓慢下降的态势，比例在 27.46%(2012 年)～43.46%(2002 年)，均值为 36.01%，2012 年跌至谷底，但 2013 年和 2014 年两年则连续上行，2014 年为 36.47%。就民事纠纷类型来

看，婚姻家庭和继承类纠纷中，2002～2014 年 13 年间调解率一直高于判决率；合同纠纷以及权属、侵权和其他纠纷与案件整体趋势相同，在 2010～2013 年间调解率高于判决率，其他年份都是判决率高于调解率，之所以如此，很重要的一个原因是最高人民法院在 2008～2012 年间特别强调民事案件的调解率，将其作为一个重要的绩效考核指标。

对于我国法院一审民事案件结案方式的大样本分析，有利于我们宏观了解民事诉讼案件的结案情况。图 4 应当被重视，该图清晰显示了撤诉率和调解率在 2002～2014 年间呈逐年缓慢上升的趋势，撤诉率基本保持在 20％～25％，调解率大致保持在 30％～45％。2013～2014 年撤诉率和调解率开始下降，2014 年撤诉率为 23.67％，调解率为 33.37％，在 10 多年中该比率虽较峰值有所降低，但仍在前述两个比率的大致范围中。当事人撤诉在合同纠纷中的发生率最高，高出总体案件撤诉率的 5％左右。对于此类案件，当事人之间的争议相对容易调和，具有在审前程序将案件分流的现实可能性。另外，调解结案的案件数量巨大，这一定程度上能够说明双方之间的争议具有可调和性，也具有在立案前或审前程序被分流的可能性。诚若如此，我国一审民事诉讼案件将会有一半左右在审前程序被分流而无须进入庭审程序。即使保守估计，仅计算撤诉案件，那也会有 1/4 左右的案件被分流，这将大大减少法官庭审和制作裁判文书的压力。鉴于此，下一步的核心任务便是针对那些不必进入庭审程序的民事案件建构切实可行的分流机制。

（二）关于缓解人案矛盾的两点建议

1. 扩展强制性调解程序的适用范围

纠纷当事人客观上接受调解，不外乎两个因素，或者基于调解的利益诱导而主动做出的自利行为选择，或者基于法律的强制性规定而被动接受。我国民事领域的调解主要有三种：(1)纠纷进入法院前由人民调解委员会、行政机关、行业组织以及其他个人或组织主持的调解；(2)纠纷进入法院后立案前法院委托人民调解员、律师或行业组织主持的调解；(3)立案后法官主持的调解。前两种为诉前调解，第三种为诉讼调解。虽然立法针对诉外调解协议规定了当事人免费的司法确认程序，但由于诉外调解并未凸显出相对于诉讼的显著优势，现有利益引诱动力不足，具有自利倾向的当事人自觉进行诉外调解这一行为选择的热情不高。法律的强制性规定并非出于对当事人选择偏好的考虑,也并非从当事人利益的立场出发,而是在没有其他更好地能够激发当事人选择调解的情况下的一种维持制度运行的基本策略。[①]

法律对于调解进行强制性规制的方式有直接强制和间接强制两种。直接强制是指将调解明确规定为某类纠纷解决的前置程序。调解前置有两种模式:一是诉前调解前置,将调解规定为纠纷当事人向法院起诉的前置程序,未经调解不得直接向法院起诉。例如,《德国民事诉讼法施行法》第 15 条规定了起诉前强制调解。[②] 我国《民诉法》第 122 条规定了民事纠纷立案前的先行调解,但未对其进行强制规定。二是诉讼调解前置,将调解规定为法院做出判决前的必经程序,该调解前置是相对于判决的前置,实质上刚性确定了法院所采结案方式的顺位关系。我国《最高人民法院关于适用简易程序审理民事案件的若干规定》第 14 条,将调解规定为婚姻家庭纠纷、劳动合同纠纷、交通事故和工伤事故引起的权利义务关系较为明确的损害赔偿纠纷、宅基地和相邻关系纠纷、合伙协议纠纷以及诉讼标的额较小的纠纷的前置程序,除非根据案件性质和当事人实际情况不能调解或者显然没有调解必要。间接强制是指虽未将调解作为某类纠纷的前置程序,但对于无正当理由拒绝调解执意进行诉讼的当事人予以一定费用的制裁。比如英国的诉讼费用制裁制度(cost penalty),当一方或双方当事人拒绝法院或者当事人自身提出的适用 ADR 解决纠纷的建议,法院会做出拒绝其全部或者部分诉讼费用请求的命令。[③]

我国现有法律规范和实践经验已为调解程序的强制性规定提供了充分理论支撑和实践准备,具体可采用两种做法:第一,修改《民诉法》或制定单独的家事诉讼法来规定婚姻家庭和继承这类家事案件应当在起诉前先行调解,未经调解当事人不得直接向法院起诉。如图 1 所示,我国一审婚姻家庭和继承案件 13 年间撤诉率和调解率合计在 60%~70%,说明此类纠纷当事人达成和解的可能性很大,在此正当性基础上,可将调解规定为此类纠纷的前置程序。另外,我国家事案件约占全部民事案件的 1/3。据此,我们有理由推测,强制诉前调解可能会减少目前全部民事案件的 20%左右。我国已有学者在此方面进

---

① 参见唐力:《诉讼调解合意诱导机制研究》,《法商研究》2016 年第 4 期。

② 内容为"诉讼标的额在 750 欧元以下的财产纠纷、邻地纠纷和没有经过媒体、广播报道的个人名誉损害,必须在起诉之前先经过调解解决"。

③ 参见张海燕:《英国〈民事诉讼规则〉中的调解制度研究》,《环球法律评论》2009 年第 2 期。

行了尝试，比如，南京师范大学刘敏、陈爱武教授提出的“家事诉讼法”建议稿[①]第18条便认为，对可处分的家事案件，在起诉之前，应当向人民法院申请调解，调解不成或者调解被宣告无效、可撤销的，可以向人民法院提起诉讼。家事案件的诉前调解与诉讼调解具有一样的效力。第二，修改《民诉法》进一步扩大强制诉讼调解的适用范围。目前，我国仅在离婚案件以及适用简易程序审理的特定案件中规定调解是判决的前置程序。然而，图4所示我国13年间全部民事案件的调撤率是50%～70%，这便使得对于所有民事案件类型均规定诉讼调解前置具有坚实的实践基础。因此，有必要将调解规定为民事案件判决前的必经程序，除非该案件因其性质或当事人之间的关系而不适宜调解。

2. 进行审前准备程序的实质化改造

2002年，《最高人民法院关于民事诉讼证据的若干规定》（下称《证据规定》）确立了审前准备程序中的举证期限和证据失权制度，但证据失权在我国实务中运行效果不佳。《民诉法》第65条第2款一定程度上缓和了证据失权制度的严苛性，《民诉法解释》第101～102条则实质上废止了该制度。改变如此之巨，也反映出实质正义而非程序正义在我国根基深厚且备受重视。此外，《民诉法解释》第224～226条首次明确提出庭前会议制度，第225条详细列举庭前会议的具体内容。笔者却不无悲观地认为，该制度的形式意义大于实质价值，其仅是强化法院案件管理并鼓励法院于庭前进行争点和证据准备，但通过庭前会议明确的争点和固定的证据对庭审程序不具拘束力，当事人仍可在庭审中提出与案件基本事实有关的证据。这正是我国庭前会议不同于美国民事诉讼审前会议的根本，也是我国审前准备程序难以发挥美国审前准备程序独立分流案件功能的关键。当然，美国审前准备程序的有效运转，还依赖于其强大的证据开示。美国审前准备程序之所以能够成为分流案件的神器，关键在于其配置了兼具公正与效率价值的证据开示和审前会议制度，审前会议形成的争点和证据对庭审程序具有拘束力，参与审前会议的当事人多有律师代理，律师基于自身专业知识对案件胜诉结果的判断会促使其做出理性选择：是与对方和解进而撤诉还是继续诉讼。大多数律师只有在无法明确判断胜败风险时才会选择进入庭审程序。当事人或其律师理性选择的外部表现便是绝大

① 2016年12月10日，山东省武城县法院会议讨论版本。

多数民事案件在审前程序被分流。[①]

可见,实质化改造民事诉讼的审前准备程序也是减轻法院负担应对“案多人少”的一项有效举措。2016 年最高人民法院工作报告也认可了该思路,提出应当“充分发挥审前主导和过滤作用”。审前准备程序的核心是整理争点和固定证据。该程序若要真正发挥分流案件之功能,需要包含两项内容:一是完善的证据提出制度,切实提高当事人举证能力以保障案件相关证据尽可能呈现于法院,这是审前准备程序能够完成争点整理和证据固定目标的逻辑前提。二是完善的审前会议制度,形成对庭审程序具有拘束力的审前会议协议,该协议载明的争点和证据划定了法官庭审的内容和范围,这是审前准备程序具有强大案件分流功能的根本。审前会议协议本质上是一种诉讼契约,是当事人在法官主持下达成的一种合意,是当事人基于真实意愿做出的理性选择。如果该合意不纯粹,是在某种外部压力影响下得到的话,则合意本身就不能使纠纷的解决正当化。[②]

我国《证据规定》规定的举证期限和证据失权,旨在使审前准备程序得以固定的证据对后续庭审具有拘束力,符合第二项内容的内在精神,但实践中其无法运行并最终被实质性废除的原因在于缺少了第一项内容,缺失了逻辑前提,这是该制度设计的最大缺陷。当然,《证据规定》并没有直接规定审前会议制度这一形式外壳。《民诉法解释》第 224、225 条虽然明确规定了庭前会议,貌似从形式上满足了第二项内容,但庭前会议达成的协议对庭审程序不具拘束力,当事人依然可以在后续庭审中提出新的事实主张和证据材料。此外,2012 年修改后的《民诉法》以及 2015 年《民诉法解释》也未在提高当事人举证能力方面有所建树。

既然找到问题症结,就应对症下药来实质化改造我国的审前准备程序。谓之实质化,是因为笔者的完善思路不是对于之前制度的简单重复,而是一种实质性修复,希望既能使审前准备程序具有独立分流案件之功效,又能优化审前准备阶段和庭审阶段的程序配置。

---

① 严仁群:《“消失中的审判”——重新认识美国的诉讼和解与诉讼调解》,《现代法学》2016 年第 5 期。

② [日]棚濑孝雄:《纠纷的解决与审判制度》,王亚新译,中国政法大学出版社 2004 年版,第 80 页。

(1)提高当事人的举证能力。提高当事人举证能力是完善我国证据提出制度的核心要素,也是完善审前会议制度的逻辑前提。目前,我国民事证据呈现于法庭的方式主要依赖当事人,但当事人的举证能力较弱,相应配套制度要么缺失要么粗疏,我国没有类似美国的证据开示制度,也没有类似德日等国的文书提出义务制度。从应然角度而言,我国提高当事人举证能力的思路有三种:一是借鉴美国的证据开示制度,二是借鉴德日等国的文书提出义务制度,三是进一步扩大法院依职权调取证据的范围。对此,笔者认为首先应当排除第三种思路,因其不符合民事诉讼举证责任主要由当事人承担之原则,且当下我国法院也不可能有如此之人力物力和财力来调取证据。其次,我国也不具备借鉴美国证据开示的基础和条件。美国证据开示建立于较高比例的律师代理和较高司法公信力基础之上,尤其是后者,法院对于违反证据开示规定的当事人给予严苛制裁①是保障其得以良性运转的关键,也是审前会议协议所载争点和证据对后续庭审具有拘束力的前提。然而,在我国,一方面民事案件律师代理率较低,2000～2011 年 12 年间的平均律师代理率是 24.6%②;另一方面法院的司法公信力有待提高,并缺乏对于违反法院指示的有效制裁措施。③ 那么,我们能否适用第二种思路呢?笔者认为可以,因为我国在法律规范层面确立当事人或第三人的文书提出义务具有一定的现实性和可能性。文书提出义务指持有文书且不负证明责任的当事人或第三人,因举证人将该文书作为证据方法使用,而负有将其提出于受诉法院以便法院进行证据调查的诉讼法上的义务。④《德国民事诉讼法》第 421～431 条、《日本民事诉讼法》第 419～425 条详细规定了文书提出义务的内容,有利于保障证据偏在情形下与案件待证事实相关证据尽可能完整地呈现于法庭,有利于提高负有证明责任当事人的举证能力。我国目前虽未明确规定文书提出义务,但一些法律规范却已实质性涉及文书提出义务的内容,比如《证据规定》第 17、75 条、《民诉法》第 67 条第 1 款以及《劳动争议调解仲裁法》第 6 条和《最高人民法院关于审理劳动争议案

---

① 根据《美国联邦民事诉讼规则》第 37(c)(1)(A)条,不按照法律规定进行证据开示的当事人会被要求承担合理费用,包括因未进行证据开示而产生的律师费用。

② 其中,2006 年民事案件律师代理率最高,为 29%;2000 年代理率最低,为 21.8%。参见冉井富、周琰:《我国律师业务发展研究报告》,《人民司法》2013 年第 6 期。

③ 目前,我国法院仅可适用的制裁措施是妨害民事诉讼强制措施中的罚款,没有相应的刑事制裁措施,力度不够。

④ 占善刚:《证据协力义务之比较法研究》,中国社会科学出版社 2009 年版,第 68 页。

件适用法律若干问题的解释(二)》第9条均直接或者间接地指出当事人以及案外人在特定情形下负有向法院提出证据的义务。[①] 鉴于此,我国有必要在立法层面规定文书提出义务,明确文书范围、适用程序以及当事人或第三人违反该义务所应承担的制裁等事项。

(2)将庭审程序中法庭调查的部分内容提前到审前准备程序。我国民事诉讼普通程序的开庭审理包括开庭准备、法庭调查、法庭辩论、合议庭评议和宣告判决五个阶段。[②] 简易程序相较于普通程序仅少了合议庭评议,其他四个阶段依然齐备。在普通程序和简易程序共有的四个庭审阶段中,法庭调查和法庭辩论为实质阶段,其中法庭调查所占时间最多,其核心内容是法庭质证。[③] 法庭调查结束后法官归纳的争点和认定的证据不具终局性,当事人如果在法庭辩论结束前还有新的争点或证据提出,庭审程序可以再回到法庭调查阶段。但无论如何,法院总会有一个终局性确认当事人争点和固定证据的时间节点,这个节点便是法庭辩论结束。在法官终局性地确认争点和固定证据之后,案件事实认定和法律适用结果也基本确定,本案审理即告终结。从我国庭审程序的阶段可以看出,法官最终确认争点和固定证据的时间较晚,直到法庭辩论结束才算正式确定。如此制度设计严重阻碍了法官庭审效率,大大增加了个案所消耗的司法资源,这对于原本已经形势严峻的"案多人少"困境无异于火上浇油。对此,学者段文波认为应当重置我国当下庭审阶段顺位使庭审功能保持活性化。[④] 笔者在此提出的思路则是将庭审程序中法庭调查阶段的争点整理和证据固定内容抽取出来,前置到审前准备程序中,与《民诉法解释》第225条庭前会议的内容相配合,而调整后的庭审程序的核心在于围绕之前归纳出来的争点和固定的证据进行辩论和质证。当然,笔者的建议只是一种程序的适度分开,并没有实质性减少当事人的诉讼权利。而此举却可以真正促成当事人选择通过和解或者撤诉或者调解结案,最终减少进入庭审程序的案件数量。相反,若将大部分案件压缩在庭审程序解决,这无异于在螺壳里做道

---

① 袁中华:《文书提出义务的实践与反思——以劳动争议为视角》,《当代法学》2015年第2期。

② 江伟、肖建国:《民事诉讼法》,中国人民大学出版社2015年版,第285页。

③ 正是在此意义上,学者段文波主张"法庭调查乃是证据调查程序"。参见段文波:《我国民事庭审阶段化构造再认识》,《中国法学》2015年第2期。

④ 段文波:《我国民事庭审阶段化构造再认识》,《中国法学》2015年第2期。

场。重新配置审前准备程序和庭审程序的内容，将法庭调查阶段的争点整理和固定证据的内容抽取出来前置到审前准备程序中，一方面可以将审前准备程序的功能从单纯的为庭审做准备转变为能够独立分流案件；另一方面也能防止庭审程序中法庭调查和法庭辩论功能设置的重复和叠合，提高庭审效率，促进庭审程序的顺畅进行。

当然，如果我们选择将庭审程序中争点整理和固定证据内容前置于审前准备程序中，很有可能会遭受如此质疑，即笔者方案借鉴的是英美法系尤其是美国的审前准备程序与庭审程序二元区分的模式，而该模式配套的是庭审的集中审理主义而非我国的并行审理主义。笔者承认该质疑具有一定道理，其建基于美国审前准备程序和集中审理主义的采行与陪审制密切相关或由其决定这一共识。然而，笔者却认为，虽然完善的审前准备程序最初产生于陪审制并与集中审理制相关联，但这并不意味着审前准备程序只能与集中审理制捆绑在一起而不能与其他审理模式相结合。德国、日本等国家积极实践属于审前准备程序的争点整理制度并取得了相当成效，但其庭审模式依然采取并行主义。这或许能够侧面佐证审前准备程序与何种庭审模式相结合并非绝对。

（原载于《山东大学学报（哲学社会科学版）》2018 年第 2 期）

我国环境侵权精神损害赔偿制度的司法限制与扩张

——基于18个典型案例的分析

史一舒

环境侵权精神损害赔偿制度是指因环境侵权人污染、破坏环境的行为导致特定或不特定对象精神权益的丧失，由环境侵权人给予受害人相当数额赔偿金的民事赔偿制度。由于环境侵权行为本身的非直接性、各种因素相互作用的复杂性和侵害后果的滞后性，由其致使的精神损害赔偿比传统民事侵权的适用范围、适用过程和适用方法更为复杂，不仅受害人的主体差异性需要被完全、充分考量，更需顾及实力雄厚的加害方与人数众多的受害方整体利益之平衡。现代风险社会之下，环境侵权行为层出不穷。我国《民法总则》规定："民事主体从事民事活动，应当保护环境、节约资源，促进人与自然的和谐发展。"这既是环境权在特定意义上的民法表达，又是我国民法典积极回应现代严峻环境形势、全面推进生态文明建设的内在要求。在此之中，环境侵权精神损害赔偿作为环境权救济的重要内容，亟须进行符合时代诉求的发展和完善。

一、我国环境侵权精神损害赔偿制度司法适用的现状

传统民法理论认为，"损害"分为物质损害和精神损害，而"损害赔偿"存在的缘由系保护民事主体的人格利益；人格利益系物质体存在、精神性利益、财产利益的综合体。[①] 环境侵权精神损害赔偿特殊之处体现在功能上，除了补

① 徐银波：《侵权损害赔偿论》，中国法制出版社 2014 年版，第 383 页。

偿、抚慰、惩罚等一般精神损害赔偿具有的功能以外，它还具有更广泛意义上的社会调节功能。为了解我国环境侵权精神损害赔偿制度的司法适用现状，笔者在北大法宝案例库中以“精神损害赔偿”为检索条件，以“精确”为检索方式，在“全文”中进行检索。截至2017年1月1日，在民事案由“环境污染责任”中，共找到56个原告提出精神损害赔偿诉讼请求的案例，经筛选后获得典型样本18个，见表1。通过对该18例典型案例的分析，我国目前精神损害赔偿制度司法适用的状况可以管中窥豹。

表1　环境侵权精神损害赔偿18个典型案例统计表

	案件名称	案号	是否判决精神损害赔偿及金额	原告是否有确切证据证明人身/精神严重受损	环境污染与精神损害之间因果关系是否明确	除精神损害赔偿以外的判决内容	判决理由
1	吕秀蓉诉裕德电气（厦门）有限公司噪声污染损害赔偿纠纷案	（2004）厦民终字第417号	是，3000元	否	否	停止噪声侵害	违反国家噪声标准
2	吴铁、张婴芝诉江苏沿江高速公路有限公司噪声污染责任纠纷案	（2015）锡环民终字第1号	是，每人2000元	是	否	赔偿原告因噪声污染所造成的（健康）损失20320元	违反国家噪声标准
3	李明、王军诉北京庄维房地产开发有限责任公司噪声污染损害赔偿纠纷案	（2005）二中民终字11779号	是，10万元	否	否	按期安装降噪措施；逾期未达标，按标准补偿	违反国家噪声标准
4	袁科威诉广州嘉富房地产发展有限公司噪声污染责任纠纷案		是，1万元	否	否	按期安装降噪措施；逾期未达标，按标准补偿	违反国家噪声标准
5	杨寒秋诉第三航务工程局第六工程公司噪声污染致精神损害赔偿案		是，7000元	否	否	停止侵害	违反国家噪声标准，造成原告安宁权、健康权受损

续表

	案件名称	案号	是否判决精神损害赔偿及金额	原告是否有确切证据证明人身/精神严重受损	环境污染与精神损害之间因果关系是否明确	除精神损害赔偿以外的判决内容	判决理由
6	张凤仙诉谷雨噪声污染责任纠纷案	(2013)源民四初字第125号	否	否	否	停止噪声污染	虽被告已违反国家噪声标准造成噪声污染,但原告未能提供证据证明噪声污染与其所所患疾病之间存在直接因果关系
7	施海平与射阳县汉之制冰厂大气污染责任纠纷案	(2016)苏0923民初296号	是,5000元	是	是	赔偿原告人身损害183000元	违法排放毒气致原告身体健康严重受损
8	杨玉文诉史密斯蓝天(徐州)环保工程有限公司环境污染责任纠纷案	(2014)云环民初字第0003号	是,3655元	否	否	无	违反国家规定,进行喷漆工艺未向环保部门报批环境影响评价文件
9	陈仁霞诉尹红霞环境污染损害赔偿案	(2004)滁民一终字第120号	否	否	否	赔偿经济损失6000元	违法排污
10	王莉诉重庆远上机械制造有限公司环境污染责任纠纷案	(2013)渝一中法环民终字第04145号	否	是	是	赔偿原告人身损害7875.49元	违法排污
11	姜建波诉荆军噪声污染责任纠纷案	(2012)乌中民一终字第732号	是,2000元	否	否	停止侵害、排除妨害	噪声超出一般公众普遍可忍受的程度

续表

	案件名称	案号	是否判决精神损害赔偿及金额	原告是否有确切证据证明人身/精神严重受损	环境污染与精神损害之间因果关系是否明确	除精神损害赔偿以外的判决内容	判决理由
12	房某某等诉甲公司等水污染责任纠纷案	(2011)白民初字第213号	是,共500元	否	否	无	虽然水污染可能没有给三原告的身体造成严重的损伤,但每天生活饮用的水被污染,已超出了老百姓过正常生活所能容忍的界限
13	屏南县溪坪村张长建等1721人诉福建省(屏南)榕屏化工有限公司环境污染损害赔偿纠纷案	(2003)宁民初字第1号	否	是	是	停止污染侵害,赔偿财产损失249763元	精神赔偿只适用于精神损害和身体受到严重侵害的情况
14	何仕秀诉邓大友环境污染损害赔偿案	(1993)民字第624号	否	是	是	无	于法无据
15	王元明诉王刚宏相邻污染侵害责任纠纷案	(2014)清民初字第469号	否	否	否	鸡场搬迁	相邻关系受到损害
16	407名小学生诉新安江塑料化工实业公司环境污染损害赔偿案		是,每人500元	否	是	无	未产生严重身体伤害,但案件本身涉及人数多,社会影响大
17	陈加汉与南京荣程物业管理有限公司环境污染责任纠纷上诉案	(2013)宁环民终字第1号	是,3000元	否	否	无	人格利益受到侵害
18	石作玉等与重庆高速公路集团有限公司东渝营运分公司等噪声污染责任纠纷申请案	(2014)渝一中法民申字第00033号	是,5人共3600元	否	否	无	噪声污染导致一定程度精神损害

(一)精神损害赔偿案件纠纷的主要类型

1. 噪声污染责任纠纷

在56个样本案例中，噪声污染责任纠纷有42个，噪声污染案件判决精神损害赔偿的比例达到90%以上。如表1案例3中，法院认为:“依据《中华人民共和国噪声污染防治法》的规定，被告对原告住房的噪声污染侵权行为成立；同时，长期噪声超标的住宅生活环境严重干扰和影响了原告一家的正常生活、工作、学习、休息和身心健康，对原告的环境权益造成严重损害，即使没有造成实际经济损失或医疗仪器暂时检测不出原告身体的损害后果，亦应作出相应赔偿，故依据《最高人民法院关于确定民事侵权精神损害赔偿责任若干问题的解释》，被告应赔偿原告的精神损害。”

2. 环境污染责任纠纷

如表1案例8中，法院认为:“申请人并未提供证据证明被申请人生产过程中排放噪音超过国家标准且相关证据证明被申请人的噪音排放并未超出其适用的噪音排放标准，原审法院考虑到被申请人在厂区内的露天喷漆作业对申请人的生活和身体健康造成了一定程度上的影响，酌情按照申请人关于3655元精神损失费的要求，判决被申请人支付精神损失费3655元，系在合理的自由裁量权范围之内。”

3. 大气污染责任纠纷

如表1案例7中，法院认为:“被告射阳汉之制冰厂氨气泄漏致使原告施海平遭受人身损害，依法应承担全部赔偿责任。关于原告要求被告赔偿精神损害抚慰金的诉讼请求，鉴于原告在本起事故中遭受损害，本院根据侵权人的过错程度、承担责任的经济能力和本地的平均生活水平等相关因素，酌定5000元。”

4. 水污染责任纠纷

如表1案例12中，法院认为:“侵害他人人身权益，造成他人严重精神损害的，被侵权人可以请求精神损害赔偿。本案被污染的系包括三原告在内的东方名苑小区居民每天饮用的生活用水，虽然水污染可能没有给三原告的身体造成严重的损伤，但每天生活饮用的水被污染，已超出了老百姓过正常生活所能容忍的界限，包括对水污染可能引发的身体疾病的精神上的担忧和不安，对于三原告因此而遭受的精神上的极大痛苦，有必要以精神损害赔偿方式予以抚慰。”

（二）精神损害赔偿判赔案件的法律依据

1. 违反法定义务，对原告的生活造成一定影响

《侵权责任法》第 65 条规定："因污染环境造成损害的，污染者应当承担侵权责任"。《环境保护法》第 6 条规定："一切单位和个人都有保护环境的义务。"在精神损害赔偿判赔案件中，噪声污染责任纠纷多以"违反《噪声污染防治法》的规定"为判决依据，其他环境污染责任纠纷则以《水污染防治法》《环境影响评价法》等规范性法律文件作为法定义务来源，即使没有造成实际经济损失或医疗仪器暂时检测不出原告身体的损害后果。但由于违反国家环保标准这一法定义务，污染者应赔偿受害人一定金额的精神损失费。如在表 1 案例 4 中，法院认为："袁科威购买的房屋经监测噪声值超过国家规定标准，构成了噪声污染。嘉富公司提供的证据不足以证明其对涉案房屋超标噪声不承担责任或者存在减轻责任的情形。嘉富公司应支付袁科威精神抚慰金 1 万元。"

2. 侵犯公民个人环境权益

《最高人民法院关于确定民事侵权精神损害赔偿责任若干问题的解释》第 1 条规定："因生命权、健康权、身体权、姓名权、肖像权、名誉权、荣誉权、人格尊严权、人身自由权这九个人格权受到侵害，或违反社会公共利益、社会公德而侵害他人其他人格利益，受害人请求精神损害赔偿的，法院应予以受理。"在精神损害赔偿判赔案件中，法院多将污染环境、改变环境的行为视为侵犯公民个人环境权益，并属于该条规定的"其他人格利益"的范畴。如在表 1 案例 17 中，法院认为："因餐饮经营者油烟与污水排放的行为致使陈加汉正常的居住生活环境发生改变，虽然此种环境改变目前尚未直接造成陈加汉严重的人身损害，但其侵害他人环境权益的行为必然会给环境受害者造成心理上的痛苦……实际就是侵害了受害者的人格利益。"

3. 超出相邻关系人的忍受限度

《物权法》第 90 条规定："不动产权利人不得违反国家规定弃置固体废物，排放大气污染物、水污染物、噪声、光、电磁波辐射等有害物质。"在精神损害赔偿判赔案件中，部分案件是以相邻关系人所负有的"损害防免义务"为基础的。如在表 1 案例 11 中，法院认为："荆军院落与姜建波居所一墙相隔，荆军在院落中放置工具、加工材料时所产生的声音势必能传入到其他居民的居室内，已成为干扰周围居民生活的环境噪声。噪声污染对人体健康可能造成损害，是为

公众普遍认可的,姜建波称其因噪声无法休息导致精神受到伤害符合日常生活经验法则,应推定属实。”在环境相邻案件中,一方当事人对相邻权利人的直接污染侵扰将直接产生精神损害赔偿。

(三)精神损害未判赔偿案件的法律依据

1. 未有证据证明侵权行为与损害结果之间存在直接因果关系

《侵权责任法》第 66 条规定:“因污染环境发生纠纷,污染者应当就法律规定的不承担责任或者减轻责任的情形及其行为与损害之间不存在因果关系承担举证责任。”《最高人民法院关于审理环境侵权责任纠纷案件适用法律若干问题的解释》第 6 条对上述条款进行了进一步阐释,规定了被侵权人的“初步证明责任”,即被侵权人应对“污染者排放了污染物”“被侵权人的损害”及两者之间的关联性进行一定程度的举证。如在表 1 案例 6 中,法院直接将一般环境侵权案件的归责原则及因果关系举证责任加以套用,认为:“原告张凤仙未能提供谷雨所经营的 A8 酒吧造成的噪声污染与其所患疾病存在直接因果关系及参与度的充分证据证明,故其所主张的医疗费、精神损失费损失证据不足,本院不予支持。”

2. 精神损害赔偿只适用于精神和身体受到严重侵害的情况

《侵权责任法》第 22 条的规定:“侵害他人人身权益,造成他人严重精神损害的,被侵权人可以请求精神损害赔偿。”在表 1 案例 13、14 中,法院均认为环境侵权精神损害应以生命权、身体权、健康权等人身权益的损害为根本依据,只有在被侵权人的人身权益受损并导致严重精神损害的情况下,其才有权请求精神损害赔偿。如案例 13 中,法院认为:“精神赔偿只适用于精神损害和身体受到严重侵害的情况,原告的主张不符合该规定的要求,不属于精神损害赔偿的范围,其主张不予支持。”

二、我国环境侵权精神损害赔偿制度司法适用的特点及障碍因素

由于环境侵权精神损害赔偿的特殊性,加之法律法规对其适用条件、范围、方式没有明确规定,致使其在司法实践中的应用较为混乱。但其仍表现出以下特点:

第一,在适用条件上,环境侵权精神损害赔偿的适用并不一定以“严重的

精神损害”为结果要件。一般案件的精神损害赔偿须具备三个条件：(1)必须是侵害他人的人身权益或具有特殊意义的财产权益；(2)必须造成他人严重的精神损害；(3)不考虑当事人是否具有过错。环境侵权的结果往往具有潜伏性和显现的滞后性，现阶段未出现的“严重的精神损害”也许在十年、二十年后逐渐出现乃至吞噬受害者的正常生活。因此，对受害人造成“严重的精神损害”并非环境侵权案件判决精神损害赔偿的必然要件。如在表1案例18中，法院认为：“根据《中华人民共和国环境噪声污染防治法》第六十一条规定，‘受到环境噪声污染危害的单位和个人，有权要求加害人排除危害；造成损失的，依法赔偿损失。’再审中石作玉等人要求按20000元/人的标准赔偿精神损失共计10万元，因石作玉等人生活在噪声污染区，确实存在一定精神损害，但本院二审已酌情判决主张了石作玉等人3600元的赔偿金并无不当。”本案中，法院没有判定被侵权人人身权益是否受损及精神损害是否达到“严重”的程度，而直接以“噪声污染”这一侵权行为单独作为精神损害赔偿的要件。

第二，在归责原则上，环境侵权精神损害赔偿适用“类二元化”归责方式。一般情况下，由于环境侵权行为具有明显的主体地位的差异性，环境侵权精神损害应适用过错归责原则，并将违反国家、地方污染物排放标准作为加害人具有过错的判断标准，且加害人须对其达标排放承担举证责任。[①] 如表1案例4中，法院认为：“袁科威购买的房屋经监测噪声值超过国家规定标准，构成了噪声污染。开发商对其建设的商品房符合各项设计标准和质量要求负有法律义务，在商品房存在环境噪声值超标的情况下，应该承担法律责任。嘉富公司应支付袁科威精神抚慰金1万元。”而在特殊情况下，被告的侵权行为已超过一般人的忍受限度，但被告没有违反法定标准或其他法定义务且原告没有获得其他(人身、财产)损害赔偿的可能，根据无过错归责原则，法院可酌定判决一定数额的精神损害赔偿。再如案例12中，在被告违法性要件欠缺的情况下，法院选择采取依据日常经验法则的“忍受限度论”——“虽然水污染可能没有给三原告的身体造成严重的损伤，但每天生活饮用的水被污染，已超出了老百姓过正常生活所能容忍的界限。”

第三，在举证责任的分配上，绝对化的“举证责任倒置立场”已松动，环境

---

① 余耀军、张宝、张敏纯：《环境污染责任——争点与案例》，北京大学出版社2014年版，第245页。

侵权精神损害赔偿的因果关系认定以“司法裁量”为主线。根据我国《侵权责任法》第66条的规定,因污染环境发生纠纷,污染者应当就其行为与损害之间不存在因果关系承担举证责任,《固体废物污染环境防治法》《水污染防治法》等环境保护单行法中也有类似规定。但是,在环境侵权精神损害赔偿案件中,举证责任倒置常被消极抵制、被架空或虚置,如案例6中,法院认为:“原告张凤仙未能提供谷雨所经营的A8酒吧造成的噪声污染与其所患疾病存在直接因果关系及参与度的充分证据证明,故其所主张的医疗费、精神损失费损失证据不足,本院不予支持。”该案法院已明显将因果关系的举证责任归于原告。而对于最终因果关系的判断,则依据法官个人的常识及经验法则进行合理“推定”。

目前,我国环境侵权精神损害赔偿法律制度司法适用面临的障碍因素主要有:

第一,目前我国法学界对环境侵权精神损害赔偿适用范围认定不一。例如,2006年3月30日,日本最高法院曾判决认为良好的景观属于私人化的利益。“与良好的景观相邻接的地域内居住的、日常享受该景观惠泽之人”,拥有个人的景观利益,“侵犯该景观利益会构成侵权行为,应负损害赔偿之责”①。然而,在我国,“个人景观利益”的损害能否获得精神损害赔偿却颇具争议。有的论者认为:“私人景观利益背后”掩藏着严重的“权利修辞学”的手段运用,通过传统的民事救济即能解决所谓的景观权益纠纷,如“通过起诉开发商的方式,要求其履行初始合同中的承诺,对其看不到优美环境遭受的损失进行赔偿”,而不必加以“权利”“权益”的字眼来制造法律中的混乱。② 可见该论者认为,侵害个人景观利益无须进行精神损害赔偿。而在案例17中,餐馆的排污行为实质侵害的同样是受害人的环境享受利益,即其对美好环境品质的享受和对良好生活环境的期待,但法官仍认可了原告精神损害赔偿诉求。

第二,环境侵权精神损害赔偿请求权与相邻关系请求权的竞合问题。目前,我国关于相邻关系的司法实践中已形成了一种稳定性的认识,认为存在一种独立的侵权行为类型——“相邻侵权行为”,即从侵权行为的构成要件上对

① 刘惠明:《景观利益私人化的可贵尝试》,《河海大学学报(哲学社会科学版)》2012年第1期。

② 徐祥民、辛帅:《环境权在环境相关事务处理中的消解——以景观权为例》,《郑州大学学报(哲学社会科学版)》2015年第1期。

相邻关系进行法律解释。但有的学者认为，这必然会对相邻关系规则的独立性造成极大地破坏。[①] 还有的学者认为，随着各国对环境污染问题的普遍关注，现代意义上的相邻关系已超越了相邻不动产各方在财产权基础上的权利与义务规制，而被赋予了更多的道德属性[②]，包含了对人格尊严和精神利益的维护。在案例15中，法院认为："给相邻方造成妨碍或者损失的，应当停止侵害，排除妨碍。被告在宅基地上饲养大量鸡群，鸡粪气味难闻，苍蝇到处都是，对环境已造成污染，原告要求停止侵害，排除妨害的诉讼请求符合法律规定，应予支持。但关于原告要求被告赔偿因空气污染造成的精神损害抚慰金10000元的诉讼请求，因原告未提供有效证据，对此请求不予支持。"而在案例11中，法院认为："荆军院落与姜建波居所一墙相隔，荆军在院落中放置工具、加工材料时所产生的声音势必能传入到其他居民的居室内，已成为干扰周围居民生活的环境噪声，该噪声已超出一般公众的忍受限度。"由此可见，基于相邻关系产生的环境侵权精神损害赔偿的司法适用并不一致。在德国法中，判断相邻关系容忍义务限度的标准主要有二：一是公法（主要是环境保护法规或环境标准）上的规定；二是"理性人标准"[③]。容忍义务规定的是不动产权利人之间应履行的最低限度的义务，其效力主要是请求禁止或提供便利，而违反注意义务则要承担压迫性法律责任。但是，没有违反注意义务的情形，并不意味着彻底排除相邻环境污染案件中对受害人环境利益和精神损害的适当补偿。

第三，主体差异性使赔偿数额确定难度大。各个国家对于环境侵权案件违法性判断主要采取忍受限度论作为其理论依据和实践准则。[④] 然而，由于每个受害人对同一环境污染的精神忍受程度不同，他们的生理和病理反应亦不同，最终获得的精神损害赔偿也应有差异。而在实践中，大部分法官对精神损害赔偿通常并不考虑个别主体受到精神伤害的差异，主要是根据对受害人生活质量的影响程度和当地物质文化水平来确定，且多数赔偿数额相对较低，无法完全满足受害人的实际需求。如在案例16中，法院认为："尽管被告建德市

---

① 韩光明：《财产权利与容忍义务——不动产相邻关系规则分析》，知识产权出版社2010年版，第204页。

② 彭诚信：《现代意义相邻权的理解》，《法制与社会发展》1999年第1期。

③ 侯佳儒：《中国环境侵权责任法基本问题研究》，北京大学出版社2014年版，第181页。

④ 郑丽清：《困与解：环境污染责任之构成审思》，《海南大学学报（人文社会科学版）》2015年第3期。

新安江塑料化工实业有限公司的侵权行为尚未对原告的身体健康造成较为严重的损害,但考虑到其污染环境的行为侵害的人数众多,并在一定程度上其行为已影响原告刘露等407人在当地的学习、生活秩序,故应视为其侵权行为已构成了较为严重的后果。"在此案中,法院着重对社会因素进行了考量,却没有考虑个体差异,而是"一刀切"地判决受害者每人500元精神损害赔偿金。

三、对我国环境侵权精神损害赔偿法律制度进行司法限制与扩张的具体思路

(一)我国环境侵权精神损害赔偿法律制度的司法限制

环境侵权精神损害赔偿在某种程度上会对环境侵权规范的内在和谐构成冲击,侵权法固守的价值目标与功能定位也会因此而受到影响。为了尽可能地平衡各方利益、减少环境侵权精神损害赔偿制度的负面影响,维护法律体系的内在和谐统一,各国都在对该制度施加一定程度的限制。比如,美国在环境侵权损害赔偿的额度上主要实行限额赔偿原则,如《清洁水法》、CERCLA等。其中,美国《清洁水法》(CWA)的核心是通过第402条所需的国家许可证程序,管理第301条所要求的、基于技术的点源污染排放的限值。① 在我国,由于各地经济发展水平差异较大,不宜对环境精神损害赔偿的数额加以过多限制,具体额度应由法官根据案情加以把握,但我国环境侵权精神损害赔偿的适用范围和归责原则应加以控制和明确。

第一,以《民法总则》中"绿色原则"为基础,合理界定环境权的具体类别和内容以及环境侵权精神损害赔偿的适用范围。"绿色原则"的公布预示着环境权"落地"势在必行:环境权若不列入民事权利之中,我国民法典则无法启动环境保护的权利支点;环境权主体的不特定性并不排斥其权利内容的民事性,以人类生存利益为基石的民法典理应将环境权所涉财产、人体健康、受损环境列入民法确认和保护的对象。② 我们对环境侵权精神损害赔偿的范围进行合理限定的初衷,是要事前阻止主观性精神损害赔偿的滥用,但此限制不应成为控

---

① [美]罗伯特·V·珀西瓦尔:《美国环境法——联邦最高法院法官教程》,赵绘宇译,法律出版社2014年版,第57页。

② 刘牧晗:《环境权益的民法表达》,2016年2月17日《人民法院报》。

制精神损害赔偿正当适用的牢笼。基于康德的人的存在理论，按照由浅入深的顺序，环境权可划分为生命性环境权、理性环境权和精神性环境权（见表2）。生命性环境权是人对环境要素侵害的最直接感知，是把人对身体的直接物质性伤害这种感性认识上升为侵害环境权利这一般客体的理性认识，比如长期接触噪声侵扰而导致的听力下降等（如案例9、10）。而理性环境权是高于动物性的人的"自我意识"层次的环境权，包括人们对环境要素的基本诉求，包括清洁水权、清洁空气权、宁静权等（如案例4、5、6、7）。侵犯这两类环境权导致精神损害的，可以提出精神损害赔偿。近些年来，国际立法和实践均已将环境权的外延指向了精神性环境权。比如美国《国家环境政策法》中的设定目标即"为全体国民创造安全、健康、富有生命力并符合美学和文化上的优美的环境"；《联合国保护世界文化和自然遗产公约》含有环境精神美感的内容。精神性环境权与人的人格性环境权相对应的，实质上是以环境资源的美学价值和生态价值为基础的人的精神活动权，是超越人的最基本环境诉求的、属于精神享受性的权利。[①] 虽然精神性环境权也内含人的精神利益，但是，由于它所涉人数众多、属于纯粹的精神享受权利，在我国司法资源有限、司法效率低的情形下，对其以精神损害赔偿私益救济是难度较大且有失公正的。

表2　依据"人的存在理论"对民法中子环境权的划分及可否提出精神损害赔偿的限定范围

类别	民法中子环境权内容	理想的救济途径	可否提出精神损害赔偿
第一类：生命性环境权	生命权、健康权	环境私益诉讼	可以
第二类：理性环境权	清洁水权、清洁空气权、宁静权、	环境私益诉讼	可以
第三类：精神性环境权	阳光权、眺望权、通风权、景观权	环境公益诉讼	不可以

第二，合理规定"过错责任原则"和"无过错责任原则"的适用情形。在传统的侵权行为法中，对过错的认定采取的是主观过错理论，即将过错看作行为人心理状态的欠缺。但随着社会分工的加剧以及科学技术的突飞猛进，越来越多的事故是由于现代科学技术发展过程中无法通过个人意志加以避免的危险性造成的。既然事故并非个人滥用意志自由的结果，那么传统的道德心理

① 孟庆涛：《环境权及其诉讼救济》，法律出版社2014年版，第84～87页。

学层面的过错概念很难将施加给行为人的责任予以正当化。[①] 因此,在过错的认定上产生了“过错的客观化”这一标准,广义上的过错客观化即包括“违法视为过错”。在环境侵权领域,由于污染物质的复杂性和技术上的难测量性,很难有一个统一的标准判断企业或社会组织体是否为“善良管理人”,因此,在大多数情况下,环境侵权精神损害赔偿的过错认定以“违法视为过错”较为恰当。而且,为了平衡双方当事人的利益诉求,应对环境侵权精神损害赔偿进行类型化的“过错责任原则”和“无过错责任原则”的区分。必须看到,我国法院对于环境侵权精神损害赔偿案件并未一体适用“过错责任原则”,而是根据不同的案件采取不同的态度,但其态度并非十分明朗。因此,我国法院在未来审判中应明确归责原则的类型化适用,即针对噪声、光、电磁波辐射等“不可量物”污染(如案例 3),适用“过错责任原则”。法院承认合规抗辩的效力,超过相关标准即承担环境侵权精神损害赔偿责任。针对大气、水等物质污染(如案例 10),法院不承认合规抗辩的效力,直接适用无过错责任原则,即无须考虑侵权人的行为是否超过环境标准的限值,只要导致了精神性人格利益受损,被侵权人即可获得一定数额的精神损害赔偿。由于噪声、光、电磁波辐射污染的作用机理和大气、水、固体废物污染的作用机理具有本质差异,前者可标准化程度较高,排污行为和危害后果较为明确和单一,能够充分发挥环境标准的专业技术优势和可预见性优势,因而可直接以国家环境标准作为认定过错的客观依据,以“过错责任原则”追究侵权人责任。而后者的可标准化程度较低,污染类型和风险程度复杂多样,具有潜伏性和科学不确定性,需要法院发挥在个案判断上的灵活性和中立性优势,由法官进行“无过错责任原则”归责时的事实认定、因果关系判断等的最终决断。[②]

第三,重新明确举证责任分配规则,减轻受害人的证明负担。在证明责任上,我国可参照德国《环境责任法》[③]的内容,要求侵权实施、损害结果以及二者之间的因果关系均由受害人负责证明,并通过赋予当事人咨询请求权(受害人可直接向环境监测机构等专业单位索要与审判有关的环境信息)以确保其举

---

① 陈海嵩:《论环境法与民法典的对接》,《法学》2016 年第 6 期。

② 宋亚辉:《环境管制标准在侵权法上的效力解释》,《法学研究》2013 年第 3 期。

③ Jochen. Taupitz, “German Environmental Liability Law of 1990: Continuing Problems and the Impact of European Regulation,” *Syracuse Journal of International Law and Commerce*, 1993, 19, pp. 13-38.

证过程顺利进行；当受害人无法证明因果关系的存在时，法院可根据事实推定或疫学因果关系证明标准来推定因果关系是否存在，从而帮助受害人在诉讼中增加同胜诉的砝码。由于环境侵权精神损害常常涉及人数众多，并且每个人受到的精神损害程度是不同的，因而对侵权人来说，其所承担的“排污行为与各个当事人精神痛苦间无原因与结果的直接、确切联系”的证明也是有难度的。在我国的司法实践中，当侵权人无法证明二者因果关系不存在且受害人也无直接证据表明其存在时，法官最常得出的结论是因果关系不明（如案例6），不支持受害人的精神损害赔偿请求，当事人本应享有的权利无法通过正当法律途径获得认可与救济。因此，当获得咨询请求权的受害人在收集了大量信息后仍不能明确证明因果关系的客观、明确存在时，法院亦可通过判断危害行为和精神损害间的因果关系“是否已达到盖然性程度”来推定客观因果关系状况。

（二）我国环境侵权精神损害赔偿法律制度的司法扩张

为不特定多数受害人提供及时而充分的赔偿、使不特定多数受害人的环境权益恢复到损害发生前的状态是环境侵权精神损害赔偿的首要功能。日本著名学者泽井裕特别重视日本公害案件中受害者的损失状况，他认为应将“复原原有生活及生活方式”当作恢复原状的一种状态。[①] 因此，在日本，为了履行“完全救济受害人”法律原则，法律规定环境侵权精神损害赔偿的涵盖范畴不仅包含因人身、财产权受到严重侵害而导致被害人的精神损失，甚至还包括为了恢复原有的正常生活而需要的教育娱乐费等支出，以及对因侵权行为所遭受的极其痛苦的心灵折磨而进行弥补的精神损失终身保障等一切补充性费用。我国环境侵权精神损害赔偿法律制度的司法扩张亦应在事后损害救济方面予以全面补偿。

因此，我国应完善环境侵权损害赔偿社会化救济制度。环境侵权损害赔偿社会化救济制度是将环境损害当作社会损害，在此基础上建立环境责任保险、赔偿基金等一系列与之匹配的制度，通过排污者交纳保费等方式，将巨额损害赔偿金转移、分散至保险公司或其他社会机构，由此而给予受害人充分、

① 罗丽：《中日环境侵权民事责任比较研究》，吉林大学出版社2004年版，第284页。

及时的补偿。[①] 目前，我国应将精神损害赔偿纳入环境责任保险所承保的风险范围，以使环境侵权精神损害受害人能够获得及时获得赔偿金。当前实践中，环境污染责任保险产品的赔偿范围较窄，一般都排除了对第三人精神损害的赔偿，甚至只赔偿指定范围内有限的直接财产损失。[②] 2008 年，由保监会审核备案的中国人民财产保险股份有限公司及中国平安财产保险股份有限公司环境污染责任保险条款第七条即列明了保险人免除责任范围："……(八)任何精神损害赔偿责任。(九)任何间接损失或利润损失。"[③]而在德国、法国、意大利、荷兰、瑞典等诸多发达国家中，环境责任保险承保范围不仅含有直接、间接财产损失，还涵盖身体健康及精神伤害。鉴于我国环境侵权精神损害赔偿纠纷的日益增多并呈复杂严重化的趋势，我国也应借鉴发达国家的经验，扩大环境责任保险的承保范围，将精神损害纳入其中。虽然精神损害赔偿多依靠法官的自由意志，难量化且可保险性较低，但我国可以通过保险人和被保险人自由约定方式，确定合同中所承保严重精神损害的类型及认定标准，将是否承保精神损害交由保险人和投保人自行决定，以适应环保市场的需求，维护环保市场的和谐与稳定。

(原载于《山东大学学报(哲学社会科学版)》2018 年第 3 期)

① 周珂、杨子蛟:《论环境侵权损害填补综合协调机制》,《法学评论》2003 年第 6 期。

② 竺效:《环境责任保险的立法研究》,法律出版社 2014 年版,第 77 页。

③ 原丹庆等:《绿色信贷与环境责任保险》,中国环境科学出版社 2012 年版,第 271 页。

家庭暴力为何难以被认定

——以涉家暴离婚案件为中心的实证研究

张剑源

一、导　论

随着中国社会个体的崛起以及公民权利意识的增长①,公民在权利受到损害的时候诉诸国家正式司法的情况越来越多。即便是在充满着伦理意涵的婚姻家庭类案件中,"走出家庭"诉诸公权力机关,特别是诉诸法院,也日益成为人们的一种重要选择。在很多婚姻家庭案件中,家庭暴力这种过去常常被认为是"家务事"的事实也较多地被提起而成为诉讼的重要依据。根据最高人民法院的信息显示,2016 年,全国有 27.8%的离婚案件系因家庭暴力而引起。②在地方,家庭暴力诱发离婚的比例同样较高。

然而,与越来越多的婚姻家庭类案件中"家庭暴力"被提及相比,法官对家庭暴力的认定在司法实践中却一直面临困境。例如,2010 年至 2012 年 8 月,北京顺义区人民法院以判决方式结案的离婚诉讼有 625 件,其中涉家庭暴力离婚案件 61 件,法院经审理认定存在家庭暴力并判决离婚的只有 7 件,认定率

---

① 相关研究可参见王启梁、高思超:《个体崛起的社会与法律后果:解放、断裂与多元的挑战》,《思想战线》2013 年第 5 期;张剑源:《传统家庭伦理与境遇判别》,《重庆社会科学》2015 年第 7 期;等等。

② 作为原因,"家庭暴力"在所有向法院申请离婚的案件中排名第二,仅次于"感情不和或分居"。参见最高人民法院信息中心、司法案例研究院:《司法大数据专题报告:离婚纠纷》,http://www.court.gov.cn/upload/file/2016/12/22/16/58/20161222165843_23070.pdf,访问时间:2017 年 1 月 10 日。

仅为11.5%。[①] 再如,2014年1月至2016年7月,北京各中级人民法院审结的婚姻家庭类二审民事案件中,当事人诉称存在家庭暴力的案件共有213件。213件案件中,经法院审理认定构成家庭暴力的仅22件,认定率为10.3%;当事人以家庭暴力为由主张损害赔偿的有73件,仅有17件得到了法院支持,支持率仅为23%。[②] 这些数据无不表明:无论是一审还是二审案件,在绝大部分涉家暴婚姻家庭案件中,家庭暴力实际上很难得到认定。

这就提出了一个问题:在家庭暴力日益成为一个受人关注和重视的问题的今天,为何家庭暴力这一事实在司法过程中却难得到认定?究竟是当事人自身的原因,还是某种结构性原因制约着法官对家庭暴力的认定,抑或法律本身存在问题进而影响法官在进行家庭暴力认定时候的客观性和准确性?

究其原因,目前一系列直观的证据正不断表明:家庭暴力难以被法官所认定,最重要的原因可能在于行动者自身。具体地说,就是当事人(主要是家暴受害人)的举证不能。早在2012年,有关北京市顺义区涉家暴案件的分析中就显示:对家庭暴力认定率低的主要原因在于原告举证难,进而导致法官认定难。原告举证难主要体现在以下几种情况:一是原告没有保存和固定证据;二是证据效力瑕疵;三是因涉及隐私等个中原因使得原告难以举证。[③] 2014年1月至2016年7月,北京各中级人民法院审结的213件当事人诉称存在家庭暴力的婚姻家庭类二审民事案件中,当事人未提交任何证据、仅口头主张存在家庭暴力的有115件。其余98件案件,当事人虽提交了部分证据,但因证据不充分,被法院采信的只有17件,采信率仅为17.3%。[④] 另外,在广东、福建、四川以及全国其他地方,都存在类似的情况。[⑤]

从这些数据可以推断:第一,正是由于当事人无法有效举证,或举证不符

---

① 杨秀芝:《顺义法院启动涉家庭暴力离婚案件审理试点工作》,http://www.chinacourt.org/article/detail/2012/09/id/549421.shtml,访问时间:2017年1月10日。

② 高鑫:《家暴认定仅一成,举证不力是关键》,2016年11月2日《检察日报》。

③ 杨秀芝:《顺义法院启动涉家庭暴力离婚案件审理试点工作》,http://www.chinacourt.org/article/detail/2012/09/id/549421.shtml,2012-09-06,访问时间:2017年1月10日。

④ 高鑫:《家暴认定仅一成,举证不力是关键》,2016年11月2日《检察日报》。

⑤ 参见化麦子、杨婷、邹海媚:《家暴案件想胜诉搜集证据是关键》,2016年3月1日《羊城晚报》A13版;陈捷、若非、邓若胥:《家暴该拿什么来证明?》,2014年4月5日《海峡导报》第11版;赵雨欣:《多数家庭暴力难举证 致法院最终认定困难》,http://sichuan.scol.com.cn/fffy/content/2014-03/06/content_7028821.htm?node=894,访问时间:2017年1月12日。

合法官所确定的标准，使得法官无法对家庭暴力进行认定。第二，由于在法院层面，法官对家庭暴力的认定有严格的标准，除了没有证据的情形外，法官对存在瑕疵和不充分的证据一般也都不予采纳。正是由于当事人自身的“举证不能”和法院的严格审查之间的“矛盾”在持续拉大着“证据”与“标准”之间的距离，使得家庭暴力在司法实践中无法或很难被认定。而除了实践层面的经验显示外，这一“推定”实际上也得到了很多既有研究的支持。“证据意识不强”“法律意识和自我保护能力弱”等观点，是很多研究者对涉家暴婚姻家庭案件中当事人举证不能之原因的主要判断。因此，从目前可以观察到的经验材料和理论研究成果来看，“当事人举证不能”似乎成了一个毋庸置疑的有关家庭暴力在司法实践中无法被认定的重要理由。

为了验证这一推断是否成立，本文对所搜集到的300件涉家暴离婚案件进行了分析，从中来检验以下问题：在对当事人提到存在家庭暴力情形的这些离婚案件的审理过程中，法官是如何回应当事人所提到的“家庭暴力”的？在此基础上，笔者将结合访谈和调研进一步考察影响法官不同回应的原因。

二、家庭暴力难以被认定的相关情况调研

通过中国裁判文书网，笔者搜集到2016年度300份全文中含有“家庭暴力”一词的离婚诉讼裁判文书有效样本。数据分析主要通过三个具体的变量展开：第一，当事人是否提供了证据？或者只是提到存在家庭暴力，但并没有提供证据。第二，法官是否正面回应了当事人所陈述的“家庭暴力”，是否予以讨论或认定。第三，法官是否对当事人所陈述的“家庭暴力”进行了认定。根据这三个变量，300个案例具体呈现为七种不同的类别（如表1所示）。

表1　　七种不同类型的家庭暴力

序号	类别	当事人是否提供了证据	法官是否讨论了	法官是否认定了家庭暴力的存在
1	常规型（YYY）	Y	Y	Y
2	漠视型（YNN）	Y	N	N
3	不知为何不认定型（YYN-1）	Y	Y	N
4	以理服人型（YYN-2）	Y	Y	N
5	主动关注型（NYN）	N	Y	N

续表

序号	类别	当事人是否提供了证据	法官是否讨论了	法官是否认定了家庭暴力的存在
6	准常规型(NNN)	N	N	N
7	特别型(NYY)	N	Y	Y

第一个类别(常规型):当事人提供了证据、法官讨论了、法官认定了家庭暴力存在的事实(简称 YYY);第二个类别(漠视型):当事人提供了证据、法官没有讨论也没有认定(简称 YNN);第三个类别(不知为何不认定型):当事人提供了证据、法官进行了讨论、对事实上存在的有效证据没有予以认定(简称 YYN-1);第四个类别(以理服人型),与第三个类别形式上非常接近,但是走向完全相反:当事人提供了证据、法官进行了讨论,并对证据不适格的理由进行了说明,进而没有认定家庭暴力的存在(简称 YYN-2);第五个类别(主动关注型):当事人对所陈述的“家庭暴力”没有提供证据,法官主动进行分析讨论,当然也无法被认定(简称 NYN);第六个类别(准常规型):当事人没有提供证据,法官没有讨论也没有认定(简称 NNN 型);第七个类别(特别型),在实践中非常少(4 份/300 份),当事人没有提供证据,但法官不仅讨论而且还认定了家庭暴力,原因是当原告提出被告实施了家庭暴力的时候,被告也予以承认(简称 NYN)。具体情况可见图 1。接下来,笔者将具体分析这些案件所呈现出的具体特点。

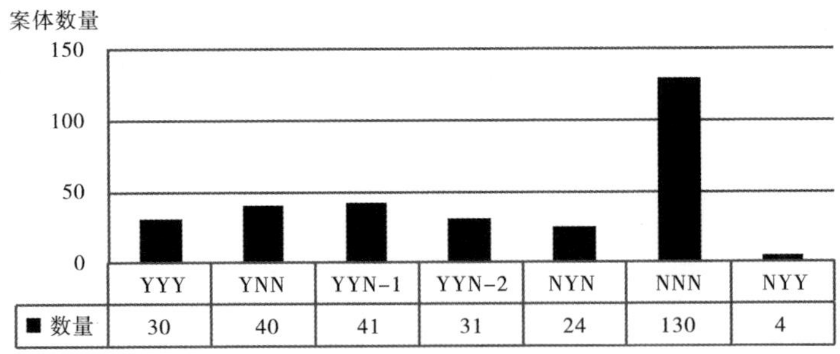

图 1　不同类型家庭暴力的数量

(一)“家庭暴力”的确很少被认定

在这 300 个涉家暴离婚案件中,当事人无一例外都表示遭受过家庭暴力,也因此将“家庭暴力”作为提起离婚的一个理由(虽然在绝大部分案件中并不是唯一的理由)，但是绝大部分案件中的“家庭暴力”并没有得到认定。其中，提供了证据的(前四类)142个案件中，有112个案件中的“家庭暴力”没有被认定，比例为79%；在未提供证据的(后三类)158个案件中，有154个案件中的“家庭暴力”没有被认定，比例高达97%。综合起来看，在300个当事人诉称存在“家庭暴力”的离婚案件中，只有区区34个案件中的“家庭暴力”被法院和法官认定，比例为11.3%。这一数据与上文所提到的来自北京顺义区人民法院以及北京各中级人民法院的统计数据基本接近，实际上也再一次证明了“家庭暴力”这一事实在涉家暴离婚案件中难以被认定的真实现状。

(二)“当事人举证不能”被夸大

既然“家庭暴力”难以被认定，那原因是什么呢？上文的讨论中笔者曾回顾到，目前法律实践领域和学者的研究均表明，家庭暴力难以被认定的主要原因在于当事人举证不能。但根据本研究的数据反映可见，当事人提供了证据的案件数量占47%，当事人未提供证据的占53%(计算数据来源于图2)。未提供证据的案件数量仅仅比提供了证据的多6个百分点，共16个案件。

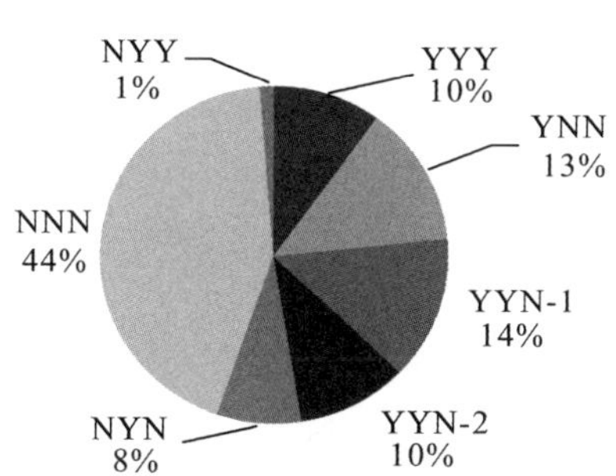

图2　家庭暴力案件当事人举证情况

这表明：近半数的当事人可以拿出证据证明自己遭受过家庭暴力。这在一定程度上证伪了“当事人举证不能”这一说辞。

(三)当事人陈述没有得到应有重视

退一步讲，即便不得不承认仍然有53%的当事人没有提供证据这一事实。然而，这是否意味着，当事人没有提供证据，法官就可以完全不用理会当事人所陈述的遭受过“家庭暴力”这一情况？或者当事人没有确切证据佐证的陈述都不需要法官予以关注?

数量多达130例(比例高达44%)的NNN类型的案例清楚地表明:法官对于没有提供证据的关于“家庭暴力”的陈述,并没有予以讨论分析,更不会加以认定。固然,不认定是完全可以预见的,但是,当事人已做出了曾遭受家庭暴力的陈述,法官却罔若未闻,不予讨论,这是否妥当?要知道,“当事人陈述”在我国是法定的证据种类之一。①

而在我们的统计数据中可以看到一种恰恰相反的、似乎更合法合理的情形——占8%的NYN类型案件表明:一些法官在面对当事人提到的遭受过家庭暴力的诉称的时候,虽然当事人没有提供证据,但他们依然对此予以了关注,在进行相关的讨论和说理后给出了“不予认定”的理由。比如下面的案例,当事人没有提供证据,但判决书中依然对当事人所诉称的“家庭暴力”进行了分析和说理:

> 本院认为:……在庭审中,原告主张其诉称被告因为不能容忍原告与异性交往而经常引发纠纷,就是指被告经常使用暴力对其进行殴打,被告不予认可,原告亦未能提交证据证明被告经常对其实施家庭暴力的事实,同时,原告亦未能提供有力证据证明原、被告夫妻感情确已破裂的情形,应当承担举证不力的法律后果……②

仅有四个案例的NYY类案件也与NYN类案件相类似。当事人同样没有提供证据,但法官进行了讨论,表现出对提出遭受过家庭暴力一方的陈述的重视;同时,这四个案件中,都是因为施暴者承认打过受暴者,而使得“家庭暴力”这一事实被认定。这实际上恰恰同样表明法官对当事人陈述的关注。

综上,虽然有NYY和NYN两类相对“正面”的案件,但与NNN类相对“负面”的案件相比,数量和所占比例上还是有较大差距,所以我们说当事人陈述并没有得到应有的重视。

---

① 我国《民事诉讼法》第75条规定:“人民法院对当事人的陈述,应当结合本案的其他证据,审查能否作为认定事实的根据。当事人拒绝陈述的,不影响人民法院根据证据认定案件事实。”另外,相关讨论可参见王亚新、陈杭平:《论作为证据的当事人陈述》,《政法论坛》2006年第6期。

② 参见郑某某与姚某甲离婚纠纷一审民事判决书,http://wenshu.court.gov.cn/content/content?DocID=29ef8edc-0102-487d-92c5-8ea2d466cf3c&KeyWord=0114民初636号,访问时间:2017年1月17日。

（四）法官漠视当事人提供的证据

再退一步讲，即便在当事人没有证据的情况下，法官不讨论、不认定是“情有可原”的。但是，如果当事人提供了证据，法官却选择漠视，那就无法解释了。

在占比13％的YNN类型的案件中，当事人能够提供存在家庭暴力的证据，然而法官的选择却是“漠视”，主要表现为：对当事人的陈述和证据既不讨论，也不认定。比如下面的判决书写道：

> 原告诉称……由于被告性格暴躁，双方婚后常为家庭生活琐事争吵，被告对其实施家庭暴力，致其身心受到严重伤害。……
>
> 上述事实，有……报警记录、诊断证明及当事人陈述等在案佐证。
>
> 本院认为……夫妻之间因家庭琐事产生矛盾在所难免，双方均应客观对待。……婚后双方因生活琐事产生矛盾后，没能积极采取有效的措施加以解决，使夫妻感情受到了一定影响，但这些并非是不可调和的。希望双方珍惜多年来的夫妻感情，相互理解，相互关爱，多加沟通，冷静理智地处理家庭纠纷，继续维持稳定和睦的家庭。故对原告的离婚请求，本院不予支持。①

在此类型的一些判决书中，法官在讨论时也会提到“殴打”“打架”“撕抓”“抓扯”等词，但是，我们依然将这种判决列入YNN类型，主要是因为“殴打”“撕抓”“抓扯”等和“家庭暴力”还是有很大的不同。首先，从法律意义上来讲，“家庭暴力”作为法定离婚条件，法官是否明确有无“家庭暴力”将会对离婚诉讼的结果产生重要影响——在起诉离婚时候如果当事人的理由是“家庭暴力”，那么在没有“家庭暴力”这四个字的时候，法官实际上是可以依法不判决离婚的。其次，从社会层面上来讲，夫妻之间发生“打架”“撕抓”“抓扯”等情形在很多人看来似乎是“可理解”的，但是“家庭暴力”对于绝大多数人来说则又是完全不可接受的，是绝对否定的。案例显示：当原告一方提到被告存在“家庭暴力”的时候，几乎所有被告都会否定存在“家庭暴力”，但是却会承认那是“抓扯”等。

---

① 参见薛某某与刘某某离婚纠纷一审民事判决书，http://wenshu.court.gov.cn/content/content?DocID=ab8e8058-6525-4cc2-b8ae-7d6b449b6bdb&KeyWord=民初字第09117号，访问时间：2017年1月17日。

从这个意义上来讲,“家庭暴力”不仅仅是一个会对法律关系变更和消灭产生重要影响的法律事实,同时也是一个具有重要社会评价功能的概念。因此,是否将“家庭暴力”作为一个专门、独立的概念来进行考察,对于法官来说是一个具有重要实践意义的问题;否则,在处理涉家暴案件过程中,就会出现“打擦边球”、漠视甚至玩文字游戏的可能。

(五)法官对事实认定走向的导引

上文的数据梳理表明:当事人“举证不能”并不是家庭暴力不能被认定的唯一原因,法官的态度和行动实际上也对家庭暴力的认定产生重要影响,包括法官对当事人陈述的“不重视”,以及故意对证据的“漠视”。除此之外,在对YYN-1 和 YYN-2、YYY 三类案件的对比分析中,笔者也发现了相类似的法官的态度和行动对家庭暴力认定产生影响的情况。只不过在这里,法官并不是“不重视”,也不是“漠视”,而是有目的地引导着结果的走向。

YYY 和 YYN-2 两类案件可以说是最正常的两类案件,当事人都能提供证据,法官都对当事人提供的证据都予以重视和讨论。虽然一类案件(YYY)认定了家庭暴力存在的事实,另一类案件(YYN-2)没有认定,但基本上都通过说理、论证来说明认定与否的原因。比如 YYN-2 类型的如下判决书:

> ……经庭审举证、质证,原告黄某所支付的医疗费用,从其提交的医疗机构诊断报告的时间、病历及医治资料来看,系其就医治疗自身的疾病所致,并非系其主张的被告王某实施了家庭暴力行为,而导致其巨额的医疗费用等损失或精神上造成了严重损害后果的发生,故对原告黄某的该项诉请,因缺乏证据证实,本院不予支持……①

但是,YYN-1 类案件则不同。当事人提供了证据、法官也予以讨论,但“讨论”和“说理”在很多时候显得较为牵强,甚至偏颇。比如如下两份判决书:

> 原告王某某向本院提出诉讼请求:1. 判令准予原、被告离婚……事实与理由:……被告婚后经常对原告实施家庭暴力……原告王某某为支持

---

① 参见黄某与王某离婚纠纷一审民事判决书,http://wenshu.court.gov.cn/content/content? DocID=4fff9b62-8cb5-46ae-9935-71afbb4a93a1&KeyWord=0381 民初 649 号,访问时间:2017 年 1 月 17 日。

> 自己的主张，向本院提供如下证据：……3. ** 司法鉴定所司法鉴定意见书，拟证明被告将原告打成轻微伤的事实。……本院认为……证据 3 系 ** 司法鉴定所司法鉴定意见书，对原告受伤的事实本院予以采信，但该份证据不足以证明夫妻感情确已破裂，故对其证明目的，本院不予采信。①
>
> 原告诉称：婚前感情很好，生育孩子后夫妻感情不好，被告脾气暴躁，对原告开口就骂、举手就打……被告对原告实施家庭暴力。……上述事实有原告提交的……家庭暴力告诫书、接处警工作登记表、双方当事人当庭陈述在卷佐证。本院认为：……原告诉称被告对其实施过家庭暴力，本院认为认定家庭暴力应当从实施主体、暴力引发原因、加害人主观目的、伤害后果等方面综合分析，同时要区别于一般家庭纠纷中存在的轻微暴力甚至失手造成较为严重的身体伤害，原告未提供充足证据证明被告对其实施家庭暴力，故本院不予采信。②

在上述第一份判决书中，法院认为“轻微伤”不算是“家庭暴力”，进而认为“不足以证明夫妻感情确已破裂”。固然，关于何种程度算是家庭暴力，目前在立法上仍处于模糊甚至真空状态。但是，从我国《反家庭暴力法》相关条款可以看出，“家庭暴力”是一种在程度上尚未达到治安管理处罚标准的行为。③“轻微伤”已远远超出“家庭暴力”的程度，法院不予认定实属偏颇。而上述第二份判决书更是看似进行了充分的说理，但“家暴告诫书”这一“铁证”在法官

---

① 参见原告王某某与被告邹某某离婚纠纷一审民事判决书，http://wenshu.court.gov.cn/content/content?DocID=dc294b99-97e3-48fb-be8f-c0789b169125&KeyWord=0421 民初 1629 号，访问时间：2017 年 1 月 17 日。

② 参见朱某与汤某甲离婚纠纷一审民事判决书，http://wenshu.court.gov.cn/content/content?DocID=27a20f87-b64d-49bc-bbf1-1cc0b393c84d&KeyWord=1203 民初 385 号，访问时间：2017 年 1 月 17 日。

③ 参见我国《反家庭暴力法》第 16 条、第 33 条等。

看来仍无法证明家庭暴力的存在[①],同样显示了法官在事实认定时候的严重偏颇。

总之,家庭暴力没有被认定,一定程度上根源于当事人。但是,数据表明,法官的因素可能是一个更为重要的原因。

三、家庭暴力难以被认定的原因

如果再次审视上文提到的 YNN-1 类案件的两份案例,可以看出:“不准离婚”的结果取向,实际上可能在很大程度上(反向)导引着法官的行动,否则法官也不会如此置种种“铁证”而不顾。如在第一份案例中,法官甚至直接跳过了(作为法定离婚条件的)“家庭暴力”几个字,直接在认可“轻微伤”的基础上认定“该份证据不足以证明夫妻感情确已破裂”,使得整个的论证缺乏了逻辑的关联性和严谨性。这实际上也表明,法官多样性的态度和行为背后,实际上可能有着更为复杂的决定性因素。这些因素使得法官在并非当事人举证不能的情况下,获得了较大的自由裁量空间。

本部分中,笔者将尽量全面地分析那些在数据和现状背后更为宏观的对法官行动产生制约和影响的因素,主要包括立法规定自身的问题、政策的约束、现实社会环境的影响等。

(一)法律规定的模糊和不确定

我国《反家庭暴力法》第 33 条规定:“加害人实施家庭暴力,构成违反治安管理行为的,依法给予治安管理处罚;构成犯罪的,依法追究刑事责任。”从该条规定可以看出,广义的“家庭暴力”应当包括尚未达到治安管理处罚标准的家庭暴力、违反治安管理的家庭暴力、家庭暴力犯罪三种情况。其中,“违反治

---

① 有“家暴告诫书”可以充分说明:之前公安机关已经介入过双方的“纠纷”,并认定了当事人之间存在“家庭暴力”的事实。作为一种“公文书证”,法官理应通过推定来判断“家暴告诫书”的形式真实和实质真实。相关研究可参见张海燕:《推定在书证真实性判断中的适用——以部分大陆法系国家和地区立法为借鉴》(《环球法律评论》2015 年第 4 期)一文。同时,从法律依据的角度看,《反家庭暴力法》第 20 条对此作出了明确规定:“人民法院审理涉及家庭暴力的案件,可以根据公安机关出警记录、告诫书、伤情鉴定意见等证据,认定家庭暴力事实。”所以说,“家暴告诫书”是认定“家庭暴力”存在的“铁证”,这是没有问题的,除非存在公安机关出具的告诫书之后被撤销等情况。

安管理的家庭暴力”主要涉及《治安管理处罚法》第45条中所规定的“虐待家庭成员”和“遗弃没有独立生活能力的被扶养人”等行为;“家庭暴力犯罪”主要表现在故意杀人、故意伤害、强奸、猥亵儿童、非法拘禁、侮辱、暴力干涉婚姻自由、虐待、遗弃等侵害公民人身权利的家庭暴力犯罪行为。[①] 也就是说,这两种“家庭暴力”因为性质严重,并且违反《治安管理处罚法》和《刑法》而往往具有明确的指称,比如“虐待”“故意伤害罪”等。因此,在实际案件审理过程中,这些被认定的行为一般不再被称为“家庭暴力”,“家庭”二字更多是在作出处罚决定、量刑等情况下予以考虑。因此,“家庭暴力”实际上更多是指狭义的家庭暴力,主要是指“尚未达到治安管理处罚标准的家庭暴力”。从《反家庭暴力法》相关规定实际上也可以看出,比如该法中比较新的“告诫制度”所适用的情形就是“家庭暴力情节较轻,依法不给予治安管理处罚的”[②]。

作为狭义的“家庭暴力”,《反家庭暴力法》第2条作出了界定,是指“家庭成员之间以殴打、捆绑、残害、限制人身自由以及经常性谩骂、恐吓等方式实施的身体、精神等侵害行为”。然而,不得不说,这一界定实际上是极其模糊的。因为我们知道,构成治安管理处罚的标准(比如轻微伤)和构成犯罪的标准(比如轻伤)都是相对比较明确的。然而,对于这种狭义的、“尚未达到治安管理处罚标准的家庭暴力”,其标准到底何在?在轻微伤之下,打几次算是家庭暴力?打得多重算是家庭暴力?行为持续多长时间算是家庭暴力?这些问题从目前的立法规定来看都是模糊、空白的。因此,其实际上给法官自由裁量留下了巨大的空间。比如如下案例:

> 经审理查明:……2014年9月24日,原、被告双方发生矛盾,在双方推搡过程中,被告汪某甲对原告肖某右脸庞部击打一下,致原告肖某右脸庞部青肿。本院认为:……本案中,原告肖某向法院提交的证据仅证明被告汪某甲仅有一次殴打行为,又未造成一定后果,属于原、被告夫妻之间

---

① 参见最高人民法院、最高人民检察院、公安部、司法部:《关于依法办理家庭暴力犯罪案件的意见》(法发〔2015〕4号)。

② 《反家庭暴力法》第16条规定:“家庭暴力情节较轻,依法不给予治安管理处罚的,由公安机关对加害人给予批评教育或者出具告诫书。”

的日常吵闹、偶尔打闹且尚未造成后果的家庭纠纷，故不能认定为家庭暴力。①

在该案中，“一次”是法官不予认定家庭暴力的重要标准，即便这“一次”打的后果是“右脸庞部青肿”。试问，脸被打得青肿，这后果算是严重还是不严重呢？然而，更为令人不解的是，在一些案例中，法官这种对“不严重”的认识甚至扩展到了鉴定结论为“轻微伤”的情况下，比如如下案例：

> 经审理查明：……2016年6月11日，被告在原告参加同学聚会后对其进行打骂……另查明，2016年6月16日，原告到**县公安局司法鉴定中心对被告徐某于2016年6月11殴打其身体申请鉴定，该中心于当日作出法医学人体操作程序鉴定书，鉴定意见为邓某的损害程度为轻微伤。本院认为：……在共同生活中，被告对原告日常的打骂，偶尔的身体轻微伤害及尚未造成后果的家庭纠纷，不能认定被告对原告施以家庭暴力。②

该案中，法官用“轻微伤害”替代作为司法鉴定结果的“轻微伤”，使得狭义的家庭暴力没有得到认定，同时，作为违反治安管理处罚标准的家庭暴力也没有得到认定。足以可见，这种对伤害程度一定要相当严重才算“家庭暴力”的认识，实际上具有很强的弥散性，而现有法律的模糊和空白则使这种“弥散”有了很大的实践空间。

（二）法律之外的影响因素

1. 政策因素

关于这个问题，贺欣和吴贵亨的研究曾有过讨论。他们发现，即便法官发现了家庭暴力的证据，这些证据在司法调解中通常被淡化或忽略，甚至被“删除”。究其原因在于司法政策回归到了对调解的依赖上。家庭暴力受害者会

① 参见肖某与汪某甲离婚纠纷一审民事判决书，http://wenshu.court.gov.cn/content/content?DocID=f52d5638-5682-4daf-8051-183b15ff4f6e&KeyWord=0902民初86号，访问时间：2017年1月17日。

② 参见邓某与徐某离婚纠纷一审民事判决书，http://wenshu.court.gov.cn/content/content?DocID=369ce7a0-c564-4177-bdb7-62403cd31b1b&KeyWord=0825民初763号，访问时间：2017年1月17日。

因为司法调解这一看似善意的程序设置付出沉重的代价。[①] 关于这一问题，由于之前有较多相关研究，这里不再展开。笔者将继续展开另外两个因素的讨论，分析法官“删除”家庭暴力的其他两个原因。

2.“财产分割”因素

第一种情况：因为财产分割的复杂性，当事人又“未达成一致处理意见”，法官直接“删除”了对家庭暴力的讨论和认定，并判决不准离婚。比如如下案例：

> 经审理查明……2012 年 2 月 26 日，李某某打了原告虽写下保证书，但影响了夫妻感情；近年原、被告因家庭琐事产生些矛盾，特别是 2015 年 2 月 25 日双方吵架后分居，被告将住房锁换掉，原告有家不能回，严重伤害了夫妻感情。2015 年 12 月 16 日原告以夫妻感情破裂为由，遂向本院起诉要求与被告离婚。……本院认为，原、被告双方经人介绍相识后相恋，并自愿到婚姻登记机关登记结婚，证明原、被告是有一定的感情基础；……只要原、被告能各自改正自己的不足，夫妻和好是可能的。由于原、被告对财产与债权债务均未达成一致处理意见，被告又不同意与原告离婚，故原告要求离婚的请求，本院不予支持。[②]

该案中，法院已查明存在“打”这一事实，而且查明了有“保证书”这一证据。然而，在“本院认为”的讨论中，法官没有再对家庭暴力这一事实进行讨论，也并没有判决离婚。就这一现象，从法官的说理中不难看出，“原、被告对财产与债权债务均未达成一致处理意见”是法官不判离婚的一个主要的原因。这一“财产分割难题”成为了法官考量的主要方面，因此也在一定程度上挤压了法官对“家庭暴力”考虑的空间。或者还有另一种可能：因为无法很好地分割财产，法官将不会判决离婚。[③] 因为不会判决离婚，所以即便法官还记得有“打”这一事实，但他/她深知，再对这一事实予以讨论已没有实际意义，或者再

---

① 贺欣、吴贵亨：《司法调解对家庭暴力的删除》，苏力主编：《法律和社会科学》第 11 卷，法律出版社 2013 年版，第 147～167 页。

② 参见张某某与李某某离婚纠纷一审民事判决书，http://wenshu.court.gov.cn/content/content?DocID=76ab2fd2-8581-45b7-ae41-75383f0cd2c1&KeyWord=蓝法民一初字第 494 号，访问时间：2017 年 1 月 17 日。其中，着重号为笔者加。

③ 调研过程中，有法官就曾谈到：“……另外还有就是财产不好分，或是房子没有产权，或是公司、股权一大堆，整不清楚就判不离，就不用分财产。……”

讨论将势必会影响到“不判决离婚”这一结果的产生。

第二种情况:法官虽然判决离婚,但因为财产分割的复杂性,法官还是“删除”了对家庭暴力的讨论和认定,把关注重点放在了对财产的处理上。这类判决书的结构大多如下:

原告诉称……家庭暴力……

被告辩称,原告所诉不是事实……

经审理查明……车……房……债务……

本院认为……车……房……债务……

根据……判决如下:

一、准予原告X某某与被告Y某某离婚;

二、……

三、现有××××楼房一套属被告个人财产,从某某年某某月起房贷由被告负责偿还;

四、共同财产××××归原告所有,××××归被告所有,被告补偿原告××××元;

五、被告给付原告应分割共同财产价值×××元中的一半即×××元;

六、共同债务×××元由原告偿还,×××元由被告偿还……

这类案件中,虽然当事人都提出存在家庭暴力,但由于法官将关注点聚焦于财产分割,“家庭暴力”显然成了一个无须再讨论的问题,而在判决书中彻底被遗忘,更别说被认定了。

3. 法官对自身安全的考量

在调研过程中发现,近年来一连串侵犯伤害法官的恶性事件的发生[①],使得法官的人身安全这一过去似乎“隐而不宣”的问题,现在一跃而成为一个实实在在的现实问题。那么,这一问题对法官关于家庭暴力的认定会有影响吗?很显然,从判决书中我们很难看到这种影响的存在,但是调研中,法官的一些

① 近年来,从湖北十堰4名法官被刀捅伤到北京马彩云法官被离婚当事人射杀,再到罹难的广西傅明生法官和沭阳法官周龙,一连串伤害法官的恶性事件的发生,在引发人们愤怒和震惊的同时,也使法官的人身安全问题成为社会关注的焦点。参见谢洋、蒋正春:《“史上最强保护令”能有效保障法官人身安全吗》,2017年2月21日《中国青年报》。

讨论透露了存在这一因素的可能。

> 贸然判决离婚只会把矛盾转嫁到法院身上，法官觉得担不起啊……
>
> 有的法官还遇到过判离以后被当事人纠缠、威胁、侮辱等情况，某种程度上也让法官在处理离婚案件的时候异常慎重。
>
> 有些当事人会威胁法院，以死相逼什么的……法院也害怕出事。……离婚案件是家事案件中矛盾比较大的案件，出于各方面考虑，判不离省事多了，判离难以下判，风险大。……①

这些讨论表面上看是法官对是否会判决离婚的考虑，但是通过这些讨论，再结合我们所见到较多无缘无故不认定家庭暴力的判决，实际上可以窥见其中所蕴含的“不判决”后果考量对“不认定家庭暴力”的“倒逼”。如上边我们所讨论过的，法官基于财产分割难题而不判决离婚，这一后果考量实际上也是一种对“不认定家庭暴力”的“倒逼”。只不过在那里，问题产生的原因是财产难分割，很多时候其实也包括子女抚养的问题，而这里的起点则是安全考虑。

四、面向司法制度的“整体性”：代结论

在离婚案件中，“家庭暴力”很难被认定。究其原因，当事人举证不能只不过是问题的一方面，问题的另一方面则主要归结于法律规定、法官所考量的因素，以及围绕着司法审判的一系列结构性问题。

首先，法律规定的模糊性和不确定性，使得法官在认定家庭暴力这一事实时有较大的自由裁量空间。而这实际上也就给了其他因素能够进入司法审判，并影响法官最终决定的机会。虽然有些时候这种影响是有益的（比如通过细致的调解促使双方真正和解），但是就目前的情况来看，在大多数时候，这种影响会造成那些本应当被认定为家庭暴力的情形无法被认定。

其次，后果考量决定着法官在离婚案件中倾向于“不判离”，而“不判离”的决定又“倒逼”着法官在很多案件中对家庭暴力不予认定或直接忽略。

再次，对家庭暴力的认知和态度，会影响法官对家庭暴力的认定。在一些案件中，我们看到，法官的忽略、漠视和认知偏差在很大程度上会影响着法官

---

① 以上三段讨论分别来自三位基层法官。

对家庭暴力的认定。特别是当家庭暴力问题与财产分割、子女抚养等问题一起出现的时候,法官是否把“家庭暴力”当作一个问题来看待,显得尤为重要。

最后,法官保障机制的缺失,对法官的行动产生重要影响。家事案件的复杂性往往被人所忽视,而法官在这类案件中的风险同样没有得到人们的足够关注。这使得法官在家事案件审理过程中的人身安全问题显得较为隐秘。因此,法官很多“无声的考量”会慢慢进入判决,对案件结果产生重要影响。

这些结构性因素的存在揭示了家事案件审理过程中的一些个性问题,比如社会科学知识,特别是社会性别意识进入司法实践的重要性等。但同时也揭示了司法制度完善过程中一些急需解决的共性问题,比如法官人身安全保障问题等。这些问题从总体上展现出了司法制度完善的“整体”面向。它表明:在司法过程中,要实现诸如家庭暴力认定等特定问题的改进和完善,不仅需要关注各自领域所面临的个性问题,更重要的还应从司法制度“整体”入手,寻求系统的推进和完善。①

(原载于《山东大学学报(哲学社会科学版)》2018年第4期)

① 人类学家莫斯曾经提出过一个“总体性社会事实”的概念。他认为,社会及其制度的启动是整体性的(至少也是多种制度的并存),它们可能是法律的,也可能是宗教的、经济的、美学方面的,甚至是形态学上的现象的集合。只有通盘考虑整体,我们才能更好地理解社会及其制度。朱晓阳在其“整体性”研究策略的讨论中也曾指出,要“重新审视现行法律的原则、相应法条和法律实践与中国社会的基本价值和经验之间的紧张”。参见马塞尔·莫斯:《礼物——古代社会中交换的形式与理由》,汲喆译,上海人民出版社2005年版,第176～178页;朱晓阳:《“语言混乱”与法律人类学的整体论进路》,《中国社会科学》2007年第2期。

法律法规适用实证研究

地方立法的司法态度
——基于18个较大的市地方性法规判决书引用现状的实证分析

李红军　徐瑶

一、研究缘起

2015年修订的《立法法》第72条规定："设区的市的人民代表大会及其常务委员会……可以对城乡建设与管理、环境保护、历史文化保护等方面的事项制定地方性法规"，从而授予全部设区的市的人民代表大会及其常务委员会立法权。可以预见，在不久的将来，我国设区的市的人民代表大会及其常务委员会制定的地方性法规数量将大幅增长。然而，徒法不足以自行，法律的生命在于实践和实施。《立法法》普遍赋予设区的市的人民代表大会及其常务委员会立法权后，我们需要进一步思考和探索地方性法规实施的有效路径。

地方性法规大多基于当地社会经济发展需要由行政机关推动制定并主要采取行政执法作为实施方式，职是之故，行政机关往往既是立法推动者又是法规执行者。然而，司法在地方性法规实施中的作用则未能获得足够关注，人民法院在审理案件中如何适用地方性法规也缺乏充分的实证研究。有鉴于此，本文以国务院批准的 18 个较大的市[①](为行文简洁,以下简称 18 个市)的人民代表大会及其常务委员会制定的地方性法规在判决书中的引用率,作为考察地方性法规司法适用现状的对象,并透过对引用率的统计分析以尝试解答司法判决如何适用地方性法规、司法判决适用地方性法规受到哪些因素的影响、这些因素的影响作用如何发挥等问题。

二、研究对象与分析框架

(一)研究对象

为展现地方性法规司法适用的基本面貌,本文选择 18 个市的基层和中级人民法院 2013～2016 年期间做出的民事判决书和行政判决书作为分析文本,统计这些文书引用 18 个市 2014 年前制定的地方性法规情况,探索司法对地方立法的态度。

选择 18 个市的全部地方性法规进行研究的理由有三:

其一是能够展现设区的市地方与司法互动关系的图景。这 18 个市从 20 世纪 80 年代起先后进行了两千多次立法[②],形成了一千多份地方性法规。可以认为,这段立法史是我国尝试授予设区的市立法权的先行试点,在全面授予设区的市立法权的背景下,通过对该些地方性法规司法引用情况的梳理检视,不仅可以清晰地观测司法对待地方性法规的态度,更能够为探讨设区的市地方立法与司法良性互动关系提供基础。

其二是这些城市能够体现我国设区的市的基本特征。18 个市主要集中于华北和华东,不仅包括了包头、大同等传统工业型城市,也包括了青岛和苏州等经济社会发展程度较高的城市,能够展现我国设区的市的整体面貌,选择这些城市的地方性法规能够最大限度地扩展研究结论的解释能力和适用范围。

---

① “较大的市”这一特殊概念是为了解决地级市立法权而于 1982 年创设的。非省会设区的市一旦被认定为“较大的市”,就拥有了地方立法权。除省会城市外,国务院先后分四次共批准了 19 个较大的市:吉林市、大连市、唐山市、大同市、包头市、邯郸市、鞍山市、本溪市、抚顺市、齐齐哈尔市、青岛市、无锡市、淮南市、洛阳市、宁波市、淄博市、苏州市、徐州市、重庆市,其中重庆市 1997 年升级为直辖市。

② 李红军:《地方立法意愿的社会经济约束》,《江淮论坛》2016 年第 4 期。

其三是案件裁判具有回溯性特征。案件争议事实发生时生效的法规可能在判决时已经失效,因此研究的地方性法规范围不应局限于目前有效的法规,还应该包括已经失效的法规。

本文选择2013年1月1日至2016年12月31日[①]做出的民事判决书和行政判决书作为分析文本,是因为以下几方面原因:

其一,判决书是整个诉讼活动的最终结果。根据判决书的基本结构,判决书的实体内容包括当事人主张("原告诉称……""被告辩称……")、法院认定的事实("经审理查明……")、说理("本院认为……")以及判决部分。其中法院认定的事实部分基本上与法律适用无关,而法院说理和判决部分则主要涉及案件法律关系分析和法律适用,因此通过对这两个部分的分析,可以观测人民法院对于是否适用城市地方性法规的态度。

其二,判决书是法官思维的书面呈现。"判决书撰写有一系列的制度因素,其中包括在不同法系中判决书的不同司法制度功能,不同的判决书写作激励机制,判决论证的不同社会需求以及判决书的不同预期受众等等"[②],通过考察判决书对18个市地方性法规的引用情况,能够展现法官决定是否引用地方性法规时面临的激励和约束。

其三,2013年以来的判决书公开程度更高。近年来,最高人民法院以"中国裁判文书网"作为统一的裁判文书公开平台,且明文规定"在互联网公布裁判文书应当以公开为原则,不公开为例外"[③],"中国裁判文书网"公开的司法文书以2013年以后制作的判决书为主,因此以2013年1月1日至2016年12月31日期间做出的民事和行政判决书作为分析文本,能够最大限度地代表司法状况,可以推断出判决书引用18个市地方性法规的整体情况。

其四,刑事判决书不能引用地方性法规。依据《最高人民法院关于裁判文书引用法律法规等规范性法律文件的规定》第3条的规定,刑事裁判文书应当引用法律、法律解释或者司法解释,因此本文排除对刑事判决书的分析。

---

① 判决书做出的时间以判决书尾部注明的时间为依据。

② 朱苏力:《判决书的背后》,《法学研究》2001年第3期。

③ 《最高人民法院关于推进司法公开三大平台建设的若干意见》第11条规定:"在互联网公布裁判文书应当以公开为原则,不公开为例外,不得在法律和司法解释规定之外对这项工作设置任何障碍。各级人民法院对其上传至中国裁判文书网的裁判文书的质量负责。"

(二)统计口径

基于以上原因,本文从“中国法律法规信息库”中检索到 18 个市的人民代表大会及其常务委员会 1988 年至 2014 年期间制定的 1932 份地方性法规(含废止或者历次修订的版本,下同)①,然后剔除其中 37 份仅适用于 18 个市的人民代表大会及其常务委员会工作程序或立法程序的法规。在此基础上,逐一以这些法规名称作为关键词,对“中国裁判文书网”中 18 个市的基层和中级人民法院 2013 年 1 月 1 日至 2016 年 12 月 31 日期间做出的判决书进行全文检索,共计检索到 1157 份包含了法规名称的判决书②,然后,以此为基础进行如下处理:

一是排除重复诉讼对数据的影响。基于土地征收、房屋拆迁等原因引发的诉讼往往规模较大但争议事实基本类似,判决书的内容也高度雷同。为避免这类判决书占比过高而影响到分析结果的可靠性,对基于同一被告的相同行为而引发的原告不同的多个诉讼,如果判决书的说理和判决语句雷同、引用法规内容相同,则仅选择其中 1 份判决书进行统计,据此将 638 份判决书统计为 32 次。

二是排除反复诉讼对数据的影响。由于各种现实和历史原因,同一原告基于相同事实对一个或多个被告提起多个诉讼的情况在我国司法实践中时有所见。这类案件的判决争议事实相同、说理结构类似。为避免扭曲总体数据的特征,对基于同一争议事实但原告针对相同或不同被告提起多个诉讼的,如果判决书说理结构和引用法规内容相同,则仅选择其中 1 份判决书进行统计,据此将 129 份判决书统计为 36 次。

三是排除反复引用对数据的影响。判决书可以分为主张、说理和判决三个部分,为避免反复引用同一法规对数据可靠性的影响,对同一判决书中同一部分多次引用同一法规的,本文按 1 次进行统计。

经过以上处理后,这 18 个市的地方性法规合计 445 份得到引用,判决书在

① 关于 18 个市全部地方性法规(包括已经失效的)的数量,本文以“中国法律法规信息库”中的数据为准,考虑到数据本身受到各种因素的干扰,检索到法规数量虽然能够最大限度地囊括 18 个市的地方性法规,但不排除仍有部分法规没有被数据库收录的情况。

② 由于裁判文书上网公开的工作是逐步推进的,因此“中国裁判文书网”内的数据一直处于变动之中,本文检索到的判决书数量仅为检索期间的数量。

当事人主张、说理和判决三个部分共引用地方性法规756次。

（三）分析框架

本文以判决书中法院说理或判决部分是否引用18个市地方性法规（以下简称“是否引用”）作为被解释变量，首先描述判决书引用18个市地方性法规的基本样态，然后采用Logistic回归法探寻影响判决书是否引用18个市地方性法规的若干因素，并对这些因素的作用机理进行解释。

三、判决书引用地方性法规的现状

（一）判决书引用18个市地方性法规的基本样态

1. 引用18个市地方性法规的判决书基本信息

根据笔者检索的时间范围，18个市两级法院2013年至2016年做出的民事判决书和行政判决书合计405,958份，该些判决书在当事人主张、说理和判决三个部分引用18个市地方性法规的情况如表1。

表1　判决书引用18个市地方性法规信息描述

		主张		说理		判决		合计		
		未引用次数	引用次数	未引用次数	引用次数	未引用次数	引用次数	判决书份数	引用次数	占比%
判决类型	民事判决书	393592	142	393616	118	393707	27	393734	287	0.07%
	行政判决书	12078	146	11904	320	12221	3	12224	469	3.84%
	Total	405670	288	405520	438	405928	30	405958	756	0.19%
审级＊	一审	390638	189	390483	344	390799	28	390827	561	0.14%
	二审	15032	99	15037	94	15129	2	15131	195	1.29%
	Total	405670	288	405520	438	405928	30	405958	756	0.19%
法院级别	基层法院	383097	176	382943	330	383246	27	383273	533	0.14%
	中级法院	22573	112	22577	108	22682	3	22685	223	0.98%
	Total	405670	288	405520	438	405928	30	405958	756	0.19%

＊为了简化分析数据，再审案件根据适用程序，分别纳入一审或二审数据。

可以看出，引用18个市地方性法规的判决书具有以下特征：

首先,总体上看地方性法规被引用频次非常低。本文检索的地方性法规合计为1895份,在排除了重复或者反复诉讼类案件后,这些法规在判决书中合计被引用756次,引用次数占全部判决的比例仅仅为0.19%,即使不考虑同一份法规被多次引用的情况,被引法规也仅占全部法规的39.89%,这一数据表明大部分地方性法规并未进入司法视野。

其次,行政判决书引用频次明显超过民事判决书。民事判决书引用次数为287次,占全部民事判决书的比例为0.07%;而行政判决书引用次数为469次,占全部行政判决书的比例为3.84%。后者的占比是前者的50余倍。但判决部分引用情况则恰好相反,民事判决书中的判决部分引用了27次地方性法规,而行政判决书中的判决部分则仅仅引用了3次。

再次,二审判决书的引用占比明显高于一审。尽管从绝对数上看,一审判决书三部分合计引用18个市的地方性法规561次,而二审判决书仅仅引用了195次,但由于一审判决书的数量极其庞大,因此在相对数上,一审引用18个市地方性法规的次数占全部判决书的比值仅仅为0.14%,但二审判决书中,这一比值高达1.29%,是前者的9.24倍。

最后,中级人民法院判决书引用占比领先于基层人民法院的判决。由于判决书基数不同,基层人民法院做出的判决书数量是中级人民法院的16.9倍,因此,虽然在绝对数上基层人民法院判决书引用18个市地方性法规533次,是中级人民法院判决书的2倍有余,但在引用次数与判决书数量的比值上,中级人民法院判决书引用占比是0.98%,而基层人民法院判决书引用占比仅为0.14%。

2. 判决书引用18个市地方性法规的类型分布

由于地方性法规不能沿用部门法的分类方式,对地方立法的类型化主要依托立法内容进行,既有研究成果对地方立法的类型划分有多观点[①],本文结合《立法法》第72条对设区的市立法权限的列举和各市立法的具体情况,在综

---

① 划分类型较少者如俞荣根教授,他参照国家法律分类的路径,分为宪法类、经济类、行政类、社会类等4类(参见俞荣根:《不同类型地方性法规立法后评估指标体系研究》,《现代法学》2013年第5期);划分类型较多者如程庆栋博士,他分为城乡规划与建设、房地产开发建设管理、市政公用与环卫事项、交通运输、环境保护、历史文化保护、城市人口管理、社会治安管理、社会公共事业管理、劳动与社会保障、其他社会事务、公共经济管理、法治建设和其他等合计14类(参见程庆栋:《论设区的市的立法权:权限范围与权力行使》,《政治与法律》2015年第8期)。

合其他学者观点的基础上，将 18 个市的立法分为城乡建设管理、环境保护、历史文化保护、政权和法制建设、社会管理、经济管理、资源管理和行政事务等 8 类，其中城乡建设管理包括城乡规划、城乡公共基础设施建设等内容。[①] 根据这一分类，8 类法规共计被引用 756 次，其中城乡建设和管理类法规在主张、说理和判决三部分中被引用 498 次，占全部引用次数的 65.87%，其次是社会管理类、经济管理类和环境保护类。前述这四类法规合计引用次数占总次数的 97.35%，表明这四类法规在司法实践中具有“应当适用”的必要性。通过逐一辨识各被引法规所涉内容，整理出被引法规类型分布如表 2。

表 2　　被引用法规类型分布

		城乡建设和管理	环境保护	历史文化保护	政权和法治建设	社会管理	经济管理	资源管理	内部行政管理	被引法规合计	
										次数	占比
主张		211	14	3	0	31	28	0	1	288	38.10%
说理		273	56	12	3	53	41	0	0	438	57.94%
判决		14	0	0	1	9	6	0	0	30	3.97%
三类引用合计	次数	498	70	15	4	93	75	0	1	756	100%
	占比	65.87%	9.26%	1.98%	0.53%	12.30%	9.92%	0%	0.13%	100%	

3. 引用 18 个市地方性法规的判决书案由分布

根据《最高人民法院关于印发修改后的〈民事案件案由规定〉的通知》，民事诉讼案由分为人格权纠纷、婚姻家庭继承纠纷、物权纠纷等 10 大类，而根据《最高人民法院关于规范行政案件案由的通知》，行政诉讼案由分为作为类案件、不作为类案件和行政赔偿类案件三类，其中作为类行政诉讼案由又可根据具体行政行为的不同分为行政处罚、行政强制、行政裁决等 27 类。统计结果如表 3 所示。

---

① 本次《立法法》修订，设区的市的立法权限范围的表述历经三次变化：一审稿中的表述是“城市建设、市容卫生、环境保护等城市管理方面的事项”，从该表述的语句逻辑结构上看，“城市建设、市容卫生、环境保护”是“城市管理”具体内容的进一步划分，“城市管理”是上位概念；二审稿中的表述是“城市建设、城市管理、环境保护等方面的事项”，“城市管理”“城市建设”和“环境保护”三者间为并列关系；生效文本中的表述为“城乡建设与管理、环境保护、历史文化保护等方面的事项”，将城市管理和建设合并，增加了环境保护的内容。考虑到地方立法针对事项的复杂性，某一法规的内容不可能完全对应或局限于某一具体事项，因此本文的分类并不能完全消除类型之间的交叉重叠，也不主张能够穷尽对所有法规的区分。

表 3　被引用法规类型分布

	案由	主张次数	说理次数	判决次数	总数	
					次数	百分比(%)
民事判决书	人格权纠纷	4	4	0	8	1.06%
	婚姻家庭继承纠纷	2	0	0	2	0.26%
	物权纠纷	12	19	5	36	4.76%
	债权纠纷	77	61	13	151	19.97%
	劳动争议与人事争议	7	10	9	26	3.44%
	商事纠纷	1	0	0	1	0.13%
	侵权责任纠纷	39	22	0	61	8.07%
	适用特殊程序案件	0	2	0	2	0.26%
行政判决书	行政处罚	15	15	0	76	10.05%
	行政强制	23	18	1	79	10.45%
	行政裁决	13	12	0	25	3.31%
	行政确认	6	4	0	17	2.25%
	行政登记	20	28	0	78	10.32%
	行政许可	15	18	1	34	4.50%
	行政批准	5	4	1	13	1.72%
	行政复议	2	0	0	2	0.26%
	行政撤销	0	1	0	1	0.13%
	行政补偿	3	0	0	3	0.40%
	行政征收	3	2	0	21	2.78%
	行政规划	2	1	0	32	4.23%
	其他行政行为	6	4	0	12	1.59%
	行政不作为	11	10	0	31	4.10%
	行政赔偿	22	23	0	45	5.95%
合计		288	258	30	756	100%

民事判决书方面，判决书引用 18 个市地方性法规次数较多的案由，主要集中在债权纠纷(合同、无因管理、不当得利纠纷)和侵权纠纷中，引用次数占总次数的比值分别为 19.97%和 8.07%。而行政判决书方面，系争纠纷属于行

政处罚、行政强制和行政登记等具体行政行为的判决书引用地方性法规的次数占总次数的比值均在10%以上。

(二)影响判决书是否引用18个市地方性法规的因素探析

基于研究问题的设定，本文将判决书说理部分和判决部分是否引用地方性法规(简称“是否引用”)设定为需要解释的因变量，该变量的取值包括“是”或“否”。

解释变量方面，根据前文对判决书引用18个市地方性法规基本情况的考察，行政判决书引用18个市地方性法规的频次明显超过民事判决书，而二审判决书的引用占比明显高于一审。中级人民法院判决书引用18个市地方性法规占比领先于基层人民法院的判决书，据此可以合理推测判决书是否引用18个市地方性法规与系争案件的类型、审级和法院的等级相关。

与此同时，本文选择的判决书中当事人主张部分引用18个市地方性法规的次数达288次。基于民事诉讼和行政诉讼的一般原理，当事人按照辩论原则、处分原则向法院提出主张和证据，法院需围绕当事人的主张，按照中立原则行使裁判权，对当事人的主张是否成立进行审查，据此推测当事人主张部分引用18个市地方性法规可能构成法院在说理或者判决部分引用地方性法规的影响因素。

行政判决书引用18个市地方性法规的频次明显超过民事判决书，而二审判决书的引用占比明显高于一审。中级人民法院判决书引用18个市地方性法规占比明显领先于基层人民法院的判决，因此可以合理推测判决书是否引用18个市地方性法规与判决书的类型、审级和法院等级相关。

此外，我国民事诉讼和行政诉讼的审判组织形式包括独任制和合议制两种。独任制下审判法官独任审判，需要独自承担引用地方性法规可能产生的责任，因而可以推测独任制下法官对引用地方性法规持更为谨慎的态度。相反，合议制下的审理是集体行为，合议庭成员均需在判决书上署名并共同对案件认定事实和适用法律负责①，因此合议庭审理的案件引用地方性法规的责任

---

① 《最高人民法院关于进一步加强合议庭职责的若干规定》第1条规定:“合议庭是人民法院的基本审判组织。合议庭全体成员平等参与案件的审理、评议和裁判，依法履行审判职责。”

至少在形式上带有集体性质,可能会引发责任分散效应①,从而降低了合议庭成员个体承担的责任和压力。在这个意义上,审判组织形式也可能构成判决书是否引用地方性法规的影响因素之一。

综上,为探寻影响判决书说理和判决部分引用地方性法规的因素,本文引入判决书类型、案件审级、法院等级、当事人是否主张以及审判组织形式等五个解释变量,采用 Logistic 回归法分析该五个解释变量与判决书是否引用(因变量)之间的关系。分析表明该五个解释变量的综合影响对判决书是否引用18个市地方性法规(因变量)预测效果具有统计显著性,Chi-square(x^2)=1771.797,df=5,N=405958,p=0.000<0.05,该综合影响对判决书引用地方性法规的预测准确率为27.6%。表4汇总了回归分析结果。

表 4　　判决书引用地方性法规影响因素 Logistic 回归分析结果

变量			Beta	SE	Odds Ratio	Sig.
名称	取值					
	0	1				
是否主张	否	是	5.648	0.169	283.847	0.000**
案件审级	一审	二审	0.793	0.308	2.209	0.010*
法院级别	基层	中级	−1.128	0.313	0.324	0.000**
审判组织形式	独任	合议	3.400	0.223	29.966	0.000**
判决书类型	民事	行政	0.423	0.173	1.526	0.015*
常量			−12.482	0.330	0.000	0.000**

* p<0.05;* * p<0.001

根据表4,就判决书是否引用而言,对于所有解释变量的综合影响,每个解释变量的单独作用均具有统计学意义上的显著性(p<0.05),但其中"法院级别"变量的 Odds Ratio(比值比)②小于1。该变量对因变量的预测效果没有起到显著的增加作用,表明与基层法院相比,中级人民法院所做判决书引用18个城市地方性法规的概率小于不引用的概率。由该回归分析结果可得到以下结论:

第一,判决书说理或者判决部分引用地方性法与当事人主张部分引用地

① [美]汉娜·阿伦特:《责任与判断》,陈联营译,上海人民出版社2011年版,第148页。

② 公式为:Odds Ratio= $P/(1-P)$,其中 P 定义为引用概率。

方性法规相关，后者的出现显著提升了前者的概率。当事人主张部分引用地方性法规的判决书中，说理或判决部分引用地方性法规的概率更高，是当事人主张部分未引用地方性法规但说理或判决部分引用地方性法规发生概率的283倍有余，Odds Ratio＝283.847。

第二，判决书说理或者判决部分引用地方性法规与案件的审级相关。相对于一审判决书引用地方性法规的概率，二审判决书引用地方性法规的概率更高，是前者的2.2倍，Odds Ratio＝2.209。

第三，法院等级并未明显增加判决书说理或判决部分引用地方性法规的概率。相对于基层法院的判决书，中级人民法院的判决书说理或者判决部分引用地方性法规的概率反而降低，Odds Ratio＜1。

第四，审判组织形式影响判决书说理或者判决部分引用地方性法规的概率。与实行独任审理案件的判决书相比，合议庭审理案件的判决书中引用地方性法规的概率大幅度增加，是前者的29倍有余，Odds Ratio＝29.966。

第五，判决书中说理或判决部分是否引用地方性法规与判决书类型相关。行政判决书在说理或判决部分引用地方性法规的概率是民事判决书的1.5倍，Odds Ratio＝1.526。

四、判决书引用地方性法规的激励与约束

司法裁判是一系列制度和现实因素共同作用下的产物，不同激励机制会催生风格迥异的判决书[①]，因此，前文对判决书引用地方性法规的现状及影响因素的考察结果可以从激励机制角度获得解释。

（一）判决书是否引用地方性法规面临的制度激励

《最高人民法院关于裁判文书引用法律、法规等规范性法律文件的规定》（以下简称《引用法律、法规等规范性法律文件的规定》）第4条规定，民事裁判文书对于应当适用的行政法规、地方性法规或者自治条例和单行条例，可以直接引用；第5条规定，行政裁判文书对于应当适用的地方性法规、自治条例和单行条例、国务院或者国务院授权的部门公布的行政法规解释或者行政规章，

① 朱苏力:《判决书的背后》,《法学研究》2001年第3期。

可以直接引用。① 这两条规定中对“直接引用”使用的措辞都是“可以”,与该两条规定中前半段“民事裁判文书应当引用法律、法律解释或者司法解释”“行政裁判文书应当引用法律、法律解释、行政法规或者司法解释”中使用的“应当”一词形成鲜明对比,形成对引用地方性法规的反向激励。

首先,法官引用地方性法规将承担论证责任和审查压力。从该规定第 4 条和第 5 条的旨意来看,对于在民事和行政裁判文书中引用法律、法律解释或者司法解释是强制性规定,法官引用时无须专门说明引用的理由。但若引用地方性法规,则必须以“应当适用的行政法规、地方性法规或者自治条例和单行条例”作为前提条件,因此法官欲引用 18 个市地方性法规则必须论证该引用符合“应当适用”这一条件,而“应当适用”并非事实而系判断,判断的证立与否取决于论证,也即法官必须为其引用行为承担论证责任。在两审终审制下,“应当适用”的判断及其论证可能面临上一审级法院的审查,使法官的引用行为和论证过程成为审查的对象。

其次,法官无须为没有引用地方性法规承担责任。该规定第 4 条和第 5 条的规范结构是“应当适用……可以引用……”属于授权性规范,意味着即使在“应当适用地方性法规”的情形下,法官也无引用的强制职责,未引用并不承担责任,二审法院也不会对“未引用”进行审查。

综上分析,审案法官在决定是否引用地方性法规时,面临的激励矩阵如表 5。

表 5　　引用地方性法规激励矩阵 1

	论证责任	审查压力
引用	+	+
未引用	—	—

由表 5 可以看出,《引用法律、法规等规范性法律文件的规定》第 4 条和第 5 条的规定,形成了对引用地方性法规的强烈反向激励,在判决书中不引用地

① 《最高人民法院关于裁判文书引用法律、法规等规范性法律文件的规定》第 4 条规定:“民事裁判文书应当引用法律、法律解释或者司法解释。对于应当适用的行政法规、地方性法规或者自治条例和单行条例,可以直接引用。”第 5 条规定:“行政裁判文书应当引用法律、法律解释、行政法规或者司法解释。对于应当适用的地方性法规、自治条例和单行条例、国务院或者国务院授权的部门公布的行政法规解释或者行政规章,可以直接引用。”

方性法规才是法官的理性选择。“河南洛阳种子案”和“甘肃酒泉案”可以视为前述激励机制在司法实践中的充分体现——判决书如果引用地方性法规进行说理，可能引发严重的立法权和司法权冲突并导致法官个人责任。

“河南洛阳种子案”中，河南省洛阳市中级人民法院（2003）洛民初字第26号民事判决书说理部分就是否适用地方性法规进行了讨论，认为“《河南省农作物种子管理条例》作为法律位阶较低的地方性法规，其与《种子法》相抵触的条（款）自然无效”，这一判断立即激起河南省人民代表大会常务委员会的强烈反弹，认为这是对地方性法规的违法审查，违背了我国人民代表大会制度，是严重违法行为，因此发文要求河南省高院对洛阳市中院的“严重违法行为做出认真、严肃的处理，对直接责任人和主管领导依法做出处理”[①]。洛阳市中级人民法院党组据此决定撤销判决书签发人赵广云的民事庭副庭长职务和李慧娟的合议庭审判长职务，免去李慧娟的助理审判员资格。该决定虽因多方面原因最终并未执行，最高人民法院也在《关于河南省汝阳县种子公司与河南省伊川县种子公司玉米种子代繁合同纠纷一案请示的答复》中间接肯定了该判决，但此案引发的社会关注和影响以及引用地方性法规可能带来的责任风险，对法院和法官引用地方性法规时产生的心理震慑，无疑是持久的。[②]

“甘肃酒泉案”中，甘肃省酒泉地区中级人民法院在（1998）酒法行终字第06号行政判决书中认为，该案被诉具体行政行为所依据的《甘肃省产品质量监督管理条例》有悖《行政处罚法》的相关规定，不能作为行政处罚的依据。甘肃省人民代表大会常务委员会认为：“这是一起全国罕见的审判机关在审判中严重违法事件”，“严重侵犯了宪法中地方组织法赋予地方人大及其常委会的立法权，超越了审判权限……”要求甘肃省高级人民法院提审此案，撤销该判决，并提出追究有关负责人违法责任的意见。甘肃省高级人民法院据此做出（1999）甘肃监字第29号行政判决书，认定（1998）酒法行终字第06号行政判决书直接对地方性法规的效力加以评判是错误的。[③]

---

① 河南省人民代表大会常务委员会办公厅：《关于洛阳市中级人民法院在民事审判中违法宣告省人大常委会通过的地方性法规有关内容无效问题的通报》（2003年10月18日）。

② 有关本案的详情参见孙振军：《权力攻势下的法律溃退》，2004年2月3日《中国经济时报》。

③ 王宏：《法院岂可非议地方性法规——甘肃高院撤销酒泉中院一起错误判决》，《山东人大工作》2000年第12期。

在前述两起案件中，法官不仅在判决书中就是否适用地方性法规承担了论证责任，而且接受了来自上级法院(最高人民法院和高级人民法院)的审查。由此可见，判决书引用地方性法规不仅要承担论证责任，面对上级法院审查，甚至可能承担个人责任，而不引用地方性法规则既不承担责任也无压力。我们可以合理推测，法官的最优选择是倾向于不引用，以回避责任和压力，这导致地方性法规司法引用率较低。

(二)判决书是否引用地方性法规面临的现实约束

尽管在前述激励机制下法官的最优选择是倾向于不引用地方性法规，但法官的选择行为并非信马由缰，而是受到其他诉讼参与者行为以及案件本身的约束，并不能一律回避或拒绝引用地方性法规。因此法官需要在情景化的案件中结合现实条件进行个案抉择，从而形成次优选择。前文对法官引用地方性法规样态的考察及影响因素的分析，可以认为是这种次优选择的体现。

首先，法官的选择受到其他诉讼主体行为的制约。法官并非诉讼活动的唯一诉讼主体，法官必须对其他诉讼参与人特别是当事人的主张是否应予以支持做出回应，因此其他诉讼参与者的行为也可能构成法官决定是否引用 18 个市地方性法规时需要考量的因素。例如，当事人主张适用某一地方性法规或者以某一地方性法规中的具体条文作为请求权的基础时，法官不可避免地对是否支持该主张做出判断。又因为法官有义务回应当事人的主张并判断其是否成立，当事人主张部分引用地方性法规构成了法官在说理或判决部分引用地方性法规的正当性理由，此种“不得不回应”的处境降低了法官引用地方性法规的论证责任。因此前文分析发现，判决书中当事人主张部分引用 18 个市地方性法规显著提高了判决书说理或判决部分引用地方性法规的概率。

其次，案件类型不同，判决书适用地方性法规的必要性不同，法官承担的论证责任也不同。行政管理的复杂化使国家层面的某些法律往往缺乏可操作性，地方性法规中大量的行政法规范成为实施行政行为的重要依据。此种情况下，判断争议所涉行政行为是否违法，必须检视做出该行为所依据的地方性法规，因此判决书说理或判决部分显然“应当”引用地方性法规，法官无须就引用的必要性另做论证，从而降低了判决书引用的论证责任。相反，城市地方性法规较少涉及民商事内容，且《最高人民法院关于适用〈中华人民共和国合同法〉若干问题的解释(一)》第 4 条明确规定，地方性法规不得作为认定合同效力的依据。[①] 因此行政判决书引用18个市地方性法规的概率明显高于民事判决书。

再次，案件审级不同，判决书引用地方性法规面临的审查压力不同。显然一审判决书的上诉率明显超过二审判决书的再审率，因此二审判决书中引用地方性法规承担的审查压力要低于一审判决书，这就可以解释为何前文分析发现审级影响到判决书说理或判决部分引用地方性法规的概率。

最后，审判组织形式不同，则法官个体承担的责任不同。尽管在判决书中引用地方性法规需承担论证责任并承受上一审级的审查压力，从而形成阻碍法官引用地方性法规的反向激励，但激励的效果可能会因法院行使审判权的组织形式不同而不同。独任制下审判法官独任审判，需要独自承担引用地方性法规可能产生的责任和压力；相反，合议庭制度虽在运作中存在“合而不议”[②]的现象，但合议庭的集体性使引用地方性法规的责任带有集体性质，可能会引发责任分散效应而降低合议庭成员个人承担的责任和压力。因此可以合理认为，相对合议庭审理的案件，独任审理的案件中法官对引用地方性法规的态度更为消极。在这个意义上，审判组织形式也可能构成判决书是否引用地方性法规的影响因素之一。

这样一来，在以上因素的制约下形成的法官引用地方性法规的激励矩阵，就由表5变成表6，法官的理性选择也由不引用改变为尽量不引用或者有条件引用。

表6　　　　引用地方性法规激励矩阵二

	论证责任	审查压力
当事人主张	降低	不变
判决书类型	降低	不变
案件审级	不变	降低
审判组织形式	降低	降低

① 《最高人民法院关于适用〈中华人民共和国合同法〉若干问题的解释(一)》第4条规定：“合同法实施以后，人民法院确认合同无效，应当以全国人大及其常委会制定的法律和国务院制定的行政法规为依据，不得以地方性法规、行政规章为依据。”

② 罗金寿：《合议庭改革报告》，《学习与探索》2011年第2期。

五、结论与建议

“由于地方性法规的制定已经高度计划化、流程化和可控化，基本排除了适时提出立法案进行表决的可能性”①，地方性法规的制定主要行政机关提出议案并主持起草，导致地方性法规议案主体和起草主体高度重合；又由于地方人民代表大会会期、代表构成等多方面的限制，18个市地方立法权基本上由其人民代表大会常务委员会行使。在此背景下，这些城市制订的法规能否被纳入司法领域予以适用，对于增进地方立法的民主化和多元化具有重要意义。司法过程中，当事人是否引用18个市地方性法规本身即表征了地方性法规受到社会公众认可的程度，而人民法院通过判决书(特别是行政判决书)对地方性法规是否适用于系争案件进行审查，则在一定程度上强化了司法与地方立法和行政执法之间的互动关系，有助于避免地方性法规利益取向单一化。

然而，前文对18个市地方性法规司法引用情况的考察表明，民事和行政判决书引用这些地方性法规的频率非常低，且受到当事人主张与否、判决书类型、案件审级以及审判组织形式等多重因素的影响。进一步分析认为，导致这一现象的原因来自于两个方面：一是最高人民法院法规引用相关规定构成了对法官引用地方性法规的反向激励；二是当事人主张适用地方性法规、行政案件、二审案件审级以及合议庭审判组织等因素，可以在一定程度上缓解法官引用地方性法规时面临的压力，法官更愿意在包含这些因素的案件判决书中引用地方性法规。

基于以上实证和分析，在大范围授予设区的市的人民代表大会及其常务委员会立法权的形势下，如果提升设区的市地方性法规的判决书引用率是可欲的目标，则需要采取以下措施改进判决书引用地方性法规的激励机制：

一是统一引用法律和地方性法规的条件。修改《引用法律、法规等规范性法律文件的规定》第4条和第5条，不再强调引用地方性法规必须以“应当适用”为条件，对法律、行政法规和地方性法规在民事和行政案件中的适用与否，采取一视同仁的态度，由法官根据案件的具体情形决定是否引用。

---

① 郑泰安、李红军:《地方立法资源分配的选择性差异研究》,《社会科学战线》2016年第4期。

二是免除法官引用地方性法规的责任。任何判决书均可能因法律适用错误而被二审或者再审程序撤销或者改判，但除非基于非法目的枉法裁判，原则上法官无须为此承担法律责任和政治责任。这是因为裁判依赖于人的有限理性，很难认为二审法官的裁判就比一审法官的裁判更为正确，基于判决书被撤销或者改判而追究法官个人责任缺乏法理支持。同理，二审法院虽有权就一审判决书中引用地方性法规是否正确进行审查，但即便判决书因适用地方性法规错误被撤销或者改判，一审法官也不应对此承担法律上或者政治上的责任。

（原载于《山东大学学报（哲学社会科学版）》2018 年第 2 期）

新《环境保护法》实施对重污染企业的影响研究

——基于上市公司的分析

陈屹立　曾琳琳

一、问题的提出

中国经济经历前些年的高速增长后，引发了越来越严重的环境问题，人们对美好环境的需求越来越强烈，原有的经济增长模式迫切需要转换。在这样的背景下，环境管制变得更为严厉就显得顺理成章，其集中体现是 2015 年 1 月 1 日起正式施行的新《环境保护法》（以下简称新《环保法》）。

这部法律被媒体普遍称之为“史上最严”的环保法。新《环保法》的“严厉”在制度层面至少表现在以下几个方面：一是对违法违规企业确立按日计罚无上限的制度，环保法的威慑力得到提高；二是新《环保法》罕见地规定了行政拘留的处罚措施，对违法者将动用最严厉的行政处罚手段，也可以对排污设施进行查封、扣押，对排污企业责令停业、关闭；三是明确规定地方政府的环境保护责任，这对于环保法和相关环境政策的实施具有很强的针对性，有利于打破地方政府只顾 GDP 增长不顾环境的现实窘境；四是确立了环保公益诉讼制度。

除此以外，为落实好新《环保法》，相关配套的制度也陆续出台。截至 2017 年 3 月，环保部单独或会同有关部门共出台配套文件 35 件。[①] 为落实地方政

---

① 李彤、李南桦：《环保部部长陈吉宁：对环境违法行为零容忍　新环保法执行取得了积极进展》，http://env.people.com.cn/n1/2017/0309/c1010-29134951.html，访问时间：2017 年 12 月 12 日。

府的环境保护责任，2015 年中央全面深化改革领导小组通过《环境保护督察方案（试行）》，这是我国环境保护督政方面的重大创新，显示出巨大威慑力。以第四督查组为例，截至 2017 年 9 月 15 日，对督察组交办的环境举报，地方已办结 35039 件。其中责令整改 32602 家，立案处罚 9181 家，罚款 46583.84 万元，立案侦查 297 件，行政和刑事拘留 364 人，约谈 4210 人，问责 5763 人。①

在新《环保法》的实施方面，铁腕执法，力度不断加强。新《环保法》实施的首年，全国适用《环境保护法》配套办法的五类案件共计 11777 件，各级环保部门罚款 42.5 亿元，比 2014 年增长 30%多。2016 年，全国适用《环境保护法》配套办法的案件同比 2015 年上升 93%。② 2017 年前 11 个月，全国适用《环境保护法》配套办法的案件总数同比增长 102.4%。③ 为便于比较，笔者根据前述 2015、2016、2017 三年的相关数据进行计算，绘制表格如下：

表 1　　全国适用《环境保护法》配套办法的五类案件数量和增长率

案件	2015 年		2016 年		2017 年（前 11 月）	
	数量	同比增长率	数量	同比增长率	数量	同比增长率
按日连续处罚案件（件）	715	—	1017	42%	1046	31.1%
罚款金额（亿元）	42.5	—	66.33	56%	107.54	43.4%
查封扣押案件（件）	4191	—	9976	138%	16429	121.6%
限产、停产案件（件）	3106	—	5673	83%	7842	77.8%
移送行政拘留（起）	2079	—	4041	94%	7827	139.1%
移送涉嫌环境污染犯罪（件）	1685	—	2023	20%	2523	46.3%
总计	11777	—	22730	93%	35667	102.4%

总体来看，这几年的环境保护工作，无论从理念、法律制度还是从组织保

① 《第四批中央环保督察进驻结束因环境问题问责 5763 人》，http://news.xinhuanet.com/2017-09/18/c_1121679124.htm，访问时间：2017 年 12 月 12 日。

② 《环境保护部通报全国环境监管执法情况》，http://www.mep.gov.cn/gkml/hbb/qt/201704/t20170421_411898.htm?keywords=%E7%8E%AF%E4%BF%9D%E6%B3%95，访问时间：2017 年 12 月 12 日。

③ 《环境保护部通报 2017 年 11 月〈环境保护法〉配套办法执行情况》，http://www.mep.gov.cn/gkml/hbb/qt/201712/t20171226_428663.htm?keywords=%E9%85%8D%E5%A5%97%E5%8A%9E%E6%B3%95%E6%89%A7%E8%A1%8C，访问时间：2018 年 1 月 10 日。

证、检查督办、行政执法等方面都与以往有巨大变化。在如此严厉的执法力度面前,一些不同甚至质疑的声音也开始出现。一些人担忧和反映严厉的环保执法导致了部分原材料的价格上涨,有的企业因为环保执法不堪重负,甚至出现小企业的工人失业等①,对此环保部还专门回应并否认严格环保执法导致了原材料价格上涨②。这些争议都凸显出对这些问题进行严谨学术考察的必要。当然,对新《环保法》实施产生的经济后果的全面评估是一个比较大的课题,不可能在一篇文章中完成。在本文中,我们集中关注这几年新《环保法》的实施究竟对中国的企业产生了什么样的影响。尽管有关环境管制对企业影响的研究已经不是一个新鲜的话题,但在中国当前背景下,一方面要继续促进发展,另一方面要狠抓生态文明建设,如何真正实现"绿水青山就是金山银山"发展理念却是我们还要继续探索的问题。本文从微观角度考察新《环保法》实施对重污染企业的影响,为综合评估新《环保法》带来的政策效应提供支持。

二、文献回顾

基于本文研究主题,我们主要梳理了环境管制与企业方面的文献。环境管制对企业的影响大致包含三个方面:一是环境管制对企业成本和绩效的影响,二是对企业研发、创新和生产率的影响,三是对企业投融资及其他方面的影响。

环境管制对企业成本和绩效的影响是文献关注的重点。传统理论认为,环境管制对企业的排污行为带来种种限制,必然造成企业的成本增加,从而降低企业利润和绩效(Rassier and Earnhart, 2010③; Greenstone, et al.,

① 相关媒体报道很多,比如《关停、失业、怨声过后,环保执法还得"一刀切"》,http://www.sohu.com/a/165781293_549717;《环保风暴并未造成大批工人失业 地方经济不但没受影响反而实现增长》,http://www.zj178.com/wap/index.php? ac=article&at=read&did=715,访问时间:2018年1月10日。当然也有很多人反对这些说法。

② 阮煜琳:《环保部回应"严格环保执法导致原材料价格上涨"》,http://news.xinhuanet.com/2017-09/28/c_1121737072.htm,访问时间:2018年1月10日。

③ Rassier D G, Earnhart D, "The Effect of Clean Water Regulation on Profitability: Testing the Porter Hypothesis," *Land Economics*, 2010, 86(2), pp. 329-344.

2012[①])。不过,波特等人认为,环境管制也有可能促使企业为了符合环境要求而进行创新,这种创新很可能既减少了污染排放又增加企业效率,进而抵销环境管制对企业成本方面带来的不利影响,从而实现环境管制与企业双赢(Porter,1991[②];Porter and Linde,1995[③])。确实也有研究发现,环境规制对创新活动产生了积极影响(Rubashkina,et al. ,2015[④])。国内也有许多学者就这一问题进行了研究。涂红星等(2013)发现,环境管制并没有降低水污染密集型行业的经济绩效,除电力热力生产和供应业外,环境管制对其他 5 大行业的经济绩效都具有显著促进作用。[⑤] 侯伟丽和方浪(2012)也发现,环境管制增强有助于提高企业市场占有率和降低企业亏损,但这种环境管制与较长时期内企业竞争力的正向因果关系,并不否定短期内特定企业在环境管制的压力下会失去竞争力。[⑥] 有的研究发现,环境规制提高了规模较大企业的利润率,但是降低了规模较小企业的利润率(龙小宁、万威,2017[⑦])。有的从税收角度研究发现,环境规制强度的增加使得公司税负显著下降(曹越等,2017[⑧])。当然,也还有研究发现,环境管制对企业经营绩效并没有显著促进作用,且规制对不同工业企业绩效的影响存在差异(余伟等,2017[⑨])。

---

① Greenstone M,List J A,Syverson C,"The Effects of Environmental Regulation on the Competitiveness of U. S. Manufacturing," National Bureau of Economic Research Working Paper,NO. 18392, 2012, pp. 1-52.

② Porter M E,"America's Green Strategy," *Scientific American*,1991,264(4), pp. 193-246.

③ Porter M E and Class Van der Linde,"Toward a New Conception of the Environment-Competitiveness Relationship," *Journal of Economic Perspectives*,1995,9(4), pp. 97-118.

④ Rubashkina Y,Galeotti M,Verdolini E,"Environmental Regulation and Competitiveness: Empirical Evidence on the Porter Hypothesis from European Manufacturing Sectors," *Energy Policy*,2015,83(35), pp. 288-300.

⑤ 涂红星、肖序:《环境管制会影响公司绩效吗?——以中国 6 大水污染密集型行业为例》,《财经论丛》2013 年第 5 期。

⑥ 侯伟丽、方浪:《环境管制对中国污染密集型行业企业竞争力影响的实证研究》,《中国人口·资源与环境》2012 年第 7 期。

⑦ 龙小宁、万威:《环境规制、企业利润率与合规成本规模异质性》,《中国工业经济》2017 年第 6 期。

⑧ 曹越、陈文瑞、鲁昱:《环境规制会影响公司的税负吗?》,《经济管理》2017 年第 7 期。

⑨ 余伟、陈强、陈华:《环境规制、技术创新与经营绩效——基于 37 个工业行业的实证分析》,《科研管理》2017 年第 2 期。

环境管制对企业研发、创新和生产率的影响。自从波特提出他们的看法之后,这方面的文献陡增。有诸多文献发现环境规制对企业研发有促进作用(曾义等,2016[①];余伟等,2017),有助于引致工业企业的技术创新(许士春等,2012[②])。有的研究发现,环境管制不仅能够促进企业的技术创新,而且技术创新为企业带来的实际收益在弥补企业绩效损失后,还能够为企业带来额外的效益(何红渠、黄凌峰,2017[③])。当然,也有的研究发现环境管制对重污染行业的技术创新是负面影响(余东华、胡亚男,2016[④])。还有许多文献关注了环境管制与企业的效率问题,有的研究发现环境规制降低了企业的全要素生产率,当然,这对不同地区(许彦坤、祁毓,2017[⑤])或不同所有制企业有所差异(张志强,2017[⑥])。有的研究发现环境规制与企业全要素生产率之间存在倒U形关系(刘和旺等,2016[⑦]),还有的研究发现符合倒N形关系(王杰、刘斌,2014[⑧])。

环境管制对企业投融资和其他方面的影响。一些文献关注了重污染企业的融资问题,它们发现雾霾这样的事件不利于重污染企业的融资(盛明泉等,2017[⑨])。有的研究关注了企业的投资问题,发现环境管制强化了企业环保投资与股权资本成本之间的倒U形关系(李虹等,2016[⑩])。还有的基于2015年

---

① 曾义、冯展斌、张茜:《地理位置、环境规制与企业创新转型》,《财经研究》2016年第9期。

② 许士春、何正霞、龙如银:《环境规制对企业绿色技术创新的影响》,《科研管理》2012年第6期。

③ 何红渠、黄凌峰:《征收排污费能有效提高企业绩效吗?》,《财经问题研究》2017年第7期。

④ 余东华、胡亚男:《环境规制趋紧阻碍中国制造业创新能力提升吗?——基于"波特假说"的再检验》,《产业经济研究》2016年第2期。

⑤ 许彦坤、祁毓:《环境规制对企业生产率影响再评估及机制检验》,《财贸经济》2017年第6期。

⑥ 张志强:《环境规制提高了中国城市环境质量吗?——基于"拟自然实验"的证据》,《产业经济研究》2017年第3期。

⑦ 刘和旺、郑世林、左文婷:《环境规制对企业全要素生产率的影响机制研究》,《科研管理》2016年第5期。

⑧ 王杰、刘斌:《环境规制与企业全要素生产率——基于中国工业企业数据的经验分析》,《中国工业经济》2014年第3期。

⑨ 盛明泉、汪顺、张春强:《"雾霾"与企业融资——来自重污染类上市公司的经验证据》,《经济评论》2017年第5期。

⑩ 李虹、娄雯、田马飞:《企业环保投资、环境管制与股权资本成本——来自重污染行业上市公司的经验证据》,《审计与经济研究》2016年第2期。

实施的新《环保法》研究新法实施对重污染企业股价的冲击，结果发现"新法"颁布和实施均造成了资本市场显著的负面效应（张根文、张王飞，2017①）。还有一些文献关注了环境管制与企业出口（申萌等，2015②）。

总体来看，现有文献对于环境管制与企业方面的研究是很多的。但是到目前为止，尽管这几年中国的环境保护在法律制度、行政执法、检查督办等方面都与以往有巨大变化，却尚无文献对其经济效应进行研究，这是本文努力的方向。

三、方法、数据与变量选取

（一）方法选择

新《环保法》及其后续的严厉执法是政府的行为，对于所有企业来讲都是外生事件。同时，企业事先不可能预知未来的环保立法和执法力度，企业很难说因为新《环保法》的出台而自我选择进入哪一行业，至少在短期内是几乎不可能实现的。尽管新《环保法》对所有企业是一样的，但不同行业天然形成的污染排放不同却导致其对不同企业的影响有很大差异。重污染行业显然首当其冲，而有些行业或许几乎不受到什么影响，因此新《环保法》的出台可以认为是一次难得的准自然实验。此时双重差分模型可以用来识别这种政策带来的因果效应，非常适合我们用来评估新《环保法》的政策效果。同时，我们也可利用倾向得分匹配双重差分法来进行稳健性检验。

（二）数据来源

本文聚焦于新《环保法》对企业的影响，但新《环保法》实施刚三年，而企业层面的数据具备可获得性的目前只有上市公司。因此，本文暂时以上市公司为样本进行研究，当然，这也意味着本文的研究结论只能局限于上市公司，不能进行外推。

---

① 张根文、张王飞：《盈利能力、环境执法与环保法律实施的股价冲击——基于新〈环境保护法〉出台的事件研究》，《贵州财经大学学报》2017 年第 1 期。

② 申萌、曾燕萍、曲如晓：《环境规制与企业出口：来自千家企业节能行动的微观证据》，《国际贸易问题》2015 年第 8 期。

我们选取我国沪深两市A股所有B、C、D[①]一级行业分类中的上市公司作为初始样本,样本期间为2010～2016年。根据文献惯例,我们还将样本数据作如下处理:(1)剔除交易状态异常(ST、* ST、PT)的企业;(2)剔除持续经营不满三年的企业;(3)剔除数据严重缺失的企业,对个别缺失值作插值处理;(4)剔除极端值,对所有连续变量作上下1分位的winsorize处理。经过筛选,最终得到9659个样本(由于缺失值,成本数据样本为9543个)。本文中财务数据来自CCER数据库,公司特征数据来自RESSET数据库,数据通过手工比对合并。

1. 处理组的选择

根据环保部公布的《上市公司环境信息披露指南》及《上市公司环保核查行业分类管理名录》,火电、钢铁、水泥、电解铝、煤炭、冶金、化工、石化、建材、造纸、酿造、制药、发酵、纺织、制革和采矿业等16类行业为重污染行业,经过数据处理后,本文共涉及649家重污染上市公司。同时参照现有文献的做法(倪娟和孔令文,2016[②]),根据《上市公司行业分类指引》将以上企业作为处理组。[③]

2. 对照组的选择

由于使用DID方法要求处理组和对照组的样本在政策施行前具有同质性,为避免不同行业天然形成的污染排放差异,因此我们采取简易匹配规则,即将上述重污染企业同门类中的其他上市公司作为非重污染企业,设为对照组。[④] 同时,我们也利用服务业这些污染很少甚至几乎无污染的企业作为对照组进行稳健性检验。

---

① 根据证监会《上市公司分类指引(2012年修订)》的行业划分,B类为采矿业,C类为制造业,D类为电力、热力、燃气及水生产和供应业。

② 倪娟、孔令文:《环境信息披露、银行信贷决策与债务融资成本——来自我国沪深两市A股重污染行业上市公司的经验证据》,《经济评论》2016年第1期。

③ 根据《上市公司分类指引(2012年修订)》行业划分,选取B06煤炭开采和洗选业、B07石油和天然气开采业、B08黑色金属矿采选业、B09有色金属矿采选业、C17纺织业、C19皮革、毛皮、羽毛及其制品和制鞋业、C22造纸和纸制品业、C25石油加工、炼焦和核燃料加工业、C26化学原料和化学制品制造业、C27医药制造业、C28化学纤维制造业、C29橡胶和塑料制品业、C30非金属矿物制品业、C31黑色金属冶炼和压延加工业、C32有色金属冶炼和压延加工业、C33金属制品业、D44电力、热力生产和供应业共17个行业作为重污染行业。

④ 根据《上市公司分类指引(2012年修订)》的行业划分,选取B、C、D一级行业分类(同门类)中的其余行业,共有24个行业作为非重污染行业。

（三）变量的选取

1. 被解释变量

本文主要关注企业各项财务指标在新《环保法》实施之后发生的变化，因此选取营业总成本（*cost*，百万）、营业收入（*income*，百万）、利润总额（*profit*，百万）以及营业收入增长率（*growth*）作为被解释变量。

2. 解释变量

政策是否实施（$period_t$）的虚拟变量。若时间 t 为政策实施的 2015 年及之后，则 $period_t=1$；若时间 t 为 2015 年之前，则 $period_t=0$。

企业是否受到新《环保法》影响（$treated_i$）的虚拟变量。若企业 i 为重污染企业，则为处理组 $treated_i=1$；若企业 i 为非重污染企业或无污染企业，则为对照组 $treated_i=0$。

核心解释变量政策净效应（did_{it}），即 $treated_i$ 和 $period_t$ 的交叉项，反映了在 t 时期、i 企业是否受到了“处理”。若 i 是重污染企业，则在新环保法实施前 $did_{it}=0$，实施后 $did_{it}=1$；若 i 为非重污染企业或无污染企业，则不管政策是否实施，did_{it} 均为 0。

3. 控制变量

影响企业绩效的因素有很多，参考已有的文献（倪娟、孔令文，2016；盛明泉等，2017），本文选取了公司特征以及地区特征作为控制变量。具体变量的符号及定义见表 2。

表 2　变量符号及定义

变量类型	名称	符号	定义
被解释变量	营业总成本（百万元）	*cost*	营业成本＋营业税金及附加＋销售费用＋管理费用＋财务费用＋资产减值损失
	营业收入（百万元）	*income*	主营业务收入＋其他业务收入
	利润总额（百万元）	*profit*	利润总额＝营业利润＋补贴收入＋营业外收入－营业外支出
	营业收入增长率（%）	*growth*	本年营业收入增长/上一年营业收入×100%
	成本利润率（%）	*back*	利润总额/营业总成本×100%

续表

变量类型	名称	符号	定义
解释变量	是否受到新环保法影响	*treated*	重污染企业取值为 1,非重污染企业为 0
	政策是否实施	*period*	政策实施 2015 年及之后取值为 1,2015 年以前取值为 0
	政策净效应	*did*	*treated* 与 *period* 的交叉项
控制变量	公司年龄	*age*	当年减去公司成立年份
	股权性质	*state*	国有控股=1,非国有控股=0
	独立董事人数	*indep_director*	担任独立董事的人数
	股权集中度	*cr_5*	公司前 5 位大股东持股比例之和
	资产收益率	*roa*	净利润/平均资产总额×100%
	资产负债率	*level*	负债合计/资产合计×100%
	公司规模	*size*	公司规模=(总资产+1)取对数
	地区特征	*area*	东部地区=1,中西部地区=0

四、模型设定及实证分析

(一)基本模型设定

本文设定如下双重差分估计模型:

$$y_{it}=\beta_0+\beta_1 did_{it}+\beta_2 period_t+\beta_3 treated_i+\lambda Z+\mu_{it}$$

其中,*period* 表示政策是否实施的时间虚拟变量,*treated* 表示样本分组的虚拟变量,*did* 表示时间虚拟变量与分组虚拟变量的交叉项,Z 为控制变量,μ 为不可观测因素。

(二)实验前测:平行趋势检验

使用双重差分模型最关键的前提假设为平行趋势(common trend),即政策事件发生前,处理组与对照组的趋势具有一致性。因此,在进行回归分析前有必要进行平行趋势的检验。

我们根据时间趋势图发现,除营业收入增长率外,重污染企业与非重污染企业的营业总成本、营业收入、利润总额均具有大致平行的趋势,可以粗略认为满足平行趋势假定。我们进一步借鉴周黎安等(2005)①所采取的实验前测方法,通过对政策实施前两组企业的回归,来研究重污染企业与非重污染企业在新《环保法》实施前的各项指标是否具有明显差异。回归结果显示②,新《环保法》实施前,除利润总额外,重污染企业与非重污染企业的营业总成本、营业收入以及营业收入增长率均没有显著差异,进一步地支持了两组企业的选取基本具有同质性。

(三)基本回归:双重差分估计

双重差分估计结果如表3所示,模型(1)(3)(5)(7)未加入控制变量,(2)(4)(6)(8)加入了企业特征和地区特征。结果显示:(1)新《环保法》的实施对重污染企业的营业成本和营业收入影响均为负,但不显著;(2)新《环保法》的实施对重污染企业利润总额的影响在10%的显著性水平上显著为负;(3)新《环保法》的实施对重污染企业的营业收入增长率具有显著负面影响。

表3　新《环保法》实施的政策效果:DID估计结果

	cost	*cost*	*income*	*income*	*profit*	*profit*	*growth*	*growth*
	(1)	(2)	(3)	(4)	(5)	(6)	(7)	(8)
did	−635.92 (−1.12)	−403.68 (−1.00)	−811.75 (0.172)	−490.93 (−1.19)	−72.33 (−1.40)	−65.33* (−1.71)	−7.03*** (−5.92)	−6.81*** (−6.13)
treated	2399.26*** (7.55)	−257.45 (−1.12)	2632.72*** (7.99)	−238.19 (−1.02)	131.44*** (4.58)	−44.00** (−2.05)	−1.02 (−1.56)	−0.13 (−0.2)
period	1094.37*** (2.90)	−2103.67*** (−7.57)	1042.14*** (2.64)	−2225.85*** (−7.8)	61.31* (1.78)	−91.76*** (−3.49)	−1.97** (−2.51)	1.86** (2.43)
age		15.73 (0.92)		13.38 (0.77)		−0.47 (−0.3)		−0.42*** (−8.95)
state		569.75** (2.50)		621.34*** (2.67)		74.65*** (3.48)		−4.75*** (−7.61)
indep_ director		329.75*** (3.26)		383.10*** (3.7)		28.55*** (3)		−0.92*** (−3.33)
cr_5		8323.94*** (12.87)		8890.34*** (13.43)		404.47*** (6.63)		−5.62*** (−3.17)

① 周黎安、陈烨:《中国农村税费改革的政策效果:基于双重差分模型的估计》,《经济研究》2005年第8期。

② 限于篇幅,时间趋势图、回归结果略去,有兴趣的可向作者索取。

续表

	cost	cost	income	income	profit	profit	growth	growth
	(1)	(2)	(3)	(4)	(5)	(6)	(7)	(8)
roa		−107.30*** (−5.25)		−36.11* (−1.73)		63.27*** (32.88)		1.89*** (33.78)
level		−26.35*** (−4.24)		−31.93*** (−5.04)		−6.52*** (−11.16)		0.28*** (16.57)
area		1486.52*** (7.24)		1547.96*** (7.39)		116.72*** (6.05)		0.01 (0.02)
size		7507.89*** (72.44)		7992.09*** (75.68)		625.24*** (64.28)		−0.74*** (−2.6)
_cons	4109.50*** (19.35)	−164026.6*** (−80.57)	4406.50*** (19.96)	−174934.1*** (−84.43)	361.55*** (18.79)	−13716.62*** (−71.87)	16.46*** (37.4)	24.35*** (4.38)
n	9543	9543	9659	9659	9659	9659	9659	9659
R^2	0.0079	0.2650	0.0081	0.5201	0.0022	0.4609	0.0142	0.1379

注:(1)***表示在1%的显著性水平上显著,**表示在5%的显著性水平上显著,*表示在10%的显著性水平上显著;(2)括号内数字表示 t 统计量。以下各表含义相同。

(四)不同企业是否受到了不同影响

上述结果是基于总样本得出的,但是环保执法未必对所有企业是完全同等对待的。环保执法是否对民营企业会更严厉,而对国有企业会更宽松?进而环保执法对它们的影响显示出较大差异?另外,与规模更大的公司相比,环保执法是否会对相对更小的公司产生更大的影响?为此我们区分了不同规模的公司重新进行回归。

1. 国有企业与民营企业

根据 CCER 数据指标说明中对“最终控制人类型”的定义和划分依据,提取第一大股东的最后控股股东类型中“0(国有控股)”为国有企业、“1(民营控股)”为民营企业,具体结果如表 4 所示。

表 4　新《环保法》对国有企业和民营企业的影响

	cost	cost	income	income	profit	profit	growth	growth
	国企	民营	国企	民营	国企	民营	国企	民营
did	−1013.15 (−1.07)	−110.74 (−0.38)	−1052.08 (−1.10)	−83.54 (−0.28)	−69.98 (−0.76)	−5.46 (−0.22)	−7.19*** (−4.29)	−5.98*** (−4.01)
Z	控制	控制	控制	控制	控制	控制	控制	控制
n	3241	6081	3299	6133	3299	6133	3299	6133
R^2	0.5714	0.3468	0.5917	0.3608	0.5397	0.4357	0.1644	0.1207

回归结果与全样本回归结果一致，成本、收入及利润指标不显著，而营业收入增长率均显著为负。从上述结果来看，新《环保法》的实施对国有企业和民营企业的影响是一致的，并未表现出对国有企业的偏爱。

2. 不同资产规模和不同税收规模企业

分别将公司资产规模和税收规模指标从小到大排列，分为三等份，取前1/3为小规模企业、后 1/3 为大规模企业，分别对应低资产企业和低税收企业、高资产企业和高税收企业。

（1）不同资产规模：低资产与高资产企业（见表 5）

表 5　新《环保法》对低资产与高资产企业的影响对比

	cost	*cost*	*income*	*income*	*profit*	*profit*	*growth*	*growth*
	低	高	低	高	低	高	低	高
did	−71.40 (−1.52)	−736.28 (−0.74)	−66.91 (−1.10)	−694.65 (−0.69)	−1.26 (−0.35)	−15.94 (−0.18)	−8.81*** (−4.59)	−5.10*** (−2.82)
Z	控制	控制	控制	控制	控制	控制	控制	控制
n	3187	3160	3217	3218	3217	3218	3217	3218
R^2	0.2195	0.5790	0.2448	0.6028	0.7210	0.6104	0.1458	0.1868

注：将全样本企业按资产高低分为三等份，去除中间部分企业，对比低资产和高资产企业。

回归结果显示，无论何种规模企业的成本、收入、利润均未受到显著影响，而营业收入增长率受到显著负面影响，表明新法实施并未对大企业表现出特别的庇护。

（2）不同税收规模：低税收与高税收企业（见表 6）

表 6　新《环保法》对低税收与高税收企业的影响对比

	cost	*cost*	*income*	*income*	*profit*	*profit*	*growth*	*growth*
	低	高	低	高	低	高	低	高
did	29.36 (0.45)	−1030.83 (−1.05)	27.74 (0.43)	−1014.05 (−1.03)	−11.13** (−2.33)	−67.90 (−0.76)	−9.23*** (−4.46)	−3.09* (−1.73)
Z	控制	控制	控制	控制	控制	控制	控制	控制
n	3186	3169	3221	3219	3221	3219	3221	3219
R^2	0.5455	0.5771	0.5414	0.6029	0.5370	0.5994	0.1433	0.1822

注：将全样本企业按税收高低分为三等份，去除中间部分企业，对比低税收和高税收企业。

回归结果显示，在成本、收入指标上，低税收企业与高税收企业受到的影响均不显著；在利润指标上，低税收企业受到了明显的负面影响；在营业收入增长率指标上，低税收企业与高税收企业受到的负面影响分别在1%和10%的显著性水平上显著，且低税收企业受到的冲击更大。从上述分析来看，低税收企业的盈利水平和成长能力似乎更容易受到冲击。

五、稳健性讨论①

(一)倾向得分匹配双重差分模型

本文实验前测部分的时间趋势图显示，企业营业收入增长率在新法实施前处理组与对照组的时间趋势并不完全相同；同时政策实施前的回归分析又显示出，处理组与对照组企业的利润总额指标在政策实施前就具有明显差异，因此可能存在一定程度的选组非同质性。而DID模型要求处理组和对照组要具有共同趋势，这一项假设往往难以严格满足，于是Heckman et al.(1997)提出用PSM-DID模型来解决这一问题(具体见表7)。②

表7　　新环保法实施的政策效果:PSM-DID估计结果

	(1) *cost*	(2) *income*	(3) *profit*	(4) *growth*
PSM-DID估计量	−894.21 (1.38)	−1.3e+03* (1.9)	−84.32 (1.39)	−5.76*** (4.99)
新环保法实施前差分	−103.40 (−0.29)	−135.66** (−0.36)	−68.18** (−2.03)	0.01 (0.02)
新环保法实施后差分	−997.62* (1.85)	−1.4e+03 (2.52)	−152.50*** (3.01)	−5.74*** (5.97)

PSM-DID模型的估计结果显示：

(1)新《环保法》的实施对重污染企业的营业总成本和利润总额无显著影响，而对营业收入在10%的显著性水平上显著。与DID的估计结果相比，成本

① 限于篇幅，稳健性讨论中的安慰剂检验、替换被解释变量、替换对照组均没有汇报详细结果，有需要者可向作者索取。

② Heckman J J, Ichimura H, Todd P E, "Matching as an Econometric Evaluation Estimator: Evidence from Evaluating a Job Training Programme," *Review of Economic Studies*, 1997, 64(4), pp. 605-654.

结果一样，但利润和收入有所差异。

(2)新《环保法》的实施对重污染企业的营业收入增长率具有显著影响。这点与 PSM-DID 估计结果一致。

(二)安慰剂检验

在基本回归结果中，利润和收入增长率是显著的，为此我们进一步进行“安慰剂”检验，即虚拟在某一个时点上实施了新《环保法》。那么由于在该时点上并未真实实施新《环保法》，因此不会观察到显著的政策冲击，若回归结果显著，则说明了基本回归模型中估计出的显著冲击没有意义。

安慰剂检验结果显示：在其他年份虚拟新《环保法》的实施，对重污染企业利润总额和营业收入增长率的影响依然是显著的，说明基本回归模型估计结果的显著性没有意义，其影响并非来自新法实施的冲击。[①]

(三)替换被解释变量

我们进一步地通过替换被解释变量来进行稳健性检验。选取成本利润率(back)来作为衡量企业绩效的另一代理变量。成本利润率是企业经营耗费所带来的经营成果，反映了企业投入单位成本所带来的利润，成本利润率越高企业的经济效益则越好。结果发现，虽然双重差分估计量显著，但安慰剂检验中也是显著的，说明重污染企业的成本利润率的变化并不是来自 2015 年新《环保法》的政策冲击。

(四)替换对照组

为进一步进行稳健性检验，我们也利用服务业这些污染很少甚至几乎无污染的企业作为对照组。进行实验前测平行趋势检验发现，重污染企业与服务业企业在新环保法实施前除利润总额外其他指标均具有明显差异，不满足共同趋势的前提，因此用 PSM-DID 模型来修正异质性问题。替换对照组之后的结果显示，成本、收入、利润以及营业收入增长率均在不同的显著性水平上显著，但安慰剂检验下各指标也均显著，因此可认为回归结果的显著性没有意义，结论与前面保持一致。

---

① 我们对分样本也进行了安慰剂检验，结果与总样本结果一致。

六、为什么新《环保法》对上市公司没有带来显著负面影响

通过以上一系列的计量分析可以发现,新《环保法》实施对重污染企业绩效并未产生显著影响,如果更严谨一些,至少在两年的短期内没有产生显著影响。那么为什么号称史上最严的新《环保法》对它们没有产生显著影响呢?我们首先提供几个备选的解释,并分析各个备选解释的合理性。当然,受资料和数据等方面的限制,本文还无法完全确定造成上述结果究竟是源于哪一个或几个原因。

(一)可能的原因一:上市公司合规程度相对更高

环保法律主要是通过合规成本来影响企业绩效的,但是如果企业在合规性方面本来就做得相对比较好,那么环保法律就不会对其产生较大影响。任何国家的环保立法和执法都是根据其实际情况而进行的,环保标准也应该要与现实情形相匹配,环保法律的执行影响最大的必然是在当时条件下合规性做得最差的企业。从绝对意义上讲,我们很难说中国的上市公司整体上一定在环保方面做得非常好,但是在相对意义上讲,上市公司在所有企业中环保合规性方面应该是做得比较好的。而环保执法肯定首先主要是针对那些合规性做的最差的企业,它们受到的冲击一定是最大的,而合规性做得相对较好的企业受到的冲击一定相对比较小。所以从这一点讲,我们以上市公司为样本进行研究,得出上面的结论也许就是可以理解的了。

那么,上市公司的合规程度确实相对更高吗?据证券时报上市公司社会责任研究中心和公众环境研究中心联合发布的《上市公司污染源在线监测风险排行榜 2015 年度总结》显示,上市公司总体的环境信息披露状况尽管还有很大改进的空间,但其环境信息公开水平已经明显高于国家重点监控企业。在一年的检测周期内,共有 141 家上市公司上榜,多数均属上市公司或关联方因污染物排放超标而上榜,其中 28 家企业对上榜进行了回复且后续都基本达标。由中国政法大学等 6 家高校联合组成的课题组对新《环保法》实施的评估

也发现，在他们的抽样企业中，大企业的排污达标率更好，国控企业减排领先。[①] 所以从总体来看，尽管上市公司在环境合规性方面还有很大的改进空间，但总体来讲合规性应该是相对较高的。

上市公司在环境合规性方面还面临着一个另外的威慑渠道，这就是资本市场。上市公司如果出现重大的环境事故或者重大环境污染事件而遭遇政府部门执法，这种信息的披露可能对其在资本市场的表现产生重要影响。以紫金矿业为例的研究中就发现，无论A股还是H股市场都能够对重大环境污染事故做出显著负面反应（沈红波等，2012[②]），而基于上市公司149起环境事件的分析表明，总体上看环境事故信息没有成为股票价格下行的显著信号，但2008年后负面效应明显得到增强（王遥、李哲媛，2013[③]）。基于新《环保法》的研究也发现，新《环保法》的颁布和实施均对A股重污染企业上市公司的股价造成了显著冲击（张根文、张王飞，2017）。因此，作为上市公司一定会比中小企业有着更多的忌惮，在合规性方面至少要尽可能不出现严重的环境违规事件。

除了资本市场的威慑力外，上市公司还可能存在激励效应。研究发现，上市公司更多的环境信息披露有助于减少公司与银行之间的信息不对称从而获得更多的银行贷款，并且融资成本也越低（倪娟，孔令文，2016），而且信息披露质量越高越有助于公司获得银行信贷（倪娟，2016[④]）。如果要披露更多和更高质量的环境信息，那么企业必须尽可能在环保方面做得更好。研究显示，企业较好的环境表现有助于获得较多且较为长期的新增贷款（沈洪涛、马正彪，2014[⑤]），而在投资者方面，机构投资者也往往倾向于减少对污染企业的投资，这导致了污染企业资本成本的升高，企业为此而支付了“污染环境的代价”（李

---

① 王灿发等：《新环境保护法实施情况评估报告（下）》，http://huanbao.bjx.com.cn/news/20160525/736478.shtml，访问时间：2018年1月12日。

② 沈红波、谢越、陈峥嵘：《企业的环境保护、社会责任及其市场效应——基于紫金矿业环境污染事件的案例研究》，《中国工业经济》2012年第1期。

③ 王遥、李哲媛：《我国股票市场的绿色有效性——基于2003～2012年环境事件市场反应的实证分析》，《财贸经济》2013年第2期。

④ 倪娟：《环境信息披露质量与银行信贷决策——来自我国沪深两市A股重污染行业上市公司经验证据》，《财经论丛》2016年第3期。

⑤ 沈洪涛、马正彪：《地区经济发展压力、企业环境表现与债务融资》，《金融研究》2014年第2期。

培功、沈艺峰,2011①)。所以如果上市公司在环境合规性方面做得更好,会对公司产生多方面的好处,因此上市公司应该更有意愿做得更好。

从现实情况看,据《上市公司污染源在线监测风险排行榜2015年度总结》披露,国控企业中开展了自行监测的企业比例为73.2%,上市公司中公开了监测数据的企业占比为90%②,可见上市公司的信息公开水平还要高于国控企业,更不用说高于其他普通企业了。环境信息公开对企业环保合规性的影响不言而喻,因此可以推断中国上市公司总体的环保合规性是有相对优势的。

综合上述,上市公司在环境合规性方面面临着比其他企业更多的威慑渠道,更好的激励和信息披露要求,无论从理论还是现实情况看,它们的总体合规性都应该会更高,因此受到新《环保法》的冲击就更小。

(二)可能的原因二:上市公司存在波特效应

正如前面所提到的,如果企业在面临环境管制时激发的是其创新动力,那么很有可能因为公司的创新而抵销了合规成本方面的消极影响,最终实现环境与公司(经济发展)的双赢。那么是因为我国的上市公司已经存在波特效应,所以哪怕严厉的环保执法也没有对它们产生消极影响吗?

就国内目前的研究来看,确实有文献发现环境规制有助于促进污染企业的研发投入(颉茂华等,2014③),引致工业企业的技术创新(许士春等,2012;余伟等,2017),提升污染企业的创新投入水平从而促进企业转型(曾义等,2016),环境管制的加强能够加速中国工业的绿色技术进步(景维民、张璐,2014④)。基于中国A股上市公司的研究也发现,企业绩效因征收排污费受到一定的负面影响,但也在一定程度上刺激了企业的技术创新,且技术创新为企业带来的实际收益不仅能够弥补企业绩效的损失,还能够为企业带来额外的

① 李培功、沈艺峰:《社会规范、资本市场与环境治理:基于机构投资者视角的经验证据》,《世界经济》2011年第6期。

② 证券时报上市公司社会责任研究中心、公众环境研究中心:《上市公司污染源在线监测风险排行榜2015年度总结》,http://www.ipe.org.cn/reports/Reports.aspx? cid=18335,访问时间:2018年1月12日。

③ 颉茂华、王瑾、刘冬梅:《环境规制、技术创新与企业经营绩效》,《南开管理评论》2014年第6期。

④ 景维民、张璐:《环境管制、对外开放与中国工业的绿色技术进步》,《经济研究》2014年第9期。

效益(何红渠,黄凌峰,2017)。宏观方面的大多数研究文献也是比较支持波特假说的(陈诗一,2010①;祁毓等,2016②)。中国的环境管制总体上提升了全要素生产率(陈诗一,2010;李树、陈刚,2013③;李树、翁卫国,2014④)。当然,也有少数文献发现环境规制降低了企业的全要素生产率,只不过不同所有制或不同地区有所差异(张志强,2017;许彦坤、祁毓,2017)。

具体到我们的实证结论上来,如果真如大多数文献所揭示的,中国的企业已经存在波特效应,严厉的环境管制自然也就不会产生显著的负面效应。但如果现在并不存在波特效应,我们相信在新《环保法》实施的短短几年内,应该也不可能产生明显的变化,哪怕新《环保法》促使了企业创新,也不太可能在如此短的时间内显示出明显的效果。事实上,有文献就发现,即使环境管制提升了企业的研发投入,但研发对经营绩效的影响存在滞后效应(颉茂华等,2014)或者并没有显著促进作用(余伟等,2017)。所以,如果是因为波特效应的存在,也一定是在此之前就已经初步凸显了波特效应,而不是新《环保法》实施以后。当然,新《环保法》有可能加速了这个过程。至于新《环保法》的严厉执法是否进一步促进了波特效应,则需要在更长的时期内才能加以观察。

我们在样本中采用分层抽样法随机抽取了10家上市公司⑤,更细致地观察了他们的研发、专利和公司绩效状况。通过各个公司2013～2016年披露的年度报告及社会责任报告等发现,随着研发投入增加,公司会取得一定的创新成果(比如专利获得、技术改造升级)。同时也可以发现,研发投入与企业利润之间存在着一定的正向关系。随着同年和次年研发投入的持续增加,尽管同年的利润可能会有所下降,但往往后面年份的利润会有增加。这反映出上市公司能够通过研发和创新促进企业绩效,尽管存在着明显的滞后效应。从样本看,似乎存在着一定的波特效应。

---

① 陈诗一:《节能减排与中国工业的双赢发展:2009～2049》,《经济研究》2010年第3期。

② 祁毓、卢洪友、张宁川:《环境规制能实现"降污"和"增效"的双赢吗——来自环保重点城市"达标"与"非达标"准实验的证据》,《财贸经济》2016年第9期。

③ 李树、陈刚:《环境管制与生产率增长——以APPCL2000的修订为例》,《经济研究》2013年第1期。

④ 李树、翁卫国:《我国地方环境管制与全要素生产率增长——基于地方立法和行政规章实际效率的实证分析》,《财经研究》2014年第2期。

⑤ 这10家上市公司是:南玻集团、通化金马药业、达安基因、联化科技、闰土股份、三圣特材、金力泰化工、民丰特纸、驰宏锌锗、新奥股份。

总体来讲,基于现有大量文献的研究以及抽取的样本公司来看,应该更倾向于认为上市公司至少一定程度上存在波特效应。

(三)可能的原因三:环保执法侧重于针对小企业?

新《环保法》没有对上市公司产生显著影响有没有可能是环保执法方面的原因呢?我们从各种渠道中能够发现诸多有用的信息。

一是政府主管部门确实多次强调针对"小散乱污"企业的治理问题,而且对它们的执法非常严厉。要求突出重点难点,对"散乱污"企业"先停后治",坚决杜绝"散乱污"企业异地转移和死灰复燃。① 环保部门针对京津冀地区的大气污染指出:污染源主要是两类,一是重点污染源,二是"小散乱污"的污染源,而且表示要开展专项行动对重点地区的小散污企业进行清理。② 一些地方环保部门披露的信息也能够佐证这一政策的地方执行情况。③

二是很多小企业环境合规性确实做得非常糟糕。一些"散乱污"的企业,它的环保成本基本等于零,普遍没有土地、环保等手续,生产过程中大都存在违法生产、超标排放、未安装污染治理设施、治污设施不运行不正常等问题。④ 这从侧面也印证了如下判断:尽管大企业做得还不够理想,但相比于小企业,上市公司的环境合规性肯定是要好很多的。

三是虽然针对上市公司的执法还有待加强,但严厉执法手段也在使用。据《上市公司污染源在线监测风险排行榜 2015 年度总结》⑤披露,监测到数值超标的企业中仅有 40%有环境处罚记录。说明新《环保法》虽然在立法上有了相当严格地规定,但执行起来仍具有一定的现实约束。另外,有些环境违法行

① 《张高丽出席京津冀及周边地区大气污染防治协作机制第十次会议并讲话》,http://www.zhb.gov.cn/xxgk/hjyw/201708/t20170801_418973.shtml,访问时间:2018 年 1 月 15 日。

② 《环保部将强化小散乱污企业整治　提高行业排放标准》,http://finance.sina.com.cn/roll/2017-01-09/doc-ifxzkfuh6143597.shtml? cre=financepagepc&mod=f&loc=5&r=9&doct=0&rfunc=100,访问时间:2018 年 1 月 15 日。

③ 绍兴市柯桥区环保局:《新〈环保法〉实施后的执法实践与思考——以柯桥区为例》,http://www.zjfzb.gov.cn/n134/n143/c140351/content.html,访问时间:2018 年 1 月 15 日。

④ 《环保部坚决反对执法"一刀切",对违法企业零容忍》,http://finance.sina.com.cn/roll/2017-08-22/doc-ifykcqaw0827943.shtml,访问时间:2018 年 1 月 15 日。

⑤ 证券时报上市公司社会责任研究中心、公众环境研究中心:《上市公司污染源在线监测风险排行榜 2015 年度总结》,http://www.ipe.org.cn/reports/Reports.aspx? cid=18335,访问时间:2018 年 1 月 15 日。

为的处罚对上市公司来讲，还不足以影响其财务绩效。这除了环境处罚本身未必很重以外，也跟违法行为不一定都很严重以及上市公司庞大的规模有关系。毕竟环境执法针对的都是具体环境违法行为，所以受处罚的都是上市公司位于某地的一个工厂，而不是针对上市公司的所有生产基地，除非是非常重大的环境污染事故，否则这种惩罚对整个上市公司而言肯定是影响比较小的。当然，也不能因为政府主管部门强调针对“小散乱污”的治理而以为对上市公司就手软。从对上市公司的罚款总额看，全年也高达 2504.08 万元，包括按日计罚 890.99 万元，还有 13 家企业被查封扣押、行政拘留、停产整治、限产整治以及挂牌督办等，这些都是非常严厉的处罚。[①]

结合前述三个方面的信息综合来看，我们推断，新《环保法》确实有专门针对“小散乱污”的治理，但这不是选择性执法，而是它们的环保合规性确实更差，环境执法对上市公司并没有显示出特别的偏袒。更重要的原因应该是它们合规性做得相对更好，同时不太严重的环境违法行为所带来的违法成本并不是很高，这对规模庞大的上市公司来讲无法对其财务绩效产生重要影响。同时上市公司也很有可能一定程度上存在波特效应，哪怕遭遇严厉的环境管制也没有带来成本大幅增长从而对公司绩效产生明显影响。

七、结　语

本文基于上市公司的研究表明，新《环保法》实施对重污染行业上市公司的绩效并无显著影响，区分国有和民营企业以及不同资产规模的企业所得到的结论都是一致的。其原因可能是上市公司环境合规性相对较高，受到的冲击较小，同时上市公司可能在一定程度上存在波特效应。值得注意的是，本文的结论局限于上市公司，不能推广到其他类型的企业。从后续研究来讲，利用其他类型企业的数据以及行业数据进行研究可以进一步明确新《环保法》对企业产生的影响，进而综合评估新《环保法》实施的效果。但就本文结论而言，严厉的环境执法不仅有助于改善环境，而且对上市公司层面的企业并无负面影响，所以不用担心新《环保法》对这部分微观主体可能带来的负面效应，《环保

① 证券时报上市公司社会责任研究中心、公众环境研究中心：《上市公司污染源在线监测风险排行榜 2015 年度总结》，http://www.ipe.org.cn/reports/Reports.aspx?cid=18335，访问时间：2018 年 1 月 15 日。

法》应该继续不折不扣地严厉执行。

尽管本文明确了新《环保法》对重污染行业上市公司的影响，但与之密切联系的几个问题尚待进一步研究：一是新《环保法》实施对非上市公司的影响，尤其是对中小企业的影响。二是新《环保法》实施是否对重污染行业产生了重要影响进而对宏观经济(如就业、价格等)带来影响。三是新《环保法》的实施是否进一步促成或加速了中国重污染企业的波特效应，是否促进了中国企业更好地创新和发展，是否进一步加速了环境与经济的协调发展。当然，新《环保法》实施刚刚三年，某些经济效应的显现尚需时日。但是，更好地研究重大环境管制(立法与执法)与经济发展的关联，对于我们把握好管制的节奏、力度并更好实现战略目标，具有重要的现实意义。

(原载于《山东大学学报(哲学社会科学版)》2018 年第 4 期)

刑事诉讼实证研究

职务犯罪二审证人出庭率研究

——以 W 中院 2011～2015 年案件为样本

罗苟新

长期以来，刑事证人出庭作证率低下，特别是关键证人不出庭成为制约刑事司法公正的重要因素，并成为诉讼法学界和实务界关注的焦点之一。因此，2012 年修正的刑事诉讼法明确了证人出庭作证的条件。而在以审判为中心的庭审实质化改革实践层面，落实证人出庭作证制度也成为重要抓手之一。[①] 这其中，由于贪污贿赂等犯罪的隐蔽性和案件侦办机制的特殊性，使得职务犯罪案件相关人证在审判阶段往往面临更多的争议，更需要出庭接受检验。因此这类案件证人出庭作证实际情况，能够更直观地反映证人出庭作证制度问题，值得关注。[②] 这就需要运用实证研究方法进行观察、分析，并在此基础上进行理论性阐释、反思。本文拟综合运用定量分析和定性分析方法，以 W 中级人民法院 2011～2015 年审理的职务犯罪案件证人出庭作证情况为分析对象；在样本选取方面，为保证研究的准确性和有效性，特意选取既往研究缺乏关注但

① 杨傲多：《成都刑事庭审实质化试点调查》，2016 年 5 月 18 日《法制日报》。

② W 中院位于 C 直辖市城市中心，主管 5 个主城区及 4 个近郊县基层法院的二审案件。对 W 中院审理的二审案件的统计表明，职务犯罪占二审案件的比例不到 10%，但职务犯罪案件证人出庭申请率却占到 60%。正因如此，有学者主张，更应当将职务犯罪案件纳入庭审实质化试点范围。比如，龙宗智教授就认为，推行庭审实质化改革过程中，最难的是职务犯罪，最需要实质化的也正是这一部分案件。参见开永丽：《四川庭审实质化改革：可将职务犯罪案纳入改革试点》，http://www.chinapeace.gov.cn/zixun/2016-08/11/content_11361966.htm，访问时间：2017 年 6 月 23 日。

又具有学术意义,同时也是控辩双方异议较大的二审开庭案件为重点分析对象。[①] 在具体研究内容上,主要分析职务犯罪二审案件证人出庭率、证人出庭作证效果等实践特征,并在探析其成因基础上提出完善路径。

一、"三高""二低":样本的数据呈现

在我国,刑事证人出庭率低是一个不争的事实,证人不出庭已成为控辩式刑事庭审方式改革的瓶颈之一。[②] 曾有综合统计得出,刑事证人出庭率在全国"一审刑事案件不超过10%,二审刑事案件不超过5%"[③]。也有学者通过对中国法院网2011年10月至2014年11月登载的裁判文书抽样统计得出,刑事案件证人出庭率仅5%。[④] 笔者通过统计发现:W中院职务犯罪案件的证人出庭呈现出与其他研究所描述的共性。比如,没有发现由检察院提出证人出庭及法院主动通知证人出庭的刑事二审案件[⑤],同时也具有其独特性。下文通过证人出庭申请率、同意出庭率、实际出庭率、采信率、影响率等指标来展现。

(一)证人出庭申请率、同意出庭率、实际出庭率的"三高"现象

统计发现(见表1、表2),职务犯罪二审案件证人出庭申请率、同意出庭率、实际出庭率都呈现较快递增趋势;相比同时期二审刑事案件的证人出庭情况,职务犯罪二审案件证人出庭情况更为理想。

---

① 统计表明,W中院刑事二审开庭率非常高,从2011年的60%上升至2015年的80%,职务犯罪二审案件开庭比例更高,从2011年的68%增至2015年的95%。

② 左卫民、马静华:《刑事证人出庭率:一种基于实证研究的理论阐述》,《中国法学》2005年第6期。

③ 毛立军:《全国政协在青海主题调研证人出庭低症结何在》,2007年7月31日《人民政协报》第1版。

④ 胡铭教授对中国法院网2011年10月至2014年11月登载的共计100起刑事案件进行统计分析的结果表明,有17件案件中的被告方针对30项证人证言笔录提出异议,但仅有5起案件中证人出庭。参见胡铭:《审判中心主义视阈下的刑事司法改革》,《法学研究》2015年春季论坛论文。

⑤ 公开研究也表明,检察院提出得少,法院也不主动提出。参见左卫民、马静华:《刑事证人出庭率:一种基于实证研究的理论阐述》,《中国法学》2005年第6期。

表 1　W 中院 2011～2015 年刑事二审案件证人出庭总体情况统计表

年度	刑事二审案件总数	申请证人出庭案件数量	申请出庭率	同意出庭案件数量	同意出庭率	实际出庭案件数量	实际出庭率
2011	458	12	2.62%	5	1.09%	3	0.66%
2012	685	16	2.34%	6	0.88%	4	0.58%
2013	652	19	2.91%	9	1.38%	6	0.92%
2014	821	23	2.80%	13	1.58%	8	0.97%
2015	1002	27	2.69%	18	1.80%	10	1.00%
均值	723.6	19.4	2.67%	10.2	1.35%	6.2	0.83%

表 2　W 中院 2011～2015 年职务犯罪二审案件证人出庭总体情况统计表

年度	职务犯罪二审案件总数	申请证人出庭案件数量	申请出庭率	同意出庭案件数量	同意出庭率	实际出庭案件数量	实际出庭率
2011	35	6	17.14%	3	8.57%	2	5.71%
2012	51	9	17.65%	5	9.80%	3	5.88%
2013	41	11	26.83%	7	17.07%	4	9.76%
2014	46	14	30.43%	11	23.91%	6	13.04%
2015	44	17	38.64%	14	31.82%	7	15.91%
均值	43.4	11.4	26.14%	8	18.23%	5.4	10.06%

其一，职务犯罪二审开庭案件证人出庭申请率比较高。统计显示（见表 2），职务犯罪二审案件证人出庭申请率从 2011 年的 17.14%上升到 2015 年的 38.64%，增长了约 2.3 倍。特别是 2013 年新刑事诉讼法实施以后，职务犯罪二审案件证人出庭申请率快速增长；同一时期，二审刑事案件总体证人出庭申请率仍然维持在较低水平，仅从 2011 年的 2.62%上升到 2015 年的 2.69%（见表 1）。这与访谈中 W 中院刑事法官普遍感到“2013 年新刑事诉讼法实施后，职务犯罪上诉人动用法律手段积极，权利保障意识明显增强”相印证。更进一步，从申请证人出庭职务犯罪案件的具体案由看（见表 3），受贿案所占比例最高，均值高达 72.99%；而从申请出庭作证人员身份来看，申请行贿人出庭的比例最高，达到 66.13%（见表 4）。应该说这是符合行贿犯罪的隐蔽性特征的。当然，申请侦查人员出庭作证情况也值得关注。

表 3　W 中院 2011～2015 年职务犯罪二审案件提出证人出庭申请的案件类型统计表

年度	提出申请案件数量	受贿案件数量	贪污案件数量	徇私枉法案件数量	其他案件数量	受贿案件数量占申请案件数量百分比
2011	6	4	1	1	0	66.67%
2012	9	5	2	1	1	55.56%
2013	11	9	2	1	0	81.82%
2014	14	11	2	1	1	78.57%
2015	17	14	2	1	1	82.35%
均值	11.4	8.6	1.8	1	0.6	72.99%

表 4　W 中院 2011～2015 年职务犯罪二审案件申请出庭的证人类型及案件数量统计表

年度	申请行贿人出庭案件数量	申请侦查人员出庭案件数量	申请其他证人出庭案件数量	备注
2011	4	2	1	同案会出现多种类型
2012	5	3	2	
2013	8	3	2	
2014	11	2	2	
2015	13	2	2	
年均占比	66.13%	19.35%	14.53%	

其二,职务犯罪二审开庭案件证人出庭申请的同意率相对较高。统计显示(见表 5),职务犯罪二审开庭案件证人出庭申请的同意率较高,这既体现在历年同意证人出庭案件占申请案件比例均超过 50%,均值达到 66%,也体现在同意证人出庭人数占申请人数比例维持在 42.86%～50%,均值达到 45.71%。这比二审案件的证人出庭申请的同意率高。

表 5　W 中院 2011～2015 年职务犯罪二审案件同意出庭案件数量与证人数量统计表

年度	提出申请案件数量	同意案件数量	同意案件数量占申请案件数量百分比	申请证人出庭人数	同意证人出庭人数	同意人数占申请人数百分比
2011	6	3	50.00%	8	4	50.00%
2012	9	5	55.56%	15	7	46.67%
2013	11	7	63.64%	20	9	45.00%

续表

年度	提出申请案件数量	同意案件数量	同意案件数量占申请案件数量百分比	申请证人出庭人数	同意证人出庭人数	同意人数占申请人数百分比
2014	14	11	78.57%	25	11	44.00%
2015	17	14	82.5%	35	15	42.86%
均值	11.4	8	66.00%	20.6	9.2	45.71%

进一步分析发现，职务犯罪二审开庭案件证人出庭申请的同意率较高，这与申请出庭证人的证人证言对案件事实影响是否重大、控辩双方是否有异议有关。对上诉人及其辩护人申请证人出庭的理由统计发现(见表6)，它们都提到了证人证言对案件审判会起到关键或重要作用，主要是认为证人证言影响行为定性问题，占比年均值达到46.07%，比如所送钱物系礼尚往来或双方有债权债务关系，收受款项后没有利用职务便利为对方谋取利益等；涉及涉案数额争议问题的理由也较多，占比年均值达到23.70%。同时，以排除非法证据为由申请证人出庭的比例也值得关注，占比年均值达到30.22%。

表6　W中院2011～2015年申请证人出庭的理由统计表

年度	行为性质有争议案件数量	占申请案件数量比例	涉案数额有争议案件数量	占申请案件数量比例	非法证据排除案件数量	占申请案件数量比例	备注
2011	4	36.36%	3	27.27%	4	36.36%	同一案涉及两个以上理由
2012	5	45.45%	2	18.18%	4	36.36%	
2013	7	43.75%	4	25.00%	5	31.25%	
2014	10	52.63%	5	26.32%	4	21.05%	
2015	12	52.17%	5	21.74%	6	26.09%	
均值	7.6	46.07%	3.8	23.70%	4.6	30.22%	

其三，职务犯罪二审开庭案件证人实际出庭率相对较高。就全国范围审理的刑事案件看，证人出庭率没有超过5%①，有的地方甚至低于这个百分

① 陈光中:《完善的辩护制度是国家民主法治发达的重要标志》,《中国法律评论》2015年第2期。

点①。而从表2可见,五年期间,W中院职务犯罪二审案件证人实际出庭率在5.71%~15.91%,均值比刑事二审所有案件实际出庭率高出约11倍,并且2013年以后逐年递增。

将实际出庭案件数量与证人数量占同意比例对比(如表7所示),2011年法院同意出庭的证人人数与实际出庭人数相同。受访法官提到当年恰逢非法证据排除规定的出台和实施,公检法各机关对该规定的落实较为重视,且被申请出庭人员多为侦查人员,法官会在作出同意出庭决定之前向被申请出庭的证人(尤其是侦查人员)询问其是否愿意出庭,基本上同意的就是要出庭的,所以相同。随着2013年新刑事诉讼法实施,申请出庭的证人范围逐渐扩大,侦查人员逐渐从出庭作证转向用书面情况说明等方式来减少出庭,但案件中的其他关键证人尤其是行贿人出庭人数上升(如表8所示)。实际出庭证人类型中侦查人员所占比例下降,行贿人出庭比例大幅上升对此进行了印证。此外,查阅的裁判文书记载中没有发现有强制证人出庭的案件,受访法官解释若采用强制到庭后,证人会极端反感,不配合作证,出庭效果不好,还招致证人对法院的怨气,因此该院出庭证人都是(包括法官多次做工作后)自愿出庭的。

表7　W中院2011~2015年职务犯罪二审案件证实际出庭案件数量及出庭证人数量统计表

年度	同意出庭案件数量	实际出庭案件数量	实际出庭案件数量占同意出庭案件数量百分比	同意出庭证人数量	实际出庭人数	实际出庭证人数占同意出庭证人数量百分比
2011	3	2	66.67%	4	4	100.00%
2012	5	3	60.00%	7	5	71.43%
2013	7	4	57.14%	9	6	66.67%
2014	11	6	54.55%	11	9	81.82%
2015	14	7	50.00%	15	13	86.67%

表8　W中院2011~2015年职务犯罪二审案件实际出庭证人类型及其数量统计表

年度	实际出庭总人数	行贿人出庭人数	侦查人员出庭人数	其他证人出庭人数
2011	4	0	3	1

① 李婷:《司法改革背景下刑事二审庭审实质化问题思考》,《法律适用》2016年第7期。

续表

年度	实际出庭总人数	行贿人出庭人数	侦查人员出庭人数	其他证人出庭人数
2012	5	1	4	0
2013	6	3	2	1
2014	9	6	2	1
2015	13	8	4	1

在实际出庭证人中行贿人占比逐年升高。从庭审笔录来看，出庭的行贿人都是直接行贿人，多与受贿人相识。其出庭主要是对一审认定有异议，出庭一般围绕“有没有行贿行为”“有送礼的行为是否是行贿”“涉案的数额是否为一审认定的数额”以及“是否被非法取证”等提供当庭证言。受访法官也表示，为进一步查明核实一审认定的事实及证据，庭审会围绕这些问题进行调查，形成证据锁链进行印证。

（二）证人出庭证言采信率、对裁判结果影响率的“两低”

证人出庭本身不是目的，期望通过证人出庭还原事实真相，并对裁判结果产生影响才是目的。统计发现，尽管职务犯罪二审开庭案件的证人出庭率比较高，但这并不意味着证人出庭证言的采信率就高，也不意味着其对裁判结果的影响就大。

首先，与庭前不一致的出庭证言采信率低。统计发现（见表8、表9），W中院2011～2015年22个职务犯罪二审开庭案件中，共有37位证人出庭作证。其中15人为侦查人员，他们关于取证合法性的出庭说明证言最终都被采信；另外22名证人中，有5人的当庭证言与侦查卷宗的证人询问笔录或一审阶段证言一致而被法院采信。值得关注的是，与二审庭前阶段证言不一致的17份证人证言中，仅有1份被法庭采信，其余16份皆未被采信。

表 9　　W 中院 2011～2015 年职务犯罪二审案件证人出庭证言采信情况统计表(不包括侦查人员出庭证言)

年度	与庭前一致的出庭证言份数	合议庭采信份数	采信后影响二审裁判份数	与庭前不一致的出庭证言份数	合议庭采信份数	采信后影响二审裁判份数	备注
2011	0	0	0	1	0	0	(每一证人只计最后一次当庭证言,一人计一份。)
2012	0	0	0	1	0	0	
2013	2	2	0	2	1	1	
2014	1	1	0	6	0	0	
2015	2	2	0	7	0	0	

其次,采信出庭证言对裁判影响率更低。从对裁判结果的影响来看(见表9),证人出庭证言对裁判结果的影响甚微,没有采信的出庭证言不影响裁判,即使是被采信的证言对裁判结果的影响也非常小。被采信的侦查人员出庭证言本身就是为证成乃至强化一审判决合法性、正当性而存在的,其导致的结果必然是二审法院维持一审判决。仅有的被法庭采纳的 1 份当庭证言,的确对裁判结果发挥了影响,但影响的是量刑,并不影响案件的定罪问题。

二、何以至此:“高”与“低”产生的原因分析

一方面,与其他案件相比较,W 中院 2011～2015 年职务犯罪二审开庭案件的证人出庭申请率、同意率和实际出庭率都比较高;但另一方面,出庭证人当庭证言采纳率、对裁判结果的影响率都极低。何以至此?在此结合访谈内容及调查问卷进一步分析。

(一)职务犯罪案件的特殊性决定了证人出庭申请率相对较高

首先,职务犯罪定案更需要证人证言。职务犯罪是一种智力型犯罪,其案发现场隐蔽,案发后很难获得现场勘查证据及相关实物证据;犯罪行为人普遍学识、智商高,反侦查意识强,案发前身份特殊,又拥有权力资源作掩护,常常

会销毁实物证据如账簿等材料[①]，并且该类案件常常缺乏直接受害自然人指证，案发多因检举或犯罪行为人自己供述。检察机关“在实践中形成了从供到证、以供促证的惯用侦查模式，不少职务犯罪案件尤其是贿赂犯罪案件，在侦查措施上致力于对人的控制，在侦查突破上注重获取口供，基本上依靠言词证据定案”[②]。证人证言与犯罪行为人的供述印证就成为了认定犯罪的重要证据锁链。在现有侦查手段、技术以及能力不尽完美而现行刑事诉讼法又严禁通过“逼”“诱”方式获取言辞证据的情况下，证人从顾虑到配合的过程中，侦查人员需要多次做工作、多次录证言，但证人也可能随时改变说法，导致言辞变动性极大，这就造成了将其作为定案证据的难度，也造成了在程序上追究职务犯罪的难度。尤其是某些受贿犯罪案件多是隐蔽的现金交易，实物证据缺乏，只有靠言词证据“一对一”——即证人（行贿人）证言与（受贿）行为人供述印证来定案时，缺乏证人证言，就很难证明构成犯罪。上诉人往往寄希望于证人出庭对质以否定原判，所以在职务犯罪二审案件中申请证人出庭最多的是受贿案。

其次，申请证人出庭对质是实现职务犯罪辩护策略的需要。职务犯罪案件的证人与被告人之间大多数是“朋友”“同事”等熟人，有一定感情基础，一般不愿意出面指证犯罪行为。于是多份书面证言稳定吻合就成了侦查工作取证的重心，而书面证言与供述记录印证就成了指控犯罪与审判定罪的证据锁链形成的中心，但这会因犯罪行为人出庭翻供而受到一定质疑。此情况下，证人出庭对质就显得非常必要。申请证人出庭对质侦查阶段形成的书面证言，并期望以二审庭审证言否定一审认定的（书面或者出庭）证人证言的证明力，推翻一审犯罪认定证据锁链，成为一审被告在上诉时的强烈期望并写进上诉状。对于专业律师来说，有策略地申请证人出庭也是一种达到辩护效果的路径。辩护人也会顺应上诉人的意愿向二审法院提出申请。而2013年新刑事诉讼法实施后，法律赋予了申请证人出庭更多保障[③]，因而W中院职务犯罪二审案件证人出庭申请率在2013年后明显增大，随后继续不断提高，远远超过了同期其他案件。

---

① 田俊勇、刘明泉：《侦察取证工作的难点分析及应对策略》，《济宁学院学报（社会科学报）》2011年第1期。

② 卢乐云：《以审判为中心创新检察工作模式》，2016年5月18日《人民日报》第1版。

③ 如新《刑事诉讼法》第61条、第62条和第63条都规定了全面的证人保护制度；188条规定了强制措施等。

(二)二审程序的权利救济性质决定证人出庭同意率较高

首先,二审程序权利救济功能的积极导向引发证人出庭同意率较高。刑事二审程序设立的主要目标是为一审被告人提供救济,职务犯罪案件由于本身的特殊性,很难采用刑事严格证据责任,因此在二审阶段充分保障一审被告人对一审的质疑权利可以有效防范错案、疑案发生。W中院2011～2015年度审结的职务犯罪二审案件,除极个别是抗诉案件外,都是上诉案件。其管辖的9个基层法院的一审职务犯罪案件总体上诉率,近五年都不断上升,到2015年接近60%。而对证据事实有异议的上诉案件中很多提出了证人证言问题,申请证人出庭的案件比其他类案件多。在正常情况下,同意证人出庭的案件也相对多。有研究也显示这一规律,如"审判阶段,律师向法院申请证人出庭作证,接近半数的案件会获得同意,但并不以使用强制力为保障,证人是否出庭凭其自愿"[①]。而W中院申请证人出庭的职务犯罪二审案件同意比例(如前文表5所示)早在2011年就达到了50%,随后逐年递增,2015年达到82.5%。可见该院法官比较重视救济权利的程序保障。由于同意后法院并不会采用强制措施使证人到庭,作出同意只是对上诉人权利保障的程序回应,关键证人是否出庭还需要法官做更多工作。

其次,职务犯罪二审案件的高开庭率为法庭同意证人出庭奠定基础。2012年《刑事诉讼法》修改以前,除了司法解释规定死刑案件二审必须开庭外,刑事上诉案件是否开庭完全由二审法院自行决定。这导致实践中刑事二审以书面审理为原则,采用核实卷宗材料"印证"方式为常态。[②] 在这种审理方式下,刑事案件二审中证人很少出庭。随着对二审程序权利救济功能和纠错功能的重视,特别是2013年新《刑事诉讼法》实施后,法院逐步全面开庭审理二审案件,这使得证人出庭有了程序前提。在W中院,2011年就推行职务犯罪二审的开庭审理,自2013年开始基本以不开庭为例外,开庭审理的比例都在90%以上。其开庭证据调查在一审的基础上进行,但不是简单重复。一审未

---

① 秦宗文:《证人、鉴定人、专家证人出庭作证问题研究》,http://www.360doc.com/content/16/0411/22/27412327_549846168.shtml,访问时间:2017年6月8日。

② 实践中,各地(包括京、沪地区)近年来刑事二审开庭的比例都比较低,几乎以不开庭为原则。在前些年曾经坚持刑事二审开庭的一些地区又回到了以不开庭为常态。参见李长城:《论刑事二审的证据调查》,《法学论坛》2011年第4期。

出过庭的证人(甚至包括出过庭的),只要上诉人提出申请,综合全案看,如果他们是对定案有影响的关键证人,二审合议庭成员都会在合议庭讨论过程中会充分发表意见,同意其出庭。

(三)法院协调与证人出庭意愿共同促使实际出庭率相对较高

首先,法院的协调对证人实际出庭率具有重要保障作用。尽管刑事诉讼法规定了强制证人出庭作证制度,但实践中受制于多种因素影响,适用的非常少。对出庭意愿不强的证人,法官会加强沟通协商,尤其是在涉及非法证据排除需要相关侦查人员出庭的情形下。2011 年两个证据规定实施后,对于申请排除非法证据的案件,W 中院法官除了要求控方举出能证实取证合法性的证据外,比如同步录音录像、体检表等,还通常商请检察机关指派侦查人员出庭。这通过访谈也得到印证。样本中出现的 15 位出庭侦查人员,其实都是法院事先征求了侦查人员意见才同意其出庭的,相对实际出庭率就高。W 中院也积极落实新刑事诉讼法消除证人“不愿”“不敢”作证顾虑的保障措施:证人证言对查清事实或定罪量刑起关键作用的职务犯罪二审案件,办案法官会及时通知、多次劝解及协调证人出庭,并积极落实证人出庭补助,尽量避免使用强制措施违背证人意愿迫使其出庭;对于受贿案件中在押行贿人,法官会多方协调,保障在押污点证人及时到庭作证。可见法官的主动也在一定程度上促进了证人实际出庭率相对较高。

其次,职务犯罪案件证人与上诉人的亲密关系使得实际出庭率较高。职务犯罪案件中证人与被告之间一般关系紧密,甚至很大一部分就是至亲挚友。证人不愿冒在关系群体中“不义”的风险,通常坚决不愿出庭指证犯罪行为。出庭会出现基于多种考虑而否定庭前证言情形。例如,在 W 中院实际出庭的 17 个翻证案件中,出庭证人与上诉人案发前称“兄弟”“朋友”“干亲”的就有 11 例,其余 6 例也是案发前有多次业务或事项的合作基础。也是基于这种特殊关系,在一审裁判已经知晓的情况下,在新刑事诉讼法实施权利保障的前提下,相比其他刑事案件,证人容易因“有义”而更愿出庭,也不排除有被辩方说服、愿意“仗义”协助被告在庭审中呈现言辞证据遗漏或不严密的可能性。因而在职务犯罪二审证人出庭案件中常见实际出庭证人翻证、同时被告也翻供的情形,但从 W 中院二审的情况来看并没有出现过因此追究证人伪证刑事责任的个案,也在一定程度上消除了证人“不敢”出庭作证的一种畏惧。

(四)二审裁判机制导致证人当庭证言对裁判结果的影响甚微

首先,刑事审判的"印证"模式决定了与庭前不一致的出庭证言难以采信。这是因为:其一,出庭翻证缺乏"合理解释"的证据要求支持。在职务犯罪中证人证言对证明案件事实起着非常重要作用,证人受到的干扰多,出庭证人翻证情形更为常见。特别是在受贿犯罪中,常出现仅有受贿人与行贿人的对合证明,这使行贿人所作证言处于关键地位,却也使行贿人更易受到各种利害关系的影响,所作证言反复不定。根据2012年《最高人民法院关于适用〈中华人民共和国刑事诉讼法〉的解释》第78条第2款规定:"如果对翻证作出合理解释,并有相关证据印证,应当采信庭审证言;如果不能作出合理解释,而其庭前证言有相关证据印证的,可以采信庭前证言。"有学者解读该规定"使得证人对其翻证的合理性承担了证明责任",为法官提供了"对当庭证言真实性的验证要求"①。职务犯罪二审案件出庭证人是否有承担证明责任的能力?调研案例中出庭证人翻证的"合理解释"多为受到非法取证,但是基于侦查阶段证人尤其是污点证人的弱势,很难举出受到非法取证的具体证据或者提供明确的线索,而其他如"害怕""记忆误差"等理由又经不起推敲,可见证人举证能力极弱,其证言自然难以得到采信。这种情况与一审的证据认定具有相同之处,也是写进二审裁判文书的证言认定的主要内容。但在法官心证过程中,更多的是基于庭前对一审卷宗的阅卷早已形成的预判。有受访法官就直言:"职务犯罪的上诉人与证人哪有清白的,只是问题多大而已。"其二,出庭证言难以达到庭前书面证言的印证力度。由于受时间的影响,以及一审后证人证言容易受到各种影响改变证言内容,二审出庭证言常常与一审或侦查卷宗记载证言不一致,甚至矛盾。庭审证言是否优于庭前证言?实践中通常根据审理个案情况区别对待,需要结合案件其他证据才能更准确做出判断。是否更利于发现真相成为法官在二审证据调查中取舍证言的一种考量。一般认为,越早的陈述越可能真实,先前陈述往往比法庭证言更接近事实,而且通常情况下几乎就是事实。因此,先前陈述更清新、更完整也就更具有准确性。② 问卷调查也印证了这一判断。针对22位法官关于"二审出庭证言是否优于庭前证言采信"的调

① 陈瑞华:《论证人证言规则》,《苏州大学学报(哲学社会科学版)》2012年第2期。

② 约翰·W·斯特隆主编:《麦考利克论证据》,汤维建等译,中国政法大学出版社2004年版,第495页。

查中，有14位法官认为：证人的证言在侦查环节已经很清楚了，且与其他证据能够印证，而出庭证言印证往往较弱而很难采信。由于职务犯罪二审案件出庭证人出庭有各种目的，并且在出庭时迫于上诉人、旁听亲友压力等，其证言总存在破绽或者逻辑错误，“言不达意”“言不由衷”的现象也常有。相比庭前陈述得完整、准确的侦查卷内书面证言，它很难与案件其他言辞证据等吻合达到印证，难以影响侦查及一审证据锁链。

其次，职务犯罪案件的特殊办案机制使得二审法院采信庭前证言（或与其一致的当庭证言）成为常态。实践中，职务犯罪案件通常都是由纪委查实后交办检察机关，由检察机关（往往在上级检察机关指导下）按照司法程序进行侦查取证制卷工作。由专业法律人员制作的侦查案卷在经过公诉部门的仔细审查并提起公诉后，存在重大证据缺陷等留待审判程序特别是二审程序才发现问题的可能性非常小。① 而且，在实践中，职务犯罪案件的事实、证据认定机制与法理的证据要求还有差异。访谈中曾有资深刑事法官就直言：“过于强调案件事实清楚，证据确实充分证明标准、死抠法律条文规定的构成要件，大量的犯罪行为将难得到追究。”基于这种特殊情况，该类案件往往会导致下级法院请示上级法院后再定结论。其一审判决往往都是上级法院指导的结果，二审法院在没有新证据的情况下不会改变一审判决。此外，上下级法院的协作关系也是二审法院对待一审判决的考量因素。近年来，法院以案件改判作为一审法院考核扣分项，甚至直接影响承办法官绩效。一般情况下，基于上下级法院间的指导关系，无论证人是否出庭，二审法官对证据的认定会倾向支持一审判决认定的结果。

三、反思与完善：“高”“低”差异的学理简析

如何认识和评价职务犯罪二审开庭案件证人出庭率高与当庭证言对裁判结果影响率低的现象和反差？特别是在推进以审判为中心的刑事诉讼制度改革背景下，如何进一步完善刑事二审程序的审理范围，妥当处理一审程序与二审程序的关系？在此展开进一步评析。

① 林劲松：《我国侦查案卷制度反思》，《中国刑事法杂志》2009年第4期。

（一）“高”“低”差异的学理反思

其一，“高”“低”差异容易引发对二审公正性的质疑。W 中院职务犯罪二审案件出现了相对较高的证人出庭申请率、同意率及实际出庭率，但证言采信率极低与出庭证言对二审裁判影响率极低的情况，反映了上诉人救济权利保障与国家裁判权在刑事二审中的角力状态。在这种状态下，证人相对高的出庭申请率承载着上诉人的高期望，法院相对高的同意率继续延续着这种期望值，证人实际出庭率相对高增大期望值变成现实的可能性；但即使经过了上诉人、证人、法官的努力，在新刑事诉讼法实施后还是没有实质性改变二审裁判固有的案卷“印证”模式与维持一审裁判机制。随着以审判为中心的庭审实质化改革的宣传与推进，人们程序权利保障意识将进一步增强。这种角力将会更剧烈，侦查环节遗留的问题及一审事实审理的风险随着二审结果的维持而转嫁，会对二审法院带来强烈的冲击，引发上诉人及舆论对二审的质疑。特别是某些职务犯罪案件，一审已经出现“被告不认罪，证人不指证”的情况，导致指控证据很难经得起“事实清楚，证据确凿”“充分排除合理怀疑”标准的严格检验。而且，在当今以审判为中心的庭审实质化改革背景下，以及对证据要求更高而践行“疑罪从无”的趋势下，极易引发上诉人将对一审的不信服转嫁为对二审法院的不满。由此不仅可能会给二审法院带来要求再审、申诉、信访的风险，还可能会由于自媒体的扩散，以及裁判文书公开后内容被舆论质疑，影响二审法院的权威乃至公信力。

其二，“高”“低”差异反映了审级资源的不合理配置。刑诉法规定刑事案件的二审是全面审理，不能局限于上诉理由。但二审的全面审理并不是重复一审，其主要是在充分保障上诉人行使其诉讼权利的前提下，对上诉人的诉求进行回应。不仅要回应程序权益诉求，更应该集中人力充分查明事实真相进行实体回应。当前这种职务犯罪二审案件证人出庭率“高”“低”差异现象，反映出二审审判资源没有得到合理使用。二审证人出庭不仅仅只是解释庭前证言怎样形成、为何当庭证言和庭前证言不同，其重心应该是解决在一审基础上的实体争议问题，这才是二审司法资源应投入的重心。证人出庭工作有一系列操作流程，包括程序权利告知—阅卷核实申请—合议同意—通知出庭—出庭对质—合议认定—写入裁判等，这其中需要大量的时间和人力来处理具体工作细节，甚至有时会由于证人出庭时间延迟导致案件审理期限延长。法官还要协调检察院、辩护人，也挤占了原本就很紧张的二审审限，甚至导致审限内无法开庭。[①] 在一线法官案多人少的紧张情况下，这无疑又给法官等司法人员增加了很多压力。但从W中院职务犯罪案件出庭证言认定与法官的庭前操作实践来看，二审案件证人出庭证言并没有对定案起到有效作用。如某法官在问卷中抱怨：时间精力都耗在了预知结果的程序回应上，而非实质性的定案工作。但对于此情况是否合理科学，该法官表示非常困惑。

同时，这也反映出庭审在证据调查、查明事实方面的功能没有充分发挥，特别是言词证据在庭审中的核心地位没有彰显。从W中院职务犯罪二审实践中对出庭证言的认证机制和认证结果看，大量的出庭证言不能得到采信。在大部分翻证翻供的案件中，法官会不同程度地感到证据达不到支撑案件裁判结果“铁案”的要求。受访法官在被问到“是否依据并且只依据二审开庭情况就能形成对出庭证言的内心确认”时，多数回答为否定。他们认为在庭前阅卷综合全案情况时，其实内心已经根据检察机关的指控和出庭意见、一审认定的事实、审判经验等常识有了倾向性的认知。基于职务犯罪的特殊情况，从刑诉法解释确定言词变化“合理解释”标准到2016年“两高”《关于办理贪污贿赂刑事案件适用法律若干问题的解释》对一些所谓的“感情投资”也纳入受贿等规定来看，刑事程序法的规定是在弥补职务犯罪实体认定的缺陷，形成对职务犯罪严惩的机制。这种机制在W中院二审证人出庭实际运作过程中，倾向于采信庭前证言与打击犯罪“分工协作”而否定庭审证言。尽管从同意及保障证人出庭的层面来看，法院注重程序回应，但从认证机制来看，实际践行的还是以侦查中心为主的案卷主义，职权主义下的“形式印证”模式，在“整体上缺乏高度规范化、充分程序化、多方参与化、外在理性化的操作机制加以支撑”[②]。

（二）以审判为中心改革背景下刑事二审程序完善方向

“推进以审判为中心的诉讼制度改革，客观上要求重视言辞证据在庭审程序中的核心地位，确立人证调查为主线的证据调查模式。”[③]言辞证据对职务犯

---

① 李娜：《延长审限有望使二审开庭常态化》，2012年4月6日《法制日报》。

② 左卫民：《“印证”证明模式反思与重塑：基于中国刑事错案的反思》，《中国法学》2016年第2期。

③ 左卫民等：《中国刑事运行机制实证研究》（五），法律出版社2012年版，第142～143页。

罪定案的重要性,以及证人出庭对上诉人对质权保障的重要性①,决定了职务犯罪案件二审开庭审理中证人出庭对于事实查明的重要性。但是证人出庭后的法院操作机制却不能体现出证人出庭的实际价值。即使在新刑事诉讼法及相关司法解释实施后,情况也没有明显改变,并且在司法资源节约及审判效率提高上还不如以往证人不出庭的审理方式,办案一线法官确实苦不堪言。

如果W中院的情况并非特殊个案而与其他法院具有相通性,那么职务犯罪二审案件中证人出庭应该达到什么样的效果?当今能否严格贯彻庭审实质化要求,以刑事严格证明标准审查认证出庭证言?在案多人少的紧张情况下,如何更有效处理该问题?限于篇幅,本文难以展开详尽理论阐释,但有两个方向可以预见:

其一,推进刑事二审庭审实质化改革,但要注意与一审的区别。尤其要注意把握翻证问题的“合理解释”及出庭证人的审查标准与一审的差异。可依据二审对证据的需求对案件进行繁简分流,因案而异地灵活安排证人出现在庭审之前或是庭审过程中;对于“合理解释”标准的把握可选取典型案例做参考,以便适用中平衡类案、兼顾个案。而更长远的方向应当是:落实强化以审判为中心的庭审实质化改革中证据的认证要求②,真正变证人出庭的法院职权驱动模式为控辩双方诉权启动模式③,倒逼职务犯罪构成实体界定、侦查机制与其他配套机制进一步完善,从而准确定位证人出庭在二审中的实质价值,并在实践中建立起针对性的操作机制及配套保障机制。

其二,强化以一审庭审为中心的事实认定机制,突出二审法律适用的全面救济,兼顾事实审。一审庭审实质化落实越彻底,其程序的正当性程度就越高,二审的事实审救济范围就越小。④ 尽量避免一审事实争议延伸到二审当中,避免二审因为过多重复事实问题而开庭审理。尤其应当重视一审与二审功能的区分,发挥一审法院证据合法性调查的前置功能,避免二审依然重复出现侦查人员等出庭说明情况的现象。

(原载于《山东大学学报(哲学社会科学版)》2018 年第 1 期)

---

① 参见易延友:《证人出庭与刑事被告人对质权的保障》,《中国社会科学》2010 年第 2 期。

② 参见陈卫东:《以审判为中心要强化证据的认证》,《证据科学》2016 年第 3 期。

③ 参见胡星昊:《从职权启动到诉权驱动——论证人出庭模式之转变》,《政法论坛》2015 年第 4 期。

④ 龙宗智:《论建立以一审庭审为中心的事实认定机制》,《中国法学》2010 年第 2 期。

立法问题实证研究

我国有前科劳动者平等就业权的立法保护

石　慧

在当今劳动分工高度发达的社会中，平等就业权作为适当生活水准以及个人尊严的第一道保障理应受到重视。① 而立法保护是保障劳动者平等就业权最直接、最有效的方式之一，国家应当建立和完善相关立法，促进平等就业权在国内的实施。有前科劳动者作为劳动者中的一员，在就业过程中应当享受平等就业权的立法保护，以避免遭受就业歧视及不公正就业待遇的侵害。但不可否认的是，基于刑事前科而产生的歧视或不公正待遇依然不同程度存在着，这使得有前科劳动者在劳动力市场中常常处于弱势地位。虽然我国已经通过立法建立起了平等就业权的保护框架，但我国有前科劳动者的平等就业状况仍不容乐观，这反映出相关立法中仍存在着缺陷及不足。

为结合实践来探索我国有前科劳动者平等就业权的实现情况，本文选取了S省Q市某区A街道、B街道的刑释解教人员作为调查对象进行调研，结合全国的其他有关调研数据，来探讨有前科劳动者平等就业权保护的相关要求在落实中存在的问题，反思我国有前科劳动者立法保护中存在的缺陷和不足，并提出解决问题的思路和建议。

一、我国有前科劳动者平等就业的现状

本次调查的对象是S省Q市某区A街道、B街道的刑释解教人员。主要

① Guðmundur S. Alfreðsson & Asbjørn Eide, *The Universal Declaration of Human Rights: A Common Standards of Achievement*, Hague: Martinus Nijhoff Publishers, 1999, p. 490.

调查方式是发放调查问卷。问卷主要问题包括调查对象的基本情况、就业状况、就业所遇到的困难、就业途径、就业单位性质以及工作性质等。发放问卷的方式是通过A街道、B街道司法所向所辖刑释解教人员发放。在A街道、B街道司法工作人员的帮助下，两区刑释解教人员对问卷进行了回答。在进行问卷调查的同时，本调查还与A街道、B街道的司法工作人员进行座谈，并与部分调查对象进行了对话访谈。调查对象的基本情况见表1。本文将从"平等及不歧视"状况、"特殊保护"状况以及"合理限制"状况三个方面出发，对调查结果进行具体分析，并讨论相关要求在落实中存在的问题。

表1　S省Q市某区A街道、B街道的刑释解教人员基本情况调查表

单位：人

	性别		年龄		文化程度			服刑原因				是否获得就业	
总计	男	女	50岁以下	50岁以上	初中及以下	高中及中专	大专以上	暴力犯罪	经济犯罪	涉毒犯罪	其他犯罪	是	否
146	124	22	111	35	35	58	53	71	28	21	26	96	50
100%	85%	15%	76%	24%	24%	40%	36%	49%	19%	14%	18%	66%	34%

(一)平等及不歧视求要求的落实现状及问题

平等就业权作为《世界人权宣言》"平等及不歧视原则"在就业权领域的自然延伸，要求国家在对平等就业权进行立法保护时，应当遵循"平等及不歧视"要求，禁止一切形式的就业歧视和不公正待遇，保障权利的行使不得因"种族、肤色、性别、语言、宗教、政治或其他见解、国籍或社会出身、财产、出生或其他身份等任何区别"①。而有前科劳动者所背负的刑事前科，应当作为"其他身份"的一种而受到"平等及不歧视"要求的保护。为具体分析平等就业权中的"平等及不歧视"要求在实践中的落实情况，本文对刑释解教人员是否认为遭到就业歧视以及所遇到的就业困难原因进行了调查。

本文调查问卷就有前科劳动者面临就业困难的原因，设计了多个选项供调查对象根据自身情况进行回答。其中，选择因刑事前科歧视造成困难的有54人(37%)，选择因政审问题造成困难的有45人(31%)，选择因学历以及技

① 《世界人权宣言》第2条第1款规定："人人有资格享有本宣言所载的一切权利和自由，不分种族、肤色、性别、语言、宗教、政治或其他见解、国籍或社会出身、财产、出生或其他身份等任何区别。"

能造成困难的有 28 人(19%),选择因年龄原因造成困难的有 19 人(13%)。可以看出刑事前科歧视与政审问题是调查对象就业过程中所面临的主要问题,也是造成就业困难的主要因素。由于因学历及技能或年龄而存在的障碍或歧视,并非与有前科劳动者的身份,即其所背负的刑事前科直接相关,因而本文在此不做详述。

表 2　S 省 Q 市某区 A 街道、B 街道的刑释解教人员就业困难原因调查表　　单位:人

	就业困难的原因			
总计	刑事前科歧视	政审遇到困难	学历、技能不足	年龄问题
146	54	45	28	19
100%	37%	31%	19%	13%

通过对调查结果的分析,认为自己在就业过程中遭到或可能遭到前科歧视的调查对象占总调查对象人数的 37%,在调查对象提出的就业困难原因中所占比例最高。同时,与 A 街道、B 街道的司法工作人员进行座谈时,也证实了刑事前科歧视确实严重阻碍了刑释解教人员获得平等就业机会和就业待遇的能力,就业中的前科歧视导致用人单位以及社会对有前科劳动者存在严重偏见,认为具有违法犯罪前科的劳动者"品质恶劣",因此不愿雇佣。而在与调查对象访谈的过程中,部分有前科劳动者甚至认同其所处的就业困境以及所遭受的道德、人品上的非议,是因为其犯罪经历而"罪有应得"。而 2008 年上海进行的专项调查也显示,调查对象中认为面临因身份问题造成就业困难的占总人数的 23%,是造成有前科劳动者无法获得平等就业的主要因素之一。① 这反映出因刑事前科而产生的就业歧视,已经给有前科劳动者贴上了"劣等标签",严重影响了有前科劳动者正常进入劳动力市场,从而成为有前科劳动者面临的主要就业障碍之一,平等就业权中的"平等及不歧视"要求未获得充分落实。

(二)特殊保护要求的落实现状及问题

"为了适应一些由于性别、年龄、残疾、家庭负担或社会文化地位等原因而

① 王彬:《刑释解教公民平等就业权保障状况考察——以上海市为例》,《法学》2008 年第 2 期。

需要特殊保护或扶助的人的需要"[1],国家应当赋予弱势群体以特殊保护,来保障其权利的充分行使。有前科劳动者所背负的刑事前科,削弱了他们在劳动力市场中的竞争力,因而应当被判定为劳动力市场中的"弱势群体"并予以特殊保护和扶持。为落实平等就业权中的"特殊保护"要求,我国建立了刑释解教人员就业安置机制,为有前科劳动者提供特殊帮助和扶持,以促进有前科劳动者能够顺利就业。为具体分析"特殊保护"要求在实践中的落实情况,本文对调查对象的就业比例、就业途径和就业满意程度进行了调查。

首先,就调查对象的就业比例来看(表1),146名刑释解教人员中获得就业的有96人(66%),未获得就业的有50人(34%)。从就业比例来看,调查对象的总体就业水平并不理想,未获得就业的有前科劳动者占总人数的34%,比例仍然较高。调查对象中除少数调查对象因年龄较大、就业意愿一般、就业需求不迫切以外,其他调查对象普遍反映所面临的生活压力、家庭责任较大,就业意愿都比较强烈,表示需要获得就业安置帮扶。

其次,就调查对象的就业途径来看(表3),获得就业的调查对象中,返回原单位的有33人(34%),通过街道帮扶获得就业的有19人(20%),自行求职的有36人(38%),自主创业的有8人(8%)。通过就业安置机制获得特殊就业照料,得以返回原单位或通过街道帮扶获得就业的共计52人,占总就业人数的54%。未获得就业安置机制帮助的调查对象,少部分选择了自主创业,但大部分选择自主进入劳动力市场进行求职。在36名自行求职的调查对象中,除具有较高学历或较高技能的之外,普遍反映处于不稳定的工作状态中,亟须获得就业安置帮扶。

最后,就调查对象的就业满意程度来看(表3),表示满意的有20人(21%),表示一般满意的有48人(50%),表示不满意的有28人(29%)。从数据总体上来看,调查对象对于就业的满意程度相对较高。结合与部分调查对象的访谈,这一就业满意程度情况一方面反映了我国就业安置机制在实践中为有前科劳动者提供的特殊帮扶确有成效,有前科劳动者就业意愿强烈,对就业机会相对珍视;但是另一方面也表现出了我国就业安置机制在实践中并未取得有前科劳动者的充分认同和信赖,对就业安置情况表示不满的声音仍然存在且不可忽视。

---

[1] 参见国际劳工组织《就业和职业歧视公约》第5条。

表 3　S 省 Q 市某区 A 街道、B 街道的刑释解教人员就业情况调查表(1)

单位：人

	就业途径				满意程度		
总计	原单位帮扶	街道帮扶	自行求职	自主创业	满意	一般满意	并不满意
96	33	19	36	8	20	48	28
100%	34%	20%	38%	8%	21%	50%	29%

根据调查结果以及与调查对象的座谈结果来看，绝大多数调查对象表示就业意愿比较强烈，并需要获得就业安置机制帮扶，但实际获得就业安置机制帮扶的调查对象占已就业调查对象的 54%，仅占总调查对象（146 人）的 35.6%。另外，根据《中国法律年鉴》的统计数据，2013 年共刑释解教 87.3 万余人，各级安置帮教机构共安置刑释解教人员 57.5 万余人，安置率仅为 65.8%①；2014 年，全年共刑满释放 125.8 万余人，各级安置帮教机构共安置刑满释放人员 69.7 万余人，安置率为仅为 55.4%。② 通过对调查数据的分析，我国有前科劳动者的安置比例较低，有近一半的刑释解教人员并未获得就业安置机制的帮扶。这反映出我国就业安置机制虽然取得了一定成效，但仍存在缺陷，安置范围和安置深度并不理想，无法为有前科劳动者提供充分的特殊帮助和扶持，平等就业权中的"特殊保护"要求在落实中仍存在问题。

（三）合理限制要求的落实现状及问题

由于有前科劳动者所背负的刑事前科对公共安全以及公共利益具有特殊意义，国家可以对其就业资格施加一定合理限制，以维护公共秩序、保障公共利益，这并不构成对其平等就业权的侵害或歧视。③ 为对平等就业权中的合理限制要求在我国的落实情况进行分析，本文对刑释解教人员的就业单位性质以及工作性质进行了调查。

就调查对象的就业单位性质而言（表 4），私有企业或个体户的有 73 人

① 中国法律年鉴编辑部主编：《中国法律年鉴（2014 年）》，中国法律年鉴社 2014 年版，第 231 页。

② 中国法律年鉴编辑部主编：《中国法律年鉴（2015 年）》，中国法律年鉴社 2015 年版，第 228 页。

③ 国际劳工组织《就业和职业歧视公约》第 4 条："针对有正当理由被怀疑为或证实参与了有损国家安全活动的个人所采取的任何措施，都不应视为歧视。"

(76%),政府福利岗位的有19人(20%),外资企业的有4人(4%),公务员或行政事业单位的有0人(0%)。从调查结果来看,公务员、行政事业单位中的就业人数为0人。另外,在福利待遇普遍较好的外资企业中,调查对象的就业比例也极少,仅为4%。原因是我国法律不仅严格禁止具有刑事前科劳动者进入公务员以及部分行政管理和公共利益相关职业,例如公务员、法官、检察官、人民警察、执业医师、教师、军人等,还限制有前科劳动者进入部分社会、经济相关职业,例如注册会计师、会计、拍卖师、公证员以及公司和商业银行高层等。

就调查对象的工作性质而言,从事保洁、保安、建筑等体力工作的有64人(67%),从事维修、驾驶、运输等技术性工作的有24人(25%),从事行政性工作或担任单位主管的有8人(8%)。造成调查对象多从事体力性工作的原因,除却劳动者自身文化程度、劳动技能的欠缺,另一主要原因就是就业资格限制,这使得有前科劳动者不得不从事不存在资格限制的职业。而这些不存在就业资格限制的工作,大多数是体力工作。同时,我国就业资格限制规定,部分经济犯罪的有前科劳动者,在一定期间内不得从事公司董事、监事、经理等管理工作,这在一定程度上将有前科劳动者排除在管理岗位之外,迫使我国有前科劳动者从事重复性的体力劳动。

表4　　S省Q市某区A街道、B街道的刑释解教人员就业情况调查表(2)　　单位:人

总计	就业单位性质				工作性质		
	私有企业或个体户	政府福利岗位	外资企业	公务员或行政事业单位	体力性工作	技术性工作	行政性工作
96	73	19	4	0	64	24	8
100%	76%	20%	4%	0%	67%	25%	8%

在本文的调查中(表2),调查对象反映在政审环节遇到困难的占31%,就业资格前科限制成为造成有前科劳动者在就业过程中面临的仅次于就业前科歧视的第二大困难。就业资格限制所造成的就业困难,迫使调查对象在私有企业和个体户中寻求就业,并多从事体力性劳动。另外,2008年上海进行的专项调查也显示,调查对象中认为面临因政审问题造成就业困难的占总人数的30%,是造成有前科劳动者就业困难的主要因素之一,而调查对象在私有企业和个体户中就业的占71%,从事体力性劳动的占41%;调查对象从事行政技术

工作或单位主管和高层的比例也非常低。① 这也反映了我国有前科劳动者面临的就业限制范围过于广泛,限制过于严格,不仅将有前科劳动者排除在特定职业范围之外,还造成有前科劳动者就业层次普遍较低。这在一定程度上阻碍了有前科劳动者获得平等就业机会和就业待遇,并不完全符合平等就业权中的"合理限制"的要求。

二、我国对有前科劳动者平等就业权立法保护的不足

上述调查所体现出的有前科劳动者平等就业权保护的相关要求在落实中存在的问题,折射出我国相关立法中存在着缺陷和不足。这影响了立法在保护有前科劳动者平等就业权过程中作用,并造成了消极影响。

(一)缺失对反前科就业歧视的规定

《世界人权宣言》第 2 条规定:任何基于"种族、肤色、性别、语言、宗教、政治或其他见解、国籍或社会出身、财产、出生或其他身份等的区别对待"都构成歧视。除明确禁止的歧视类别外,"其他身份"作为兜底条款,其意义在于灵活应对劳动力市场中可能出现的歧视类型。有前科劳动者在劳动力市场中处于严重的弱势地位,因而"刑事前科"应当作为上述公约所规定的"其他身份"而得到法律的确认,以确保有前科劳动者在劳动力市场中免受基于刑事前科的就业歧视及不公正待遇。②

但对比我国立法可以发现,我国相关立法禁止的就业歧视类别相当狭窄。我国《劳动法》第 12 条仅规定禁止基于"民族、种族、性别、宗教信仰"的歧视。《就业促进法》第 3 条做出了相同的规定,并在第 27～31 条具体提出禁止针对妇女、少数民族、残疾人、传染病人及农村劳动者的就业歧视。可见,我国并不承认基于其他原因的不公正就业对待构成就业歧视。而且,我国就业歧视有关条款也不存在兜底条款来对可能出现的其他类型的就业歧视进行规制。

由于我国相关立法对就业歧视的禁止范围过于狭窄,因此无法为包括有前科劳动者在内的其他具有弱势身份的劳动者提供充分保护。这使得有前科

---

① 工彬:《刑释解教公民平等就业权保障状况考察——以上海市为例》,《法学》2008 年第 2 期。

② 王彬:《限制有前科公民就业资格的刑理分析》,《学术探索》2009 年第 6 期。

劳动者在就业过程中面临前科歧视及不公正待遇时，难以获得法律上的充分保护。在本文所进行的调查中(表 2)，认为自己在就业过程中遭到或可能遭到前科歧视的调查对象占 37%，在调查对象提出的就业困难原因中所占比例最高。这一立法上的缺漏使得我国相关立法忽视甚至违背了“平等及不歧视”的要求，这在一定程度上加剧了劳动力市场中的就业前科歧视，难以充分发挥立法对有前科劳动者平等就业权的保护作用。

(二)缺失对就业安置机制的规定

“若不给予弱势群体以特殊保护，其人权将失去真实性。”①为对劳动力市场中的弱势群体提供适当保护，平等就业权在“平等及不歧视”要求的基础上进一步提出了“特殊保护”的要求，以求在实质层面上保障劳动者平等就业权的实现。我国已经承认了有前科劳动者在劳动力市场中的弱势地位，并建立了“刑释解教人员就业安置机制”来促进有前科劳动者能够顺利就业。但是通过分析“刑释解教人员就业安置机制”及其提供的特殊帮扶措施的立法依据发现，我国“刑释解教人员就业安置机制”并不存在法律层面上的依据，而是主要依靠国家行政机关所发布的政策性文件为有前科劳动者提供特殊扶持。例如，原国家劳动总局《关于刑满释放人员就业安置问题的复函》。而我国立法中唯一对有前科劳动者的就业问题作出回应的法律是《监狱法》。《监狱法》第 38 条规定：“刑满释放人员依法享有与其他公民平等的权利。”但该规定过于笼统和模糊，并未涉及应当对有前科劳动者进行就业安置和扶持问题。

我国在落实平等就业权中的“特殊保护”要求时，缺失法律层面上对就业安置机制的规定，这在很大程度上影响了相关立法在实践中对有前科劳动者平等就业权提供特殊保护和扶持的作用。而相关政策性文件法律位阶较低，而且在内容上缺乏统一性，效力上缺乏权威性，在实践中对有前科劳动者平等就业权提供特殊保护和扶持的作用相当有限。在本文进行的调查中(表 3)，获得就业安置帮扶的有前科劳动者占已就业调查对象的 54%，仅占总调查对象的 35.6%。因此，我国所建立的“刑释解教人员就业安置机制”无法为有前科劳动者提供充分的特殊帮扶，并不完全符合平等就业权中“特殊保护”的要求。

---

① 徐显明主编：《人权法原理》，中国政法大学出版社 2008 年版，第 128 页。

（三）对就业资格的不合理限制

由于有前科劳动者所背负的刑事前科的特殊性，为维护公共利益及公共秩序，各国多通过立法对其就业资格进行相应限制，该种做法在合理范围内不构成歧视。[①] 但应当明确的是，有前科劳动者的罪行已经在服刑期间得以清偿，而相关立法再次依据其犯罪行为对其施加就业资格限制，等同于追加惩罚。因而应当慎重对待就业资格前科限制，以避免造成对有前科者基本权利与自由的肆意侵害。

我国对有前科劳动者的就业资格进行限制的法律，主要包括《法官法》第10条、《检察官法》第11条、《公务员法》第24条、《人民警察法》第26条、《兵役法》第3条、《执业医师法》第15条、《教师法》第14条、《律师法》第7条、《注册会计师法》第10条、《会计法》第40条、《拍卖法》第15条、《公证法》第20条、《公司法》第146条、《商业银行法》第27条。其中，针对故意犯罪的包括《律师法》第7条、《拍卖法》第15条以及《公证法》第20条；针对特定职业犯罪的包括《公司法》第146条、《会计法》第40条以及《商业银行法》第27条；相关就业资格限制多为无期限就业资格限制，有期限的仅包括《注册会计师法》第10条、《执业医师法》第15条以及《公司法》第146条。对上述这些我国法律中就业资格前科限制进行分析可以发现，我国立法中的部分就业资格限制条款存在一定缺陷和不足。

首先，我国大部分就业资格限制条款未考虑到有前科劳动者主观恶性问题，对故意犯罪和过失犯罪予以同样的就业资格限制，这不仅违反了刑事司法“宽严相济”的基本原则，而且使得因过失犯罪而背负刑事前科的劳动者丧失了正常进入某一职业的资格。

其次，我国大部分就业资格限制未考虑到有前科劳动者所犯罪行与相关职业之间的关系，无论有前科劳动者所犯罪行是否与相关职业有关，都予以同样的就业资格限制，这忽视了刑事罪行与就业之间的关系，严重限制了有前科劳动者的就业范围。

最后，在我国缺少前科消灭制度的前提下，相关立法未合理考虑就业资格限制的存续期间问题，大部分就业资格限制为无期限就业资格限制，这使得有

---

① 国际劳工组织《就业和职业歧视公约》第4条。

前科劳动者被终身剥夺了从事如法官、医生或企业高管等“精英”职业的机会。在本文所进行的调查中(表2),认为在就业过程中因政审原因遭到就业困难的调查对象占31%,成为造成调查对象就业困难的第二大原因。我国对有前科劳动者的就业资格限制并不完全具有合理性,在一定程度上损害了有前科劳动者获得平等就业机会和平等就业待遇的权利,并不符合平等就业权中“合理限制”的要求。

(四)对前科制度的不合理规定

考虑到有前科劳动者所背负的刑事前科对公共安全以及公共利益的特殊意义,以及我国司法体系内信息共享及查询系统的不完善而带来的一系列社会治安方面的困难,我国《刑法》确立了刑事前科报告义务。[①]《刑法》第100条规定:“依法受过刑事处罚的人,在入伍、就业的时候,应当如实向有关单位报告自己曾受过刑事处罚,不得隐瞒。”必须指出的是,刑事前科报告义务强制有前科劳动者自行证明其犯罪事实,这对有前科劳动者平等就业权的实施造成了相当程度上的消极影响。实践中,刑事前科报告义务将就业过程中用人单位的谨慎义务以及公安部门的治安义务,以刑事前科报告义务的方式转移至了有前科劳动者身上,而上述义务的转移极有可能使得有前科劳动者在求职过程中面临潜在的就业歧视及不公正待遇的威胁。另外,该义务迫使有前科劳动者自行剖露其刑事犯罪历史,为自己贴上了“犯罪者标签”,使得有前科劳动者在劳动力市场中暴露在前科就业歧视的威胁之下,阻碍了有前科劳动者的社会复归进程。

另外,值得注意的是,我国至今为止仍未建立前科消灭制度,“保留前科必然导致曾经犯罪者某些权益丧失、资格限制和名誉损害,从而给刑满释放者的就业、就学、生活带来诸多困难,并影响他们回归社会的信心”[②]。前科消灭制度在我国的缺失,迫使有前科劳动者无期限的背负“犯罪者标签”,并长期遭受刑事前科所带来的痛苦。结合上文所分析的我国相关立法中存在的缺陷不足,我国刑事前科制度实质上将有前科劳动者无期限地置于就业前科歧视以及就业资格限制的威胁之下,并最终导致有前科劳动者的平等就业机会及就

---

① 熊建明:《〈刑法〉第100条适用空间、功能及性质解读——兼论对受过刑事处罚人的规范性和非规范性评价》,《东方法学》2011年第5期。

② 于志刚:《刑罚消灭制度研究》,法律出版社2002年版,第693~694页。

业待遇遭到损害，因而有必要对我国刑事前科制度进行完善。

三、我国有前科劳动者平等就业权的立法保护完善路径

立法保护作为保障劳动者平等就业权最直接、最有效的方式之一，国家应当建立和完善相关立法，保护并促进平等就业权的实施。针对上文分析的我国相关立法中存在的缺陷，应当在“平等及不歧视”“特殊保护”以及“合理限制”这三方面予以完善，以求为有前科劳动者平等就业权的促进和保护提供立法上的支持。

（一）增加对反前科就业歧视的规定

有前科劳动者由于其所背负的刑事前科而在劳动力市场中处于弱势地位，有必要通过立法的方式对就业前科歧视进行规制。换言之，“刑事前科”作为基于“其他身份”而产生的歧视一种，应当获得立法的重视，以确保有前科劳动者在劳动力市场中免受基于刑事前科的就业歧视及不公正待遇的损害。① 为保证有前科劳动者在就业过程中能够充分享有平等就业权，不受就业歧视及不公正就业待遇的侵害，我国相关立法中应当增加对反前科就业歧视的相关规定，为有前科劳动者提供充分的立法保护。

综合各国对就业歧视问题的立法实践来看，有关就业歧视的立法方式分为“概括式”“列举式”“混合式”三种。“概括式”是指通过对就业歧视的整体定义来明确禁止就业歧视的范围及标准。由于该种立法方式存在模糊性，不利于法律在实践中的行使，因此采用“概括式”立法的国家较少。“列举式”是指仅列举具体就业歧视类别以调控劳动力市场中的就业歧视现象。例如，1985年《加拿大人权法令》第一部分第3条规定：“依据本法令目的，所禁止的歧视理由包括……以及因犯罪行为被定罪。”该条款采用了“列举式”，直接列明禁止“因犯罪行为被定罪”而产生的歧视。“混合式”是指将“概括式”及“列举式”相结合，既对就业歧视内涵及判定标准进行整体界定，同时亦列举相关具体就业歧视表现形式。例如，1814年《荷兰王国宪法》第1条规定：“荷兰公民在同等条件下，应当享有同等待遇。禁止基于宗教、信仰、政治观点、种族、性别或

① 王彬：《限制有前科公民就业资格的刑理分析》，《学术探索》2009年第6期。

其他任何理由的歧视。”该条款采用了“混合式”,并以“其他任何理由”作为兜底条款进行规制。

我国立法对就业歧视的规定主要采取了“混合式”的立法方式。例如,《就业促进法》第3条规定:“劳动者依法享有平等就业和自主择业的权利。劳动者就业,不因民族、种族、性别、宗教信仰等不同而受歧视。”《劳动法》第12条也做出了相似规定。本文建议,对我国《就业促进法》第3条以及《劳动法》第12条进行补充,扩大反歧视范围,将“前科歧视”纳入该条款的列举范围之内,以便为有前科劳动者的平等就业权提供更加充分的立法保护,落实平等就业权中的“平等及不歧视”要求。另外,考虑到我国社会及经济的迅猛发展以及法律的滞后性特点,也可将“不因其他身份受到歧视”作为兜底性条款列入相关法律规定中,来应对劳动力市场的新发展。①

(二)增加对就业安置机制的规定

有前科劳动者平等就业权中的“特殊保护”要求在我国体现为刑释解教人员就业安置机制。我国刑释解教人员就业安置机制主要依据的是行政机关或部门发布的政策性文件,而缺乏法律上的依据和支持。这在一定程度上造成我国刑释解教人员就业安置工作缺乏统一性,并影响了对有前科劳动者提供特殊保护。因此,应当将就业安置机制的建立和运行依据上升到法律层面,为我国刑释解教人员就业安置工作提供立法上的保障。

综合各国对刑释解教人员就业安置机制的规定来看,以法律的形式进行规定已经成为成熟的做法。例如,《俄罗斯联邦刑事执行法典》第六编第二十二章“对服刑后获释的被判刑人的帮助和监督”,用专章来对刑释解教人员的安置工作进行了规定。其中,第181条第1款明确了刑罚执行机构对刑满释放人员进行劳动安置的职责;第182条具体规定了刑满释放人员“有权依照俄罗斯联邦立法和规范性法律文件的规定获得劳动安置、生活安置和其他各种社会帮助”。这些规定明确了有前科劳动者就业安置的责任主体,并为有前科劳动者的就业帮扶和安置的具体措施及实践提供了法律上的依据。

根据上文对我国现行法律的分析,我国并不存在单独的立法对有前科劳动者就业安置进行规制,而是仅在《监狱法》第三章第五节“释放和安置”第38

---

① 朱懂理:《促进就业与反歧视研究综述》,《中国劳动》2004年第2期。

条中规定了“刑满释放人员依法享有与其他公民平等的权利”。本文建议，借鉴《俄罗斯联邦刑事执行法典》的立法例，对我国《监狱法》该条款进行补充和完善。具体而言，可以考虑在该条款后单列一条，借此明确“有前科劳动者有权利获得适当的就业安置”，从而为有前科劳动者就业安置机制的建立提供法律依据。之后，可以根据我国立法规律和立法进程，进一步制定相关条款，来明确有前科劳动者就业安置机制中具体的责任机关和责任内容，划定有前科劳动者就业安置机制的核心内容和标准。借此综合协调各部门和社会力量在刑释解教人员就业安置机制中的作用和影响，为刑释解教人员就业安置工作提供统一的标准，从法律层级上为有前科劳动者平等就业权的实现提供符合“特殊保护”要求的帮助和扶持。

（三）修正对就业资格的前科限制

根据平等就业权中“合理限制”的要求，对有前科劳动者就业资格的限制应当具有合理性。而我国对有前科劳动者的就业资格限制并不完全符合“合理限制”的要求，从而对有前科劳动者正常进入劳动力市场，平等获得就业机会和就业待遇的资格和能力造成了消极影响。因此，需要从以下方面予以完善：

首先，应当排除对过失犯的就业资格限制。过失犯罪具有“没有犯罪故意”且“未保持必要的小心谨慎态度”两个特征，与故意犯罪相比在主观恶性程度上有显著区别。过失犯在服刑之后，较易回归社会，且后续行为多对社会公共利益影响较小。立法应该考虑排除对过失犯的就业资格限制，而将就业资格前科限制限定于故意犯有刑事罪行的劳动者，以确保不会对因过失犯罪而负有前科的劳动者的平等就业权造成不合理限制，避免劳动者因一时疏忽大意或过于自信所犯下的罪行，而丧失回归正常社会的机会并造成终生痛苦。因此，相关立法在确立就业资格前科限制时，应当综合考虑有前科者的主观恶性以及改造程度，排除对过失犯的就业资格限制。

其次，应当确保就业资格限制与所犯罪行之间具有关联性。在就业资格限制与罪行之间建立关联，不仅有利于维护社会公益，还可以避免对有前科劳动者平等就业权造成不合理的无差别限制。根据其他国家的立法实践来看，已有部分国家开始重视就业资格限制与刑事罪行之间的关联性问题。例如2012年澳大利亚《儿童相关工作（前科审查）法令》第15条规定，应当全面审查有前科劳动者的刑事前科是否与儿童犯罪有关以及其影响。[①] 因此,相关立法在确立就业资格限制时,应当确保就业资格限制与罪行之间具有关联性,在保障社会公共利益的同时,避免对有前科劳动者平等就业权造成侵害,确保有前科劳动者能够进入非罪行相关职业,避免劳动力市场中的"就业隔离"现象。

再次,应当确保就业资格前科限制具有存续期限。立法对就业资格前科限制设置存续期间,期间终止之后视为不存在资格限制,有利于鼓励有前科劳动者在相应期间内约束自身行为,积极完成社会复归进程,并在公共利益以及特定职业纯洁性要求与有前科劳动者平等就业权保护之间取得平衡。另外,由于我国尚未建立前科消灭制度,有期限的就业资格限制对于保障有前科劳动者平等就业权的实施、落实平等就业权"合理限制"要求更加具有意义。因此,相关立法在确立就业资格前科限制时,应当将限制的存续期限纳入考虑范围之内,逐步完善我国相关立法中就业资格前科限制条款,在一定程度上弥补前科消灭制度缺失所造成的不便。[②]

(四)修正对前科制度的规定

根据上文对我国前科制度中存在的不足及缺陷的分析,我国前科制度在很大程度上加剧了有前科劳动者在劳动力市场中的平等就业困境。因此需要从废除前科报告义务以及建立前科消灭制度两方面进行完善。

一方面,应当废除前科报告义务。我国《刑法》第 100 条规定的刑事前科报告义务给相关人员贴上了"犯罪者"的标签,这使得有前科劳动者在求职过程中极易遭受来自社会的歧视以及不公正待遇,影响了其平等就业权的实施。随着我国司法制度的进一步完善,应当取消施加于有前科劳动者身上的刑事前科报告义务,同时建立完善的刑事前科查询制度,以期在保障有前科劳动者

---

① 参见澳大利亚 2012 年《儿童相关工作(前科审查)法令》,2017 年 8 月 25 日修订,其第 15 条第 1 款规定:"儿童监护人必须对申请进行儿童工作资格审查的申请人进行风险评估,来决定该申请人是否会对儿童的安全产生威胁"。第 3 款规定:"在进行分析时,儿童监护人应当对下列问题进行考察:……(d)犯罪或行为发生时受害者的年龄以及与受害者弱势地位相关的任何事项……(f)该人是否知道或确切地知道受害人是一个儿童"……(h)该人总体犯罪记录的严重性以及之后的行为……该人再次犯有罪行或行为的可能性,以及再次犯罪对儿童的影响……"

② 王彬:《前科制度与就业歧视——对我国〈公务员法〉第 24 条第 1 项的学理反思》,《政治与法律》2009 年第 8 期。

平等就业权的同时，更好地发挥我国刑事前科制度在维持社会秩序以及公共利益中的作用。[①] 而我国 2011 年通过并生效的《刑法修正案（八）》免除了犯罪的时候不满 18 周岁被判处 5 年有期徒刑以下刑罚的人的报告义务。[②] 该修正案的有关规定体现了我国对待刑事前科报告义务的立法态度上的转化，其作为我国在废止刑事前科报告义务上迈出的第一步，对于之后进一步修正刑事前科报告义务，直至将其完全废除具有积极意义。

另一方面，应当建立前科消灭制度。前科消灭制度是指经过法定程序注销有前科劳动者的犯罪记录，使其回复正常法律地位的一种制度[③]，其存在的意义在于"保证犯有轻微刑事罪行且不可能再次犯罪的个人所享有的公平正义"，其赋予相关人员摆脱"生活中因揭露过去罪行的威胁所带来的持久性歧视的机会"[④]。为合理规制刑事前科对犯罪者所造成的不利影响，许多国家已通过立法建立了刑事前科消灭制度。例如《俄罗斯联邦刑法典》（2004 年 12 月 24 日修订）第 86 条、《日本刑法典》（2007 年第 54 号法令修正）第 34 条第 2 款、《瑞士刑法典》（2014 年 1 月 1 日修正）第 99 条。通过上文的分析，有前科劳动者所背负的刑事前科很大程度上限制了其获得平等就业机会及平等就业待遇的能力。而我国刑事前科消灭制度的缺失，使得相关公民无期限地面对刑事前科所带来的就业困境，这显然不利于其平等就业权的充分实施。为消除就业歧视及不公正就业待遇，保障有前科劳动者平等就业权的实现，限制刑事前科所带来的消极影响，我国有必要通过立法建立完善的前科消灭制度，平衡公共秩序、公共利益维护的需要和有前科劳动者平等就业权保护的要求。

（原载于《山东大学学报（哲学社会科学版）》2018 年第 1 期）

---

① 于志刚：《犯罪记录报告制度的批判性解读及完善——以有利于犯罪人回归社会为视角》，《南都学坛（人文社会科学学报）》2009 年第 5 期。

② 参见我国《刑法修正案（八）》第 19 条规定："在刑法第一百条中增加一款作为第二款：'犯罪的时候不满十八周岁被判处五年有期徒刑以下刑罚的人，免除前款规定的报告义务。'"

③ 于志刚：《刑罚消灭制度研究》，法律出版社 2002 年版，第 694 页。

④ See Philippa Wells & Jacquelin MacKinnon, "Criminal Records And Employment: A Case for Legislative Change The Acceptable Face of The Employer's Freedom of Choice, Or Society on The Horns of a Dilemma?" *New Zealand Universities Law Review*, 2001, 19, p. 289.

短时艺术品著作权保护的实证研究

崔立红

艺术领域,存在所谓“临时性公共艺术”[①]的艺术形式,其采取流动、临时的空间形式,捕捉不断变化的公共焦点,表达广泛而丰富的公共题材[②],相应的艺术品具有短时性特征。例如克劳德夫妇(Christo and Jeanne-Claude)创作的《奔跑的栅栏》——用白色尼龙布在美国加利福尼亚的马林和索诺马县山区到太平洋岸边的山丘上,架设一道长达 24 英里的栅栏,构成充满震撼力的“包裹”系列艺术品。因为无法避免风雨潮汐的影响,它存在了 14 天便被拆除;再如插花艺术家选择花材并进行个性化的色彩搭配及线条设计,由于鲜花的自然变化过程不受人为支配,其形状、颜色等会随着自然生命因素的改变而变化,具有短时性。本文将艺术领域内具有短时性特征、无法长期稳定存在的艺术品统称为“短时艺术品”。

尽管短时艺术品的著作权纠纷尚不普遍,然而司法实践对待短时艺术品著作权保护的立场已经存在明显分歧,主要聚焦在短时艺术品是否满足作品构成要件、属于何种作品类型、如何进行侵权认定等问题上。基于此,有必要对国内外短时艺术品著作权纠纷的现有司法观点进行梳理与反思,对其著作权保护的必要性及可行性,以及保护的障碍与限制进行延展性分析与研究。

---

① 参见马钦忠:《公共艺术基本理论》,天津大学出版社 2008 年版,第 221 页;诸葛雨阳:《现代公共艺术的发展途径探索——临时性公共艺术》,《包装世界》2013 年第 5 期。

② 于雷:《空间公共性研究》,东南大学出版社 2005 年版,第 11 页。

一、短时艺术品著作权纠纷样品案例实证考察

短时艺术品在国内外司法实践中引发多种形态的著作权[①]纠纷，如插花著作权纠纷、发型设计著作权纠纷、音乐喷泉著作权纠纷、灯光秀著作权纠纷及室外花园的著作权纠纷等（见表1）。

表1　短时艺术品著作权纠纷种类及案由

纠纷种类	国内外案由
插花著作权纠纷	张冬晛诉韩童著作权权属、侵权纠纷案，（2016）鲁0102民初976号；（2017）鲁01民终998号
发型设计著作权纠纷	何吉诉杭州天蚕文化传播有限公司著作权权属、侵权纠纷案，（2010）杭西知初字第466号；（2011）浙杭知终字第54号
音乐喷泉著作权纠纷	北京中科水景科技有限公司诉北京中科恒业中自技术有限公司、杭州西湖风景名胜区湖滨管理处侵犯著作权纠纷案，（2016）京0108民初15322号
灯光秀著作权纠纷	法国埃菲尔铁塔百年灯光秀侵权案，SARL Editions de L'Est v SARL La Mode en Image 1993 DALLOZ 25e II 358
室外花园著作权纠纷	美国Kelley v. Chicago Park District案，635 F. 3d 290，304 (7th Cir. 2011)

（一）短时艺术品著作权纠纷的司法态度

综合国内外相关案例，司法审判中对短时艺术品著作权纠纷的态度可以归纳为以下几种情形（见表2）。

① 作者权体系国家将著作权称为“author's right”，日本转译为“著作权”。版权体系国家则称之为“copyright”，日本转译为“版权”。无论是称为著作权法还是称为版权法，其价值目标大体是一致的。本文中，在涉及作者权体系国家的法律制度时使用“著作权”的表述，涉及版权体系国家时使用“版权”的表述。

表 2　　司法审判中对短时艺术品著作权纠纷的态度

司法态度	理由
不予著作权保护（不可版权性）	不具独创性
	不具固定性
受著作权保护	法定类型:美术作品
	视觉创意作品
	作品类型不详
著作权保护阻却理由	未造成不良影响
	举证不能

具体分析法院给予或者不给予短时艺术品著作权保护的理由如下：

1. 短时艺术品不具有独创性

代表性的是 2016 年张冬晛诉韩童著作权权属、侵权纠纷案的一审判决。被告收到从原告处订购的花束后拍摄照片并上传至微信朋友圈,原告以被告未经许可擅自公开作品,侵犯作品复制权、发行权和获得报酬权为由,向法院提起诉讼。一审法院以"涉案花束在色彩、搭配、植物线条上,未能体现其独创性"为由,对花束的独创性不予认可。[①]

2. 短时艺术品不具有固定性

固定性是版权体系国家,例如美国对作品可版权性的要件之一。在 2011 年美国 Kelley v. Chicago Park District 案中,法院在短时艺术品的"固定性"(fixation)要件上给予较多的关注。原告 Kelley 在芝加哥公园设置两个大规模的椭圆花坛,其效果特点是:各种花朵循序开放,不断变换颜色,并且是由外围向中心逐渐增强亮度。对于涉案花园的固定性,第七巡回上诉法院认为,尽管种植材料是有形的,且能够在不短的时间内被感知,但是因为种子和植物天生就处在生命周期的不断变化状态中,不具备稳定性(stable)和持续性(permanent),因此花园并不是园艺设计师智力成果(intellectual property)的固定形式(fixed copy)。[②]

3. 短时艺术品虽属于法定作品,但不予保护

认可短时艺术品的作品属性,并将其归入著作权法中的法定作品类型,但

---

① (2016)鲁 0102 民初 976 号。

② 635 F. 3d 290, 304 (7th Cir. 2011).

因为各种原因未给予著作权保护。

在前述张冬晛诉韩童著作权权属、侵权纠纷案的二审判决中,法院认可了涉案花束的独创性,归属于美术作品中的实用艺术品。[①] 在何吉诉杭州天蚕文化传播有限公司著作权权属、侵权纠纷案中,一、二审法院均认可原告的发型形象设计构成立体美术作品。[②]

然而,在张冬晛与韩童案中,二审法院认为,被告韩童在微信朋友圈上传花束照片的行为,主观上没有恶意,也没有获取经济利益的意图,客观上并未给上诉人造成不良影响,在此情况下其行为应视为对其所有权的正当行使。[③] 在何吉诉杭州天蚕文化传播有限公司案侵权比对时,原告能够提交的证据仅为《青年时报》刊载的照片以及被告的演出照片。这些平面照片不能清晰地反映立体作品各个立面的细节特征,给认定侵权造成了一定的困难。法院判决原告承担举证不能的不利后果。[④]

4. 承认短时艺术品的著作权,并对其著作权权益予以保护

典型的是 1993 年法国埃菲尔铁塔百年灯光秀侵权案。原告为埃菲尔铁塔的百年庆典设计灯光秀并享有所有的开发使用权利(all the exploitation rights)。法院认定,对灯光效果的编排构成视觉创意(visual creation),应受著作权法保护,禁止被告对灯光秀以拍照形式进行复制。[⑤]

同样,在我国"北京中科水景科技有限公司诉北京中科恒业中自技术有限公司、杭州西湖风景名胜区湖滨管理处侵犯著作权纠纷"一案中,海淀区法院一审认为,尽管我国著作权法上没有音乐喷泉作品的类型,但其独创性的喷射效果使得涉案音乐喷泉应该受到著作权的保护。[⑥] 北京知识产权法院维持了一审的侵权认定,同时更明确地将具有独创性、可复制性的灯光、色彩、音乐、水型等多种要素共同构成的动态喷射效果,归类为美术作品。[⑦]

---

① (2017)鲁 01 民终 998 号。

② 参见(2010)杭西知初字第 466 号,(2011)浙杭知终字第 54 号。

③ 参见(2017)鲁 01 民终 998 号。

④ (2010)杭西知初字第 466 号。

⑤ SARL Editions de L'Est v SARL La Mode en Image 1993 DALLOZ 25e II 358.

⑥ (2016)京 0108 民初 15322 号。

⑦ (2017)京 73 民终 1404 号。

（二）由短时艺术品著作权纠纷引发的问题

第一，短时艺术品独创性的判断对象与认定标准问题。从张冬昵与韩童著作权权属、侵权纠纷案的一审判决来看，法院只是概括性地界定了涉案花束上未能体现独创性，却并未对独创性判断的对象及标准进行具体分析。二审判决提出了插花作品独创性判断对象和认定标准，即“体现作者的个性表达，但不应对创造性提出过高的要求，也不应对作品的文学或艺术价值提出过高要求”[①]。如果能够从插花作品这种短时性的特殊表达形式出发，在对象和标准上进行针对性分析，法院的判决将更有说服力。

第二，短时艺术品的可复制性或固定性问题。我国《著作权法实施条例》第 2 条在对作品内涵进行界定的时候[②]，规定了“能以某种有形形式复制”，也称作“可复制性”，被视为受我国著作权法保护作品的构成要件之一。在我国短时艺术品的相关案件中，短时艺术品的可复制性几乎不存在争议。在前述张冬昵与韩童著作权权属、侵权纠纷案中，二审法院直接肯定花艺作品“能够以有形形式复制”。在何吉与杭州天蚕文化传播有限公司著作权权属、侵权纠纷上诉案[③]中，两级法院均认可，涉案“西湖十景”人物形象造型以有形的表达方式呈现，可以通过拍照、摄录等有形形式进行复制，具有可复制性。但是有的国家，如美国版权法上则对可版权作品要求具有“固定性”[④]——由作者或经作者同意，体现于复制件(copies)或录音制品中的作品持续(permanent)、稳定(stable)地存在一段时间，以至于能够在一段时间内(a period of more than transitory duration)被人们感知、再现或者以其他方式传达。[⑤] “持续、稳定”要求成为短时艺术品固定性的障碍，例如 Kelley v. Chicago Park District 案。

第三，短时艺术品的作品类型问题。我国《著作权法》第 3 条明确列举八

① (2017)鲁 01 民终 998 号。

② 《著作权法实施条例》第 2 条规定，著作权法所称作品，是指文学、艺术和科学领域内具有独创性并能以某种有形形式复制的智力成果。

③ (2011)浙杭知终字第 54 号。

④ 17U. S. C. 102(a)。

⑤ 17U. S. C. 101。

大类作品[①],并以“法律、行政法规规定的其他作品”作为第九类来兜底。尽管著作权法没有穷尽作品的类型,但是要受到著作权法保护,必须属于作品的“法定类型”,因为我国采取的是封闭式列举的模式[②],法院无权在上述规定以外创设新的作品类型。然而,从我国司法审判实践来看,北京海淀区法院在审理音乐喷泉著作权纠纷案时,并未局限于作品的法定类型。而且,国务院法制办 2014 年 6 月发布的《著作权法(修订草案送审稿)》对我国现行规定进行了修改,除明确列举的十五类作品类型[③]外,又以“其他文学、艺术和科学作品”进行兜底,而不需以法律、行政法规明确规定为条件,使我国现行封闭式列举的模式具有转化为开放列举模式的趋势。美国版权法始终采取开放式列举的模式,其成文版权法对作品所进行的分类仅是说明性的而非限制性的。[④] 即便如此,美国对于版权客体的扩张却采取十分谨慎的态度,法院判断版权客体时仍以尊重立法者对作品类型的设定为主。[⑤] 因此,短时艺术品能否归入现有法定作品类型中,或者突破法定类型作为新的作品给予著作权法的保护,值得探究。

第四,“短时性”带来的短时艺术品与相应的平面复制形式之间的联系问题。平面复制主要包括摄影及录像,二者的区别在于,摄影只能展现原作品的单一角度,而录像往往能够多角度体现作品的形态。有些短时艺术品需要以平面复制形式进行传播,例如安迪・高兹沃斯(Andy Gold-sworthy)创作的水画面作品,它用一个框把水草形成的编排稳定住,然后利用水流将其冲走,整个过程只能被录拍下来保存;有些短时艺术品创作的目的本身就是以平面复制件的形式进行展示。例如,为拍摄杂志封面或配图,由室内设计师对相关物品进行摆放、编排,并由摄影师进行光线、视角等拍摄因素的选择。除此之外,

---

① 包括文字作品,口述作品,音乐、戏剧、曲艺、舞蹈、杂技艺术作品,美术、建筑作品,摄影作品,电影作品和以类似摄制电影的方法创作的作品,工程设计图、产品设计图、地图、示意图等图形作品和模型作品,计算机软件。

② 刘剑文、王清:《关于版权客体分类方法与类型的比较研究》,《比较法研究》2003 年第 1 期。

③ 包括文字作品、口述作品、音乐作品、戏剧作品、曲艺作品、舞蹈作品、杂技艺术作品、美术作品、实用艺术作品、建筑作品、摄影作品、视听作品、图形作品、立体作品、计算机程序。

④ 转引自 Joan Infarinato, “Copyright Protection for Short-Lived Works of Art,” *Fordham Law Review*, 1982,51(1), p. 99.

⑤ Kelley v. Chicago Park District, 635 F. 3d 290, 304 (7th Cir. 2011).

更多的短时艺术品需要通过平面复制形式进行证据的保存。这些特殊性会带来短时艺术品著作权主体认定、侵权判定等方面上的困难。

二、短时艺术品著作权保护的必要性及可行性

从艺术表现形式上,可以将短时艺术品分为静态艺术品与动态艺术品。其中,静态短时艺术品包括诸如插花、多维度服装艺术展、商场的橱窗展示、剧院的舞台设计、室内设计,或者利用大地材料(土壤、石头、木头、冰雪、砂石等)在大地上创造出的大地艺术品①,例如冰雕、沙雕等。动态短时艺术品的典型是灯光表演、沙画表演或者音乐喷泉表演等。

(一)短时艺术品著作权保护的必要性

短时艺术品摆脱了传统艺术品的特定程式,采用新奇的材料、借助独特的载体,在多样化的空间里展现其综合性的创作理念。这不仅体现了日常之物摆脱庸常的可能,也展现出艺术摆脱陈陈相因的可能,其独特的艺术价值不容小觑。② 对艺术创作而言,经济上的回报是对创作者必不可少的激励。在我国,短时艺术品的商业化模式逐渐成熟③,但并不意味着创作者已然得到了足够的经济回报。

原因之一,在短时艺术品行业中,互相抄袭导致的同质化现象屡见不鲜。例如室内设计,随着感性消费时代的来临,消费者对产品创新设计的要求越来越高。但是有的竞争者倾向于靠价格和影响力而不是创新来参与市场竞争,所以相互雷同充斥市场。

---

① 参见谷泉:《大地艺术》,《美术观察》2001 年第 7 期。

② 例如,安迪·高兹沃斯(Andy Goldsworthy)创作的冰雕系列艺术品——星形冰雕和环绕在树干上的螺旋形冰雕等,既体现了冰轻巧高雅的美感,又以冰雕易融化的特性诠释了人类创作在永恒大自然中的微不足道。再如在上海康定路,法国艺术家赛斯(Seth)以面临拆迁的一堵墙为背景创作的“废墟涂鸦”,反映出人们在社会发展变革过程中对家园故土的思考,是极具时代特征的公共艺术品。

③ 例如插花艺术品,其商业模式主要有两种:一种是那些根据审美情感需要进行的纯艺术创作,一般通过展览、示范表演或作品影集的方式发表;另一种是根据放置环境与使用目的需要而进行的编排,也称为花艺设计,包括喜庆典礼用花设计、送礼用花设计及装饰用花设计等。在日本,插花艺术品的商业价值还可以体现为利用插花照片制作月历、年历、购物专刊等。

原因之二，短时艺术品很容易以摄影等方式进行平面复制，对其后续的商业性利用难以控制。例如在插花展中，游客任意的拍照都可以进行商业性利用：将照片贴在婚庆公司的网站吸引消费者，或者用于出版插花类的图书，或者制成明信片、挂历等出售，大多数情况下都不署名，即便署名也并未征得作者的同意。这些行为已然侵犯了创作者的经济权利和精神权利。

原因之三，在雇佣创作或者合作创作关系中，被雇佣的短时艺术品创作者往往无法与雇佣人谈判合理的价格，而只能按日计酬，更遑论主张自己作品在市场后续使用中产生的利益回报。因此，从激励创作、促进产业发展的角度，对短时艺术品的创作者给予精神和经济上的充足回报十分有必要。著作权保护的是文学、艺术和科学领域内的具有独创性的智力成果，作为艺术领域内的智力劳动成果，短时艺术品适合在著作权法律制度中寻求必要且充分的保护。

(二)短时艺术品的独创性

TRIPS 第 9 条第 2 款规定，版权保护延及表达，而不延及思想、工艺、操作方法或数学概念之类。因此，独创性判断的对象是体现创作者思想的特定"表达"。

1. 短时艺术品的独创性判断对象

短时艺术品的魅力之一来自于对物体或者现有的作品进行选择、编排后获得的艺术效果，我国《著作权法》第 10 条第 16 项规定，汇编作品是指汇编若干作品、作品的片段或者不构成作品的数据或者其他材料，对其内容的选择或者编排体现独创性的作品。在美国司法实践中，"选择—编排原则"(selection-arrangement principle)[①]是可保护表达的判断标准之一，即作品的独创性可以体现为对平凡的材料和行为进行选择并进行新颖的组合和编排。可见，对自然物或其他艺术作品进行独创性的选择和编排，成就了短时艺术作品。因此，法院在判断短时艺术品的独创性时，应当将自然因素或其他外在因素与创作者的"表达"分离，着眼于创作者所展现的选择和编排效果。如果在选择、编排上体现了独创性，则可以构成受著作权保护的作品。

---

① Joan Ingarinato, "Copyright Protection for Short-lived Works of Art," *Fordham Law Review*, 1982, 51(1), p. 120.

2.短时艺术品的独创性判断标准

各国对作品“独创性”的标准把握上存在差异。在版权体系国家,英国传统上一致认同的独创性仅要求“作品源于作者,并体现作者充分的技能、劳动、努力、投资和判断(无须同时满足这些标准)”①。美国经过 Feist v. Rural 案后,认为独立完成加适量的创造性就可以满足独创性的要求。② 而在作者权体系国家,如法国、德国等,作品是作者人格的延伸,作品必须具有作者个性的痕迹才值得保护③,才构成个性化的智力创造(personal intellectual creation)④,这也是作者权体系国家对“独创性”的要求。从我国司法实践来看,只要作者付出了智力性劳动,作品体现了其个人的选择、判断,就可以认定其具有独创性,不管是何种类型的艺术品。

(三)短时艺术品的可复制性或固定性

我国立法并未对“可复制性”的内涵进行阐释,只能从《著作权法》第 10 条第 5 项规定的著作财产权中的复制权来寻求答案。复制权是指以印刷、复印、拓印、录音、录像、翻录、翻拍等方式将作品制作一份或者多份的权利。尽管我国立法列举了复制行为,但是并未穷尽复制的类型。《保护文学和艺术作品伯尔尼公约(1971 年巴黎文本)指南》将复制范围解释为“以任何方式和形式”,足以包括已知或未知的方式和形式。此外,我国司法实践并未对可复制性提出过高要求,只要求“智力劳动成果须借助特定形式为他人知晓和确定”⑤。综上,短时艺术品即便存在时间短暂,仍可以通过录像、摄影等已知或未知方式被复制下来,显然符合“可复制性”要件。

然而在美国,由于其对作品“固定性”的要求包含“稳定、持续”要件,使得

---

① University of London Press v. University Tutorial Press [1916] 2 Ch 601, at 609-610; Ladbroke (Football) v. William Hill (Football) [1964] 1 WLR 273, at 281-282, 287-291.

② Feist Publications, Inc. v. Rural Telephone Service Company, Inc. Supreme Court of the United States, 1991, 111, S. ct,1282, 499U. S. 340,113L. Ed. 2d358.

③ “l'empreinte de la personnalité de l'auteur,” Lucas A, Lucas H-J Traité de la propriété littéraire et artistique. 3rd edn. Litec/Lexis-Nexis, Paris (2006), p. 73; Vivant M, Bruguière J-M (2009) Droit d'auteur. Dalloz, Paris (2009), p. 163; Binctin N (2010) Droit de la propriété intellectuelle. Lextensio éditions, Paris (2010), p. 47.

④ “persönliche geistige Schöpfungen,” German Copyright Act 1965, Sec. 2(2). Loewenheim in: Schricker and Loewenheim (2010) Sec. 2 notes 8, 11, 18; Rehbinder (2010), p. 33.

⑤ 《最高人民法院知识产权案件年度报告(2016)》摘要。

短时艺术品的版权保护遭遇障碍。在 Kelley v. Chicago Park District 案中，法院就以此否认了涉案花园的固定性。然而需要强调的是，花园作品的独创性在于对园中鲜花进行的选择和编排，而非花朵本身的样态，因此即便花朵本身随自然因素随时变化，对花的编排仍然具有稳定性。有学者甚至认为，当一个室内设计师将静物、花瓶、花束以及家具进行编排，置于适当的位置时，便构成了其作品的原稿(manuscript)，对这些编排的展示就是一种有形的媒介，构成所谓的“复制件”。① 本文赞同这一观点，短时艺术品具备可复制性或者固定性。

三、短时艺术作品著作权保护的障碍及其应对

短时艺术作品特有的产生、传播、使用特点，决定了其在著作权保护中面临诸多的困难和障碍，需要逐一厘清、界定，只有这样，才能让著作权的激励效用真正发挥出来。

(一)短时艺术作品的著作权主体

由于短时艺术作品自身存在时间短暂，因此将其拍摄下来并发表是保存、传播作品或者保存证据的最佳途径。因此，有些短时艺术创作会产生两项艺术成果：一是短时艺术家对物品进行独创性选择、编排形成的短时艺术作品，往往在拍摄结束时(后)便不复存在；二是摄影师以短时艺术作品为对象拍摄的摄影作品。短时艺术作品与相应的摄影作品之间存在密不可分的联系，承认短时艺术品的著作权，就必须面对短时艺术作品与摄影作品之间的关系以及短时艺术家与摄影师之间的著作权利益分配等问题。

第一，短时艺术家可以成为摄影作品的合作作者。《著作权法》第 13 条规定了“合作作品”②，但是并未明确规定合作作品的构成要件及其认定标准。在我国司法实践中，一般以创作者具有“共同创作行为”来认定合作作品，而不以

---

① Joan Infarinato, “Copyright Protection for Short-Lived Works of Art,” *Fordham Law Review*, 1982, 51(1), p. 107.

② 《著作权法》第 13 条规定，两人以上合作创作的作品，著作权由合作作者共同享有。合作作品可以分割使用的，作者对各自创作的部分可以单独享有著作权，但行使著作权时不得侵犯合作作品整体的著作权。

主观合意为要件①,因此合作作者是指“共同参与作品创作并做出独创性贡献的人员”②。但是有的国家却要求主观上要有共同创作的合意。例如,在美国版权法中,合作作品的作者必须具有意图将其贡献融入整体作品中,并成为其不可分割的部分。③ 对于摄影作品而言,其独创性既可以体现在拍摄角度、距离、快门、光圈和曝光等拍摄因素④的选择所呈现出的艺术效果,也可以体现在选择、编排拍摄对象所构成的表达,“作品画面所呈现的构图、光线对比、人物细微的姿势、神态、服饰以及物品摆放的状态等属于(摄影)作品表达的有机组成部分”⑤。上述对摄影作品独创性表达的要素组成也在我国司法实践中得以肯定。⑥ 随着社会分工的细化,对拍摄的对象例如人物、服饰、物品等进行独创性的选择、编排这一工作常常是由短时艺术家来完成,摄影师进行角度、光线等的选择,短时艺术家与摄影师基于共同创作的意图,共同参与摄影作品的创作并做出独创性的贡献,可以在摄影作品上成为合作作者,共同享有著作权。

第二,短时艺术家可以通过委托创作成为著作权人。有些情况下,短时艺术家创作短时艺术作品,并不具有与他人成为合作作者的意图,但是为更好地利用短时艺术作品,短时艺术家可委托摄影师等其他受托人,对其短时艺术作品进行固定。像插花艺术家创作插花艺术品,为了后续的展览、宣传或发行,需要委托摄影师对插花作品进行拍摄。依据我国《著作权法》第 17 条⑦,双方可约定摄影作品的著作权归属。即便没有明确约定归属,委托人仍有权在约

---

① 杨栗诉春风文艺出版社、上海新华书店长宁区店著作权侵权纠纷案[(2004)沪一中民(五)知初字第 134 号]。

② 黄能华、许文霞、许文霆、许文露、许文雷诉扬州扬子江音像有限公司、汝金山著作权纠纷案[(2007)沪高民三(知)终字第 57 号,最高人民法院(2010)民申字第 556 号]。

③ 17U. S. C. 101.

④ “作者在拍摄过程中根据所拍摄产品的不同特性,选取了不同的场景、角度、光线和拍摄手法,体现了作者的创造性劳动,并非简单的机械性的记录过程,涉案照片具有独创性,应当认定为我国著作权法保护的作品。”参见鹤山银雨灯饰有限公司诉邓有联、邓丽英、吴汝强著作权侵权纠纷案[(2006)粤高法民三终字第 122 号]。

⑤ 薛华克诉燕娅娅、北京翰海拍卖有限公司侵害著作权纠纷案[(2012)二中民终字第 11682 号]。

⑥ 上海富昱特图像技术有限公司诉上海天哲计算机科技有限公司侵害作品信息网络传播权纠纷案[(2012)徐民三(知)初字第 1 号]。

⑦ 《著作权法》第 17 条规定,受委托创作的作品,著作权的归属由委托人和受托人通过合同约定。合同未作明确约定或者没有订立合同的,著作权属于受托人。

定的或委托创作的特定目的范围内免费使用带有插花作品的摄影作品。[①]

第三，短时艺术家作为短时艺术作品的创作者成为著作权人。短时艺术家可以授权摄影师对其短时作品进行复制，并通过授权许可合同获得相应的报酬。

(二)短时艺术作品的类型法定化

无论是我国现行的封闭式列举模式，抑或是修订草案送审稿中的开放式列举模式，对短时艺术作品的著作权保护，仍以作品类型法定化为首选，即尽可能地解释为现有作品类型，将各种新型作品塞入法定作品目录中。[②]

1. 静态短时艺术作品的类型

根据我国《著作权法实施条例》第 4 条第 8 项，美术作品是指绘画、书法、雕塑等以线条、色彩或者其他方式构成的有审美意义的平面或者立体的造型艺术作品。美术作品的主要特征在于视觉性，从而区别于音乐作品、戏剧作品、曲艺作品等需要通过听觉进行艺术审美的形式；美术作品也以静态性与舞蹈作品、杂技艺术作品等以连续画面构成的艺术审美形式不同。静态短时艺术作品，符合我国立法对美术作品视觉性、静态性的要求，可以构成美术作品。但是对于兼具艺术性与实用性的短时艺术作品属于何种作品类型，目前立法中没有规定。

从国际条约的规定来看，兼具艺术性与实用性的作品被称为“实用艺术作品”[③]。《保护文学和艺术作品伯尔尼公约(1971 年巴黎文本)指南》第 2 条第 1 款，将实用艺术作品的范围解释为“这种一般性表述涵盖小摆设、首饰、金银器皿、家具、壁纸、装饰品、服装等各类艺术设计”。我国仅在 1992 年《实施国际著作权条约的规定》第 6 条对外国实用艺术作品规定了 25 年的保护期。但在司法实践中，法院已基本上认可实用艺术作品的著作权保护，只是将实用艺

---

① 《最高人民法院关于审理著作权民事纠纷案件适用法律若干问题的解释》第 12 条规定：按照著作权法第 17 条规定委托作品著作权属于受托人的情形，委托人在约定的使用范围内享有使用作品的权利；双方没有约定使用作品范围的，委托人可以在委托创作的特定目的范围内免费使用该作品。

② 陈锦川：《法院可以创设新类型作品吗？》，《中国版权》2018 年第 3 期。

③ 《保护文学和艺术作品伯尔尼公约》将实用艺术作品界定为“具有实用性、艺术性并符合作品构成要件的智力创作成果”。

术作品归入美术作品的类型，例如前述插花著作权权属、侵权纠纷案。[①] 2014年6月的《著作权法》(修订草案送审稿)，明确将“实用艺术作品”单独列为著作权保护的作品类型，并将其界定为“玩具、家具、饰品等具有实用功能并有审美意义的平面或者立体的造型艺术作品”。如果该修订草案顺利通过，则兼具艺术性与实用性的短时艺术作品将以法定的“实用艺术作品”的身份得到著作权法的保护。

2. 动态短时艺术作品的类型

与静态短时艺术作品不同，灯光秀、沙画表演、音乐喷泉等动态短时艺术作品，其特征在于画面的连续性和动态性。这一特征使其与戏剧作品、舞蹈作品、杂技艺术作品等具有相似性。但是动态短时艺术作品不满足戏剧作品“舞台表演”特征，也不符合舞蹈、杂技艺术作品以人体动作进行表达的要求。在这些作品类型之外，仅有“电影作品和以类似摄制电影的方法创作的作品”可能涵盖动态短时艺术作品，所以在北京中科水景科技有限公司诉北京中科恒业中自技术有限公司、杭州西湖风景名胜区湖滨管理处侵犯著作权纠纷案中(以下简称“音乐喷泉案”)，原告提供的著作权登记中音乐喷泉以“电影作品和以类似摄制电影的方法创作的作品”出现。[②] 我国《著作权法实施条例》第4条第11项规定，电影作品和以类似摄制电影的方法创作的作品，“是指摄制在一定介质上，由一系列有伴音或者无伴音的画面组成，并且借助适当装置放映或者以其他方式传播的作品”。尽管沙画、灯光秀、音乐喷泉等动态的短时艺术作品符合“由一系列有伴音或无伴音的画面组成”的要件，并且可以摄制成影像存在，但是其本身并不存在“摄制”的过程，也不存在放映或传播的介质，现行“电影作品和以类似摄制电影的方法创作的作品”的类型，难以涵盖动态短时艺术作品，音乐喷泉案中的一审法院也没有采纳该作品类型。[③]

与《法国知识产权法典》第L112-2条第6款规定的“视听作品”即“有声或者无声的电影作品以及其他由连续画面组成的作品”相比，表面来看，动态短时艺术作品符合法国著作权法对视听作品的定义。但是，在1993年法国埃菲

① 张冬昵诉韩童著作权权属、侵权纠纷案[(2016)鲁0102民初976号，(2017)鲁01民终998号]。

② (2016)京0108民初15322号。

③ (2016)京0108民初15322号。

尔铁塔百年灯光秀侵权案[①]中，法院并未将灯光秀归入视听作品的范畴，而是认为其构成“视觉创意（visual creation）”给予著作权保护。我国《著作权法》（修订草案送审稿）第5条也将出现“视听作品”的类型，但实质上是“电影作品和以类似摄制电影的方法创作的作品”的更名，并扩展到符合作品构成要件的录像制品上[②]，很难认为其包含动态短时艺术作品。

引人关注的是北京知识产权法院对音乐喷泉案的二审判决，它一方面承认音乐喷泉不同于绘画、书法、雕塑等美术作品的静态、持久固定的表达方式，另一方面又将音乐喷泉这种动态立体造型表达归于具有审美意义的美术作品。[③] 笔者认为，在我国目前作品类型法定化且封闭式的框架内，将音乐喷泉等动态短时艺术作品塞入现有的作品类型内，是司法实践的无奈之举。相比之下，如果将来能充分利用《著作权法》（修订草案送审稿）第5条第16项的兜底条款，动态短时艺术作品可以在开放的“其他艺术作品”类型中顺利得到著作权法的保护。

四、短时艺术作品的著作权保护与限制

在现实生活中，未经许可对短时艺术作品的商业性使用行为，是否能够认定构成侵权，包含两个关键问题：一是使用短时艺术作品的行为是否属于受著作权控制的行为；二是对短时艺术作品合理使用的界限。

（一）使用短时艺术作品的行为性质

短时艺术作品的通常利用形式主要有复制和改编行为，涉及著作权人的复制权和改编权，在何种情形下构成受复制权或改编权控制的行为，值得进一步探讨。

司法实践对复制行为的认定一般以被控侵权物与原作品在表达上基本相同，且被控侵权物不具有独创性为标准，并且复制不限作品的表达形式，既可

---

① SARL Editions de L'Est v SARL La Mode en Image 1993 DALLOZ 25e II 358.

② 《关于〈中华人民共和国著作权法〉（修订草案送审稿）的说明》指出：“……二、关于修订的主要内容：（ ）鼓励创作，整合权利体系。1. 关于权利客体。将‘电影作品和以类似摄制电影的方法创作的作品’更名为‘视听作品’，取消相关权客体‘录像制品’的规定……”

③ （2017）京73民终1404号。

以是立体到立体的复制,也可以从立体到平面或平面到立体的复制。[①] 改编权出现在我国《著作权法》第10条第14项,是指改变作品,创作出具有独创性的新作品的权利。一般是指不改变作品的内容,只改变作品的表达形式。[②] 我国司法实践对改编行为的认定紧抓两点:一是改编成果与原作品之间的来源关系,即"整体结构、基本形态实质性相似"[③]、改编成果"使用原作品具有独创性的画面形象、二者基本内容相同"[④]等;二是改编成果自身具有独创性。

通过立法和司法的考察及对比可以看出,侵犯复制权或改编权的首要因素均在于使用了原作品的独创性表达。两者的主要区别是,复制成果不具有独创性,改编则要求新成果自身具有独创性。可见,短时艺术作品的使用行为性质,需要具体问题具体分析。

对于那些并未产生独创性的使用,即使表达形式有所改变,如从立体到平面,仍旧属于对原作品的复制。但从现行立法的规定来看,录制行为的性质较为特殊。录制属于对动态的短时艺术作品的平面利用。传统意义上的录制一般是指对表演活动的录制,涉及的是表演者权利中的"首次固定权"[⑤],由此产生的成果称为录像制品。录像制品被认为缺乏独创性而不构成作品,只能受到邻接权的保护。因此,对短时艺术作品的录制,只能构成对原作品的复制,侵犯的是复制权。然而《著作权法》(修订草案送审稿)删除了"录像制品"的规定,将其纳入"视听作品"的范畴。这一修订认可了录制行为可能具有的独创性。在这种情形下,录制短时艺术作品还存在能否构成改编行为的讨论空间。

---

① 例如,在深圳市盟世奇商贸有限公司诉广东高乐玩具股份有限公司、山东华润万家生活超市有限公司侵害著作权纠纷案中,法院二审判决表明,如果"被控侵权商品并未改变涉案美术作品的基本特征,仅改变了涉案美术作品的载体及空间表现形式",则其实际上实现了对涉案美术作品的复制,属于受复制权控制的行为[(2015)深中法知民终字第1486号]。

② 也有观点认为,改编不必改变作品的类型,对已有作品进行同一文学、艺术形式改动的派生创作,如果挪用了原作品的基本内容,也可能构成改编,例如将古典音乐改成流行音乐、将钢琴曲改成交响曲等。参见李杨:《改编权的保护范围与侵权认定问题:一种二元解释方法的适用性阐释》,《比较法研究》2018年第1期。

③ 中国科学院海洋研究所、郑守仪诉刘俊谦、莱州市万利达石业有限公司、烟台环境艺术管理办公室侵犯著作权纠纷案[(2012)鲁民三终字第33号]。

④ 薛华克诉燕娅娅、北京翰海拍卖有限公司侵害著作权纠纷案[(2012)二中民终字第11682号]。

⑤ 《著作权法》第38条规定,表演者对其表演享有下列权利:"……(四)许可他人录音录像,并获得报酬。"

对短时艺术作品的绘画、临摹,在已有司法判决中,均可以认定为复制或改编行为。[①] 然而,摄影行为能否构成改编,司法实践给出的答案却不明确,判断的关键是摄影行为是否产生新的独创性成果。从已有案例来看,改编成果的独创性表现在其个人构思判断与原作品存在较为明显的、能够被识别的差异[②]且具有一定的智力创造高度。[③] 本文认为,如果从短时艺术作品到摄影成果的转变,增添了创新的表达,与原作呈现出较为明显的、可被识别的差异,可以构成对原作品的改编,否则只能属于复制行为。

(二)短时艺术作品的合理使用

我国《著作权法》以列举的方式规定合理使用的情形。其中,第 22 条第 10 项规定,对设置或陈列在室外公共场所的艺术作品进行临摹、绘画、摄影、录像的行为构成合理使用。更进一步,最高人民法院《关于审理著作权民事纠纷案件适用法律若干问题的解释》第 18 条规定,公共场所艺术作品的临摹、绘画、摄影、录像人,可以对其成果以合理的方式和范围再行使用,不构成侵权。其中,"合理的方式和范围"是否包括"以营利为目的的再行使用",在司法实践中认定不一,在理论界也存在争议。

第一种观点是,合理的方式和范围包括以营利为目的的再行使用。[④] 理由是,以立体形式存在的艺术作品,作者获得经济利益的主要方式是对其立体形式的利用,如展出或在其他场合重新制造或建造相同的立体作品;相反,对其平面复制品进行营利性使用对著作权人经济利益的影响有限,且立体艺术作品的平面形式不能全面体现原作品的美感和价值,二者之间不存在直接的市场替代或竞争关系。[⑤] 第二种观点是,判定合理使用应当从再行使用的目的、

① 薛华克诉燕娅娅、北京翰海拍卖有限公司侵害著作权纠纷案[(2012)二中民终字第 11682 号],项维仁诉彭立冲侵害著作权纠纷案[(2015)京知民终字第 1814 号]。

② 薛华克诉燕娅娅、北京翰海拍卖有限公司侵害著作权纠纷案[(2012)二中民终字第 11682 号]。

③ 岑锐洪诉方红杰侵害作品改编权纠纷案[(2015)金义知民初字第 632 号]。

④ 最高人民法院《关于对山东省高级人民法院〈关于山东天竺广告有限责任公司与青岛海信通信有限公司侵犯著作权纠纷一案的请示报告〉的复函》[(2004)民三他字第 5 号],王力君诉舟山市普陀区朱家尖旅游开发投资有限公司、舟山国际沙雕有限公司著作权侵权纠纷案[(2006)浙民三终字第 62 号],工巨贤与绍兴市水利局、绍兴神采印刷有限公司侵犯著作权纠纷案[(2013)民提字第 15 号]。

⑤ 王迁:《知识产权法教程》,中国人民大学出版社 2016 年版,第 235 页。

性质、后果等因素进行综合分析。[①] 短时艺术作品,存在大量设置或陈列在室外公共场所的作品。对于这些作品,是否应允许对其平面复制成果进行营利性使用?本文对此持否定态度。

理由之一,允许对室外短时艺术作品平面复制成果的营利性利用,不符合合理使用的认定标准。《伯尔尼公约》《TRIPS》《世界知识产权组织版权条约》允许其成员对著作权规定例外的限制,但均以该规定只能在特殊情况下作出、与作品的正常利用不相冲突、没有不合理地损害权利人合法权益为前提,即合理使用的"三步检验标准"。我国《著作权法实施条例》第 21 条也规定,不得影响该作品的正常使用,也不得不合理地损害著作权人的合法利益。短时艺术作品合理使用的认定,也应以上述标准为依据。短时立体艺术作品的特殊性在于其短时性,对作品的主要利用方式就是其平面复制成果的利用。例如,大地艺术作品往往依赖于特定的地理环境,其样貌难以重复再现,即难以实现从立体到立体的复制,摄影、录制是展示该作品的最佳手段,除了依靠照片或录像,人们无法再寻觅其踪迹。因此,对短时艺术作品的平面复制成果进行营利性使用很可能构成对原作品的竞争和替代,与其正常利用相冲突。

理由之二,允许对室外短时艺术作品的平面复制成果的营利性使用会影响原作创作者的积极性。尽管艺术的本质表现在所谓的"亲历原则"(acquaintance principle)[②],然而摄影等复制形式仍然在很大程度上向公众展现了原作品的艺术性。短时艺术家创造作品并公开的目的之一就是通过许可他人使用获得报酬。保护创作者在其立体作品平面复制成果上的权利,使著作权人能够控制与原作不同的新市场,从而获得充分的利益回报。反之,将会因不合理地损害短时艺术作品权利人的正当权益,使得权利人缺乏创作激励。

五、结　语

短时艺术作品与传统的艺术作品在创作形式、表达载体等方面存在诸多

① 谢琼、徐真:《室外公共场所艺术作品合理使用的认定》,2017 年 1 月 26 日《人民法院报》第 7 版。

② 艺术给我们的感受,无论我们称之为什么,都必须亲自感知才能得到,很难用另一种媒介向别人描述,哪怕是摄影等"绝对符号"(absolute icon)也难以传达原感受。Malcolm Budd, "The Acquaintance Principle," *The British Journal of Aesthetics*, October 2003, pp. 356-392.

区别，将短时艺术作品的著作权保护与我国立法和司法相融合，是我国《著作权法》在保护新形式艺术作品过程中的一项重要课题：

第一，短时艺术作品符合著作权法律制度的价值目标。通过著作权的赋予和保护，短时艺术创作者可以得到物质和精神上的利益激励，回报以更多、更好的短时艺术作品，满足社会公众对高水平文学艺术作品的不断需求。

第二，短时艺术品符合作品的构成要件。短时艺术作品是可以满足独创性、可复制性的智力劳动成果，包括独创性的选择、编排。

第三，短时艺术作品的著作权主体呈现多样化。短时艺术作品的创作者可以与固定、传播短时艺术作品的创作者同为合作作者，也可以以委托创作者的身份约定成为著作权人，或者直接以权利人的身份许可他人使用短时艺术作品。

第四，短时艺术作品类型的法定化与开放性。对静态的短时艺术作品可以界定为美术作品或者实用艺术作品，对动态短时艺术作品及其他没有出现在列举类型的作品，可以修改我国著作权法中的作品类型条款，用开放式立法替代封闭式立法予以涵盖。

第五，严格区分对短时艺术作品的复制与改编行为。对短时艺术作品的单纯摄影、录制，仍旧是复制行为；只有增加了独创的新表达，并且与原短时艺术作品有明显差异，才属于改编行为。

第六，厘清公共场所短时艺术作品合理使用的界限。除了列举外，我国著作权法还应该按照国际公约的合理使用判断标准予以概括规定。以此为依据，不仅禁止对短时艺术作品从立体到立体的复制，即使从立体到平面，对短时艺术作品的营利性复制也不能视为合理使用。

（原载于《山东大学学报（哲学社会科学版）》2018 年第 6 期）

公共政策实证研究

养老机构扶持政策实施效果研究
——基于山东省 45 家养老机构的调查分析

田 杨　崔树义　杨素雯

机构养老作为居家养老和社区养老的重要补充,在社会化养老中发挥着不可或缺的作用。近年来,中央和地方政府集中出台了一系列扶持养老机构发展的政策。对这些政策的实施效果进行评估和反馈,及时总结养老机构发展过程中的经验和教训,对于决定政策的延续或调整具有重要的参考价值。

一、文献回顾

国家扶持政策对养老机构尤其是民营养老机构的发展发挥着重要的引导作用。因此,对养老机构扶持政策的分析、评价成为学者们研究养老机构以及养老服务业发展的重要方面。

(一)政府扶持政策下养老机构的发展和服务现状

为积极应对老龄化发展态势,国家"十二五"规划提出机构养老应在养老服务体系中发挥"支撑"作用。"十二五"期间,我国养老服务机构快速发展,养老服务床位数由 2011 年的 352.2 万张增长到 2015 年的 672.7 万张,数量翻了 1.9 倍多,实现了每千名 60 岁及以上老人拥有床位数达到 30 张的建设目标。2016 年全国新增养老服务床位 57.5 万张,床位总数达到 730.2 万张。[①] 2017

① 民政部:《2011 年社会服务发展统计公报》(2012-6-21)、《2015 年社会服务发展统计公报》(2016-7-11)、《2016 年社会服务发展统计公报》(2017-8-3),http://www.mca.gov.cn/article/sj/tjgb/,访问时间:2017 年 11 月 1 日。

年2月发布的《"十三五"国家老龄事业发展和养老体系建设规划》中，未单独列出整体养老床位建设指标，但在各地相继出台的老龄事业发展规划中，依然可以看到"9064"[①]的发展目标。近年来，民间社会资本参与养老服务获得空前的政策支持，公建民营和民办养老机构也快速发展起来。但当前机构养老服务却出现了一些怪象，导致发展陷入困境。一方面，政府提出的建设目标混淆了潜在需求和有效需求两个概念，缺乏对有效需求的科学评估，过于粗放的推算方式产生了床位数依然"供不应求"的状况判断。另一方面，从整体养老机构尤其是民营机构运营和老年人利用情况来看，老年人入住率低，床位空置率高，机构运营困难，同时老年人个性化的养老需求未能得到有效满足，出现了供需错位和养老服务资源的浪费状况。学者们一致认为，当前养老服务供给、需求与利用之间存在的结构性矛盾成为我国养老机构发展中的突出问题。[②]

(二)养老机构扶持政策实施效果的评价及相关研究

无论是政策实施前的养老服务需求评估，还是政策实施后的效果评估，都是政府决策过程的必要环节，有助于提升养老服务供给质量和政策制定的科学性和合理性。[③] 对养老机构扶持政策实施效果的评价，可以衡量扶持政策是否得到了有效利用，这也成为下一步政策制定的依据所在。[④] 关于养老机构扶持政策实施效果的评价标准，从大的框架来看，公平性和有效性可作为实施效果的评估标准[⑤]；从具体内容来看，应从养老机构入住率、床位利用率以及机构

---

① 即90%的老年人在社会化服务协助下通过家庭照顾养老，6%的老年人通过政府购买社区照顾服务养老，4%的老年人入住养老服务机构集中养老。

② 潘金洪：《江苏省机构养老床位总量不足和供需结构失衡问题分析》，《南京人口管理干部学院学报》2010年第1期；穆光宗：《我国机构养老发展的困境与对策》，《华中师范大学学报(人文社会科学版)》2012年第2期；王莉莉：《基于"服务链"理论的居家养老服务需求、供给与利用研究》，《人口学刊》2013年第2期；吴玉韶：《养老服务热中的冷思考》，《北京社会科学》2014年第1期；张盈华、闫江：《中国养老服务现状、问题与公共政策选择》，《当代经济管理》2015年第1期；赵娜、方卫华：《人口老龄化、养老服务需求与机构养老取向》，《重庆社会科学》2016年第5期。

③ 黄俊辉等：《需求评估：构建社会养老服务体系的关键环节》，《老龄科学研究》2014年第8期。

④ 吉鹏：《社会养老服务供给主体间关系解析——基于委托代理理论的视角》，《社会科学战线》2013年第6期。

⑤ 陈雷：《民办养老机构优惠扶持政策实施评估研究：基于公平性与有效性视角》，《云南大学学报(社会科学版)》2016年第1期。

盈利水平，即能否持续提供养老服务来判断。① 目前，国内对养老机构运行效率评价方面的研究较少，代表性的有吴敏(2011)和任洁(2016)的研究，分别对济南市的45家养老机构和厦门市的28家养老机构进行了运行效率以及影响因素之间的分析。② 与此相比，学者们对养老机构扶持政策实施效果的案例分析及对策建议方面的研究较多。张翔、林腾(2012)对浙江省养老机构进行调查后发现，民营养老机构投资者将获取财政补贴作为主要盈利手段，提出应对现行养老机构补贴政策进行完善。③ 陈无风(2014)对广州养老机构的调查发现，地方政府出台的优惠政策对民营养老机构的生存状况并未起到实质性的改善作用。④ 陈雷(2016)对全国民办养老机构优惠扶持政策实施情况进行综合评估后，提出应推进政策的公平性、明晰政策建设维度以及厘清政策实施职责等发展建议。⑤

二、养老机构扶持政策实施效果评估方法

2013年被称为民办养老机构发展的元年。这一年，民政部密集出台了相关政策促进养老机构的建设与发展；国务院颁布《关于加快发展养老服务业的若干意见》，提出了完善投融资、土地供应、税费优惠、补贴支持、人才培养和就业等优惠扶持政策，培育和扶持养老机构的建设与发展。该文件发布之后，各地紧密出台相关政策措施，积极推进养老机构优惠扶持政策的实施。鉴于养老机构扶持政策的庞杂性及各地区间存在的差异，本文选择具有普遍性和综合性的资金扶持、人力支持以及推进医养结合三方面政策具体分析。

政策实施需要效果评估，通过掌握阶段性进展判断是否收到了预期效果，及时发现实施过程中存在的问题，从而决定政策的延续或是调整。政策实施

① 赵娜、方卫华：《人口老龄化、养老服务需求与机构养老取向》，《重庆社会科学》2016年第5期。

② 吴敏：《基于需求与供给视角的机构养老服务发展现状研究》，山东大学博士论文，2011年；任洁：《机构养老服务效率研究：以厦门市为例》，《人口与经济》2016年第2期。

③ 张翔、林腾：《补"砖头"、补"床头"还是补"人头"：基于浙江省某县养老机构的个案调查》，《社会保障研究》2012年第4期。

④ 陈无风：《民办养老机构行政补助研究》，《兰州学刊》2014年第6期。

⑤ 陈雷：《民办养老机构优惠扶持政策实施评估研究：基于公平性与有效性视角》，《云南大学学报(社会科学版)》2016年第1期。

效果评估主要包含三部分内容:一是政策干预是否发生了作用,二是是否实现了预期设想,三是是否产生了预想外的效果。① 政策实施效果分为直接效果和最终效果。直接效果是最直接的、短期内产生的影响,比较容易判断和评估。但直接效果并不等同于政策的最终效果。政策的最终效果通常具有复杂性、整合性等特点,很难用简单的指标进行界定。

如图 1,政府制定养老机构建设扶持政策的最终目的是为了加快发展养老服务业,从而更好地满足老年人多元化的养老需求,但扶持政策执行后带来的最直接影响可能是养老服务供给方面产生的变化,例如养老机构数量和床位的增加,服务人员素质的提升,养老资源的有效整合等。

鉴于老年人需求的满足是制定养老机构扶持政策的根本出发点,理想的状态是在政策制定环节对老年人的实际需求进行较为充分、准确的评估。在此基础上,政策执行过程中的阶段评估以及实施一个周期后的效果评估,才会为下一步政策的制定提供可靠的依据。养老机构扶持政策实施后,最为直观的效果体现为机构养老服务供给的量和质两方面的改善。而养老服务供给与老年人有效需求进行对接的结果表现为养老机构及其服务的实际利用情况,这也是扶持政策实施效果评估的综合指标和核心内容(图 2)。

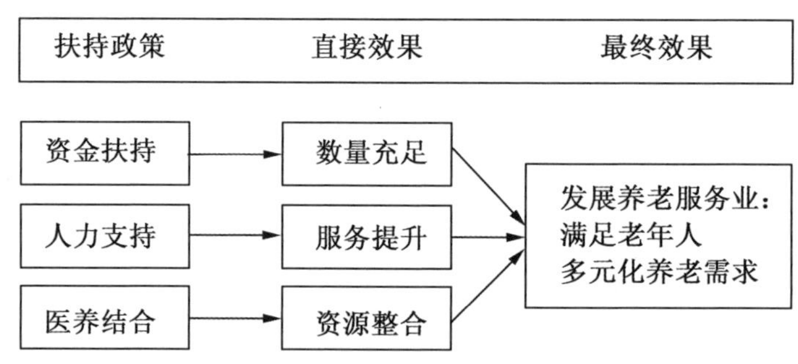

图 1 养老机构扶持政策的直接效果和最终效果

① [美]彼得·罗希等:《评估:方法与技术》,邱泽奇等译,重庆大学出版社 2015 年版,第 43 页。

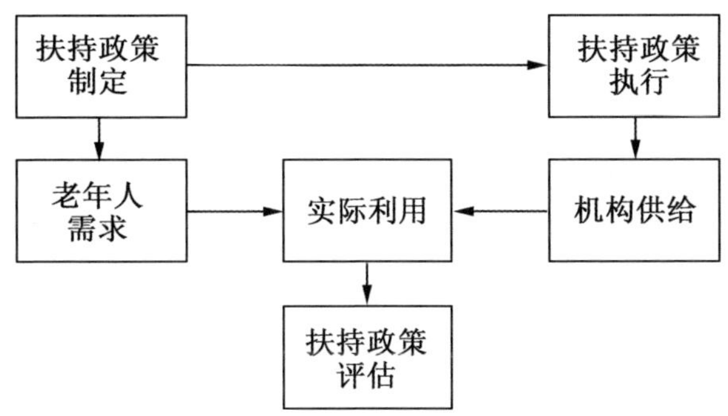

图 2 养老机构扶持政策实施效果评估的分析框架

三、山东省养老机构运行效率评估

2016 年 8～10 月，山东社会科学院人口学研究所和山东省老年产业协会联合组成调研组①，对山东全省 17 个市的 45 家养老机构进行了实地调查和数据采集。本文采用数据包络分析法（DEA）和二元 Logistic 回归方法对山东省 45 家养老机构的运行效率以及相关影响因素进行评估。

（一）运行效率的 DEA 分析

由于投入指标和产出指标不能同时为 0，剔除数据不合格的 6 家机构，最终进入 DEA 分析的养老机构为 39 家。为尊重机构的隐私权，分析过程中本文以“机构 1、机构 2、……机构 39”来代替养老机构原有名称。在养老机构运行效率评价指标的选择方面，除参考国内相关研究外，还通过实地调查和对养老机构运营者、基层民政部门官员以及相关领域专家的访谈，根据养老机构建设目标和评价意义，对指标进行了优化和修正。本文最后选择投资金额、机构面积、床位数量以及机构人员数量 4 个指标作为投入指标，入住老人总数，入住老人中自理、介助、介护老人数量 4 个指标作为产出指标，如表 1 所示。

① 调研组组长：崔树义；成员：田杨、杨素雯、白玉光、徐兆恩、孙同德、王承强、冷冬梅、张月君。调研活动得到山东省老年产业协会及各地民政部门、老年产业协会和各养老机构的支持，在此一并表示感谢。

表 1　　山东省养老机构运行效率评价指标

投入指标	产出指标
投资金额	入住老人总数
机构面积	自理老人数量
床位数量	介助老人数量
机构人员数量	介护老人数量

本文使用的统计软件为 MaxDEA。根据规模报酬情况,DEA 模型可分为两类:规模报酬不变 CCR 模型和规模报酬可变 BCC 模型。CCR 模型假设前提规模报酬不变,该模型计算出的效率值为技术效率;BCC 模型假设前提规模报酬可变,该模型计算出的效率值为纯技术效率;技术效率和纯技术效率之间的比值为规模效率。利用 DEA 模型计算出基于 2016 年调查数据的山东省养老机构的技术效率、纯技术效率和规模效率,具体结果见表 2。各个机构的效率值在 0 到 1 之间,数值越大说明效率越高。尤其当效率值为 1 时,表明该机构的效率已经达到最优状态。由表中数据可以看出,在整体效率方面,作为本研究样本的 39 个养老机构的平均技术效率值为 0.684,平均纯技术效率值为 0.814,平均规模效率值为 0.818。这些数据说明这 39 个机构的运行效率还有进一步提升的空间。

表 2　　山东省养老机构运行效率统计分析

DMU	技术效率	纯技术效率	规模效率	规模报酬
01	0.119	0.178	0.67	非 DEA 有效,增加
02	0.23	0.338	0.68	非 DEA 有效,增加
03	0.235	0.439	0.535	非 DEA 有效,增加
04	0.596	0.633	0.942	非 DEA 有效,增加
05	0.751	1	0.751	非 DEA 有效,增加
06	0.526	1	0.526	非 DEA 有效,减少
07	0.734	0.761	0.965	非 DEA 有效,减少
08	1	1	1	DEA 有效,不变
09	0.717	0.733	0.978	非 DEA 有效,增加
10	0.177	0.275	0.644	非 DEA 有效,增加

续表

DMU	技术效率	纯技术效率	规模效率	规模报酬
11	0.542	0.582	0.932	非 DEA 有效，减少
12	1	1	1	DEA 有效，不变
13	0.925	0.926	0.999	非 DEA 有效，减少
14	0.546	0.743	0.735	非 DEA 有效，减少
15	0.572	1	0.572	非 DEA 有效，减少
16	0.08	0.652	0.122	非 DEA 有效，增加
17	1	1	1	DEA 有效，不变
18	1	1	1	DEA 有效，不变
19	0.291	0.773	0.377	非 DEA 有效，增加
20	1	1	1	DEA 有效，不变
21	1	1	1	DEA 有效，不变
22	1	1	1	DEA 有效，不变
23	1	1	1	DEA 有效，不变
24	0.6	0.73	0.823	非 DEA 有效，减少
25	0.299	0.502	0.596	非 DEA 有效，增加
26	1	1	1	DEA 有效，不变
27	1	1	1	DEA 有效，不变
28	1	1	1	DEA 有效，不变
29	0.388	0.898	0.432	非 DEA 有效，增加
30	1	1	1	DEA 有效，不变
31	1	1	1	DEA 有效，不变
32	1	1	1	DEA 有效，不变
33	0.317	0.335	0.945	非 DEA 有效，增加
34	0.381	0.409	0.932	非 DEA 有效，增加
35	0.42	0.834	0.504	非 DEA 有效，增加
36	0.732	1	0.732	非 DEA 有效，增加
37	1	1	1	DEA 有效，不变
38	0.517	1	0.517	非 DEA 有效，减少
39	1	1	1	DEA 有效，不变
平均值	0.684	0.814	0.818	

从技术效率值的统计情况来看,效率值处于0.5以下的机构有11家,占所有平台数的28.2%;处于0.5～0.7的有7家,占平台总数的17.9%;0.7～1的有21家,占所有平台数的53.8%。由此可见,山东省养老机构运行效率处于中等以上水平的居多,但效率值比较低的机构(效率值小于0.5)所占比例也不小,这说明有相当一部分机构在运作过程中没有充分考虑到自身效率问题。在技术效率值小于0.5的11家机构中,有6家机构的技术效率值低于0.3,是养老机构运行效率提升的重点关注对象。在技术效率值大于0.7的21家机构中,技术效率为1的有16家,占所有平台数的41%,在技术效率方面已经达到生产前沿的机构数量较为可观。

对纯技术效率的分析是为了研究在短期内不含规模因素的条件下,机构对实际资源的利用情况及其对技术效率的影响程度。从纯技术效率值来看,低于0.5的有6家,占所有机构的15.4%;在0.5～0.7之间的有4家,占所有机构的10.3%;纯技术效率值大于0.7的有29家,占所有机构的74.3%。这说明在纯技术效率方面,大多数养老机构运行效率还是比较有效的,纯技术效率值保持在一个较高的水平。

在规模有效的情况下,评价单元可以通过两种途径来提升运行效率,一种是在产出不减少的前提下缩小投入,另一种是在投入相同的情况下尽量得到更多的产出。规模收益情况可以分为三种:规模报酬递增(IRS)、规模报酬不变(CRS)和规模报酬递减(DRS)。从规模效率值来看,大部分养老机构处于规模效率值较高的区间,规模效率值在0.7以上的有27家,占所有机构数的69.2%,其中,规模效率为1的高达16家。进一步对山东省养老机构的规模收益情况进行分析,结果如表3所示。

表3　　　　山东省养老机构规模报酬统计

规模报酬	数量	占比
递增	15	38.5%
不变	16	41.0%
递减	8	20.5%

规模报酬递增的养老机构共有15家,规模报酬不变的有16家,规模报酬递减的共有8家。这说明本次调查的39家山东省养老机构中,16家在规模上已经达到最优状态,15家需要扩大规模,还有8家相对于自身实力和产出来说

规模有些过大,如果想要达到效率最优,需要适当缩小机构运营规模。

对于非 DEA 有效机构,根据理想机构进行投影可实现相对有效。通过投影分析,可以了解各养老机构发展的相对有效性,还可以明确机构的规模收益特征及今后调整方向。本文从低于 0.3 的低效率运行的 6 家机构中选择机构 10 为例进行说明(表 4)。从整体上看,投入指标存在冗余,其中投资金额冗余值为 26819.23 万元,面积冗余值为 3.623 万平方米,床位冗余为 452 张,机构人员冗余 32 人。这说明在现有的产出量下,以上冗余的资源没有发挥应有的效率,造成资源的大量浪费。单从产出指标来看,总入住老人指标至少应该增加到 66 名,需要再增加 27 名自理老人,现有资源投入才相对有效。

表 4　　非 DEA 有效机构投影分析

机构	指标	具体指标	原始指标数值	有效面"投影"	变化值
机构 10	投入	投资金额(万元)	28000	1180.772	−26819.23
		机构面积(万平方米)	5	1.377	−3.623
		养老床位(张)	624	172	−452
		机构人员(名)	44	12	−32
	产出	总入住老人(名)	39	66	27
		自理老人(名)	9	36	27
		介助老人(名)	16	16	0
		介护老人(名)	14	14	0

根据 DEA 分析结果,并结合上表非 DEA 有效机构低运行效率投影分析,相关养老机构可以以改进值作为今后提高运行效率的参考。这里需要说明的是,通过软件计算得到的改进值仅是理论上的结果,由于研究对象的特殊性,本文的实证结果仅具有参考意义。

(二)运行效率的影响因素检验

本文使用二元 Logistic 回归方法,建立如下盈亏状况评估模型:

$$Situation=\beta_0+\beta_1 Nature+\beta_2 Level+\beta_3 Time+\beta_4 Area+\beta_5 Investment+\beta_6 Beds+\beta_7 Service+\beta_8 Guests+\beta_9 Costs+\beta_{10} Construction+\beta_{11} Operation+\varepsilon$$

模型中被解释变量 *Situation* 为养老机构盈亏状况，假设亏损为 0，盈余为 1①；*Nature* 为养老机构性质②；*Level* 为养老机构归属级别；*Time* 为建立时间；*Area* 为机构面积；*Investment* 为投资金额；*Beds* 为床位数量；*Service* 为机构人员数量；*Guests* 为入住老人数量；*Costs* 为平均收费标准；*Construction* 为有无建设补助；*Operation* 为有无运营补助。

本文对变量的处理采用虚拟变量法，即将变量分类后基于目标进行赋值，如表 5 所示。

表 5　　Logistic 回归模型中的变量处理

变量	赋值
机构性质	民办＝0；公办及公建民营＝1
归属级别	县级＝0；市级＝1
建立时间	小于 1 年＝1；1～3 年(不含 3 年)＝2；3～6 年(不含 6 年)＝3；6～9 年(不含 9 年)＝4；9 年以上＝5
机构面积	小于 1 万平方米＝1；1 万～4 万平方米(不含 4 万平方米)＝2；4 万平方米以上＝3
投资金额	小于 1000 万元＝1；1000 万～2000 万元(不含 2000 万元)＝2；2000 万～3000 万元(不含 3000 万元)＝3；3000 万～4000 万元(不含 4000 万元)＝4；4000 万元以上＝5
床位数量	小于 200 张＝1；200～400 张(不含 400 张)＝2；400～600 张(不含 600 张)＝3；600 张以上＝4
机构人员	小于 30 人＝1；30～60 人(不含 60 人)＝2；60～90 人(不含 90 人)＝3；90 人以上＝4
入住老人	小于 100 人＝1；100～200 人(不含 200 人)＝2；200～300 人(不含 300 人)＝3；300 人以上＝4
平均收费	小于 1000 元＝1；1000～2000 元(不含 2000 元)＝2；2000～3000 元(不含 3000 元)＝3；3000～4000 元(不含 4000 元)＝4；4000 元以上＝5
建设补助	无＝0；有＝1
运营补助	无＝0；有＝1

① 为方便分析，本文将收支平衡纳入盈余范围。

② 因公办养老机构样本数量过少，本文将公办机构纳入公建民营范围一并处理。

解释变量的筛选采用基于条件参数估计的逐步筛选策略向前选择法(Forward:conditional),通过卡方检验判断变量对模型的显著性。养老机构归属级别、床位数量和机构人员数量显著性较差,说明对被解释变量养老机构盈亏情况影响较小,因此在模型里排除。此外,通过方差膨胀因子(VIF)表明模型不存在多重共线性。

在对变量进行处理、筛选、共线性检验后,利用 SPSS22.0 软件对变量进行回归,回归结果如表 6 所示。

表 6　　Logistic 回归模型结果

变量		B	S. E.	Wald	Df	Sig	95%CI	OR
养老机构盈亏状况	*Nature*	0.303	0.876	2.286	1	0.039	1.062—9.993	4.726
	Investment	2.238	1.924	1.354	1	0.045	0.216—407.04	9.377
	Time	0.929	0.439	4.480	1	0.034	1.017—5.981	2.531
	Area	−1.605	0.497	5.600	1	0.032	0.1300—0.9120	0.345
	Guests	1.034	0.015	5.329	1	0.021	1.005—1.066	1.035
	Costs	1.081	0.524	3.805	1	0.041	1.725—19.447	6.568
	Construction	0.976	0.447	2.848	1	0.046	1.018—24.351	7.754
	Operation	0.805	0.395	3.105	1	0.029	1.271—35.936	9.738
	常数	−21.114	10.456	4.078	1	0.033		0.000
系数综合检验		卡方	38.447	自由度	101	Sig	0.000	
模型汇总		−2 对数似然值	21.220	Cox&Snell R 方	0.574	Nagekerke R 方	0.782	
H-L 检验		卡方	4.941	自由度	7	Sig	0.667	

回归模型表达式为:

$$Situation = 0.303Nature + 0.929Time - 1.605Area + 2.238Investment + 1.034Guests + 1.081Costs + 0.976Construction + 0.805Operation - 21.114$$

首先使用卡方检验统计量对 Logistic 回归结果的总体显著性进行检验,Chi-square 值为 38.447,对应的 Sig 小于 0.05,由此拒绝原假设,所有回归系数不同时为 0,由此认为整体 Logistic 回归模型是显著的。其次对 Logistic 回归的拟合度进行检验。−2 倍的对数似然值越小表明模型的拟合程度越高,解释能力也越好;表中 Cox & Snell R^2 和 Nagelkerke R^2 在似然值基础上模拟线性回归方程，其值分别为 0.574 和 0.782，表明回归方程的效果较好；统计量的原假设为模型的预测值与观测值之间不存在显著性差异，H-L 检验统计量值 4.941，对应的 Sig 为 0.667，其值大于显著性水平，由此接受原假设，认为在 5%的显著性水平下可以接受模型的拟合效果。最后观察回归方程中各变量的系数进行显著性检验，养老机构性质、建立时间、机构面积、投资金额、入住老人数量、收费标准、有无建设补助和运营补助等变量的系数回归方程中对应的 Sig 均小于 0.05，由此认为这些变量对被解释变量养老机构盈亏状况的影响是显著的。

综合来看，养老机构性质、建立时间、机构面积、投资金额、入住老人数量、收费标准、建设补助、运营补助八个因素对山东省养老机构运营状况的影响存在显著性意义。其中机构性质、建立时间、投资金额、入住老人数量、收费标准、建设补助、运营补助对养老机构运营状况存在促进作用($OR>1$)，而机构面积则与养老机构运营情况存在负向作用($OR<1$)。具体来看，机构性质从民办到公办(包括公建民营)，*OR* 值为 4.726，表明在其他变量不变的条件下，机构性质转变一个等级，运营状况的盈余能力相应提高 4.726 倍。同理，建立时间、投资金额、入住人数、收费标准、建设补助以及运营补助每升高一个等级，养老机构的盈余能力相应升高 *OR* 倍。对于机构面积，在其他变量不变的条件下，每升高一个等级，机构盈余能力变为原来的 0.345 倍，即发生了相应的亏损。

四、山东省养老机构扶持政策实施效果分析

影响养老机构运行效率和运营状况的决定因素是机构自身的资源配置情况，其中机构经营者的判断力起到至关重要的作用。当前政策利好的发展形势对养老机构经营者而言无疑是“喜讯”，但扶持政策的实施效果如何，本文将结合调研数据进行深入剖析。

养老机构按经营性质大致可分为公办、公建民营以及民办三种。数据分析得出，养老机构性质对其运营状况影响甚大。目前来看，公办养老机构的人员以及建设、运营经费全部来自财政拨款，社会认可度和老年人入住率高，甚至出现老年人排队等候床位的状况；公建民营机构由于沾了“公”字，人们的认可度相对较高，养老资源利用情况也相对较好；完全民办机构，经费自筹，自负

盈亏，普遍运营艰难。随着政府对社会资本参与养老服务业的引导以及公办养老机构转制改革的推进，民办和公建民营养老机构具有巨大的发展潜力。本文着重分析政府扶持政策对民办和公建民营养老机构带来的影响和效果。

（一）养老机构扶持政策分析①

1. 资金扶持方面

养老机构前期投资大、回收周期长。政府为支持养老机构发展，在用地、融资、税收、建设、运营等方面出台了一系列扶持和优惠政策。但调查发现，扶持政策真正或完全落实到位的极为有限，民办养老机构面临生存和发展困难。具体体现在以下几方面：一是前期贷款融资难，在调查的45家养老机构中，只有一家曾经享受到国家贴息贷款。绝大多数民办养老机构负责人表示："贴息贷款想都不敢想，能够贷出款来，就已经谢天谢地了。"二是与自身投入相比，养老机构申请到的建设（改建）补助和运营补助等补贴金额微薄。而且，由于为数不少的民办养老机构未能获得消防许可，没有2014年之后由民政部门核发的养老机构许可证，事实上属于无证经营，无法享受运营补助。三是部分区县财政困难，配套资金不能按时到位。调查发现，享受到政府建设（改建）补助的养老机构占57.6%，享受到运营补助的比率只有48.6%。

2. 人力培养方面

鉴于养老服务业的特性，养老服务水平的高低决定着机构的发展，而相对稳定和高素质的管理人员和护理员队伍发挥着关键的作用。山东省重视推进养老服务人员队伍建设。在"发展养老服务业省级专项资金补助项目"中单独列出"养老服务人才培养补助项目"，包括大学毕业生入职养老服务补助、养老护理员职业资格补助、养老服务与管理人员省级培训补助等多项内容。山东省民政厅通过政府购买服务的方式，多次开展不同内容、不同层级的管理与护理员培训。调查显示，90%的养老机构表示派人员参加过养老机构运营管理培训和养老护理员资格培训等，并从中获益。

① 本部分参考《山东省人民政府关于加快社会养老服务体系建设的意见》（鲁政发〔2012〕50号）、《山东省人民政府关于加快发展养老服务业的意见》（鲁政发〔2014〕11号）、《山东省民政厅、山东省人力资源和社会保障厅、山东省卫生厅关于加强养老机构医疗服务工作的意见》（鲁民〔2013〕52号）、《关于做好养老机构设立许可和管理工作的通知》（鲁民〔2015〕106号）、《山东省发展养老服务业省级专项资金补助项目实施方案》（2014.10）等文件内容。

3. 推进医养结合方面

入住养老机构的老年人大多对护理、康复、医疗需求较为迫切,医疗保障是否到位对老年人选择入住养老机构具有重要影响。积极推动养老服务机构和医疗服务资源有机融合,实现医养护一体化,是养老服务理想的发展方向。调研发现,如果养老机构能够与正规医疗机构建立合作关系并且解决医保报销问题,会大大提高老年人选择入住的比例;医养结合搞得好的养老机构,其入住率和老年人满意度也较高。医养结合形式有多元化的推进方式,机构可视情况量体裁衣。调查发现,尽管养老机构开设护理院、医疗机构的门槛很高,但在调查的45家养老机构中,具备医养结合功能的有31家,占68%。其中,15%的机构有自己的诊所,13%的机构与附近的医疗机构有合作关系,自身可直接提供医疗服务的有18家,占40%。

(二)养老机构扶持政策的效果分析

1. 扶持政策作用明显,但未能实现预期设想

(1)养老机构发展迅速,但可持续发展面临困境。从45家养老机构的建设时间来看,46.7%的机构为近3年内兴建,说明国务院颁布《关于加快发展养老服务业的若干意见》后,地方政府出台的系列扶持政策产生了积极的引导作用。从床位数量来看,45家养老机构平均床位数为479张,其中公建民营机构为301张,民办机构为526张,机构平均规模较为可观。

45家养老机构老年人平均入住率为46.74%,入住率最低的一家机构仅为6%。入住率的高低决定着机构的盈亏状况。45家养老机构中,只有1家机构表示“有盈余”,自称“略有盈余”的有7家;处于“盈亏平衡”状态的有9家;目前处于亏损状态的多达28家,占机构总数的62%。养老机构前期投入大,土地、房屋建筑、配套设施、人员等都要一步到位;运营过程中除了水电及日常开销,机构工作人员的工资支出占比大,成本回收缓慢。不仅如此,机构的维持和发展需要持续投入,缺乏后续资金是多数民办养老机构普遍面临的问题,它们长期处于亏损或是保本经营状态。①

养老机构的盈亏状态与其建立时间有极大的相关性。新建养老机构的经

① 穆光宗:《我国机构养老发展的困境与对策》,《华中师范大学学报(人文社会科学版)》2012年第2期;黄佳豪、孟昉:《安徽省合肥市民办养老机构发展的现状与问题》,《中国卫生政策研究》2014年第4期。

营者希望借助扶持政策的东风，在养老市场中争取一席之地，同时实现社会效益与经济效益。但扶持政策的落地实施与预想前景难免存在一定差距。一方面，养老机构扶持政策多为宏观性指导，缺乏实施细则，在一定程度上影响了政策本身的效力；另一方面，养老机构发展涉及多个利益相关部门，不同部门之间缺乏有效的衔接、互动和协调机制，影响了政策的有效实施。① 一位机构负责人表示，办理养老机构手续从头到尾需要盖 36 个公章，意味着共有 36 个部门涉及审批，历经 3 年才办完所有的手续。②

建立时间较久的养老机构在享受扶持政策方面也存在诸多制约因素。在调研的 45 家养老机构中，25%的机构没有由民政部门核发的 2014 年之后的养老机构许可证，属于无证经营，无法获得政府提供的运营补助。许多机构持有 2014 年以前核发的福利机构许可证，在提高审核标准后年审不合格，本应立即进行整改，整改不合格立即停止运营。但由于民政部门没有执法权，只能劝导和督促它们，这些机构较长时间处于无证经营状态，成为养老服务发展中的一大隐患。消防设施不合格或者不能提供相关证明文件致使无法取得消防许可，是养老机构无证经营现象的最直接原因。一方面，消防设施改造投资大，要求严，多数民办机构表示无力承担，希望能得到政策和资金上的支持。另一方面，消防验收要求的前置条件较多，如需要提供土地使用证、建设用地规划许可证、建设工程规划许可证、建筑工程施工许可证等十数项证照，而部分机构由于非自身原因造成无法备齐证件，成为无证经营机构。③

(2)服务人员素质提高，但人员匮乏依然是发展短板。养老机构经营者普遍反映专业的护理和管理人才短缺，招聘困难且人员稳定性差。相比劳动强度，养老机构护理员的社会地位、社会保障和待遇偏低。调查发现，护理员平

---

① 黄闯：《民办养老服务机构运行自我发展与支持体系》，《重庆社会科学》2016 年第 2 期。

② 2017 年 7 月发布的《山东省人民政府办公厅关于贯彻国办发〔2016〕91 号文件全面放开养老服务市场提升养老服务质量的实施意见》（鲁政办发〔2017〕52 号）要求："深化放管服改革"，在"简化养老项目审批手续"方面，"优化审批流程，精简办事环节，每个审批阶段由牵头部门统一受理申请材料、统一组织其他审批部门开展并联审批"。

③ 2017 年 7 月发布的《山东省人民政府办公厅关于贯彻国办发〔2016〕91 号文件全面放开养老服务市场提升养老服务质量的实施意见》（鲁政办发〔2017〕52 号）要求："深化放管服改革"，在"积极稳妥解决老旧养老服务设施问题"方面，"对因年代久远或其他客观原因无法办理建设、施工、规划许可、土地证明、消防许可、环保、不动产登记等前置证明的，由县级人民政府协调有关部门核查后出具相关证明文件，为办理设立许可手续提供便利"。

均工资为 2653 元。除少数公办养老机构为护理员缴纳五险一金外，绝大多数民办机构没有缴纳住房公积金，而且缴纳五险或四险的只有 35%，11%的机构完全没有缴纳任何社会保险。45 家养老机构护理人员的平均年龄为 41 岁，其中公办机构年龄较小，为 30 岁；民办机构平均年龄为 43 岁，基本为城郊村民或是城镇下岗、退休人员。虽然护理员持证上岗率达到 81%，但由于准入门槛低，绝大多数为经过短期培训后获得初级资格证书，接受过长期、正规学校培训的极为有限。

(3)医养结合成为基本认知，但实质性资源整合不容乐观。在“医养结合”政策的鼓励下，为了提高自身的市场竞争力，养老机构纷纷发展医养结合模式，这在强化医疗服务功能、满足入住老人的医疗需求方面具有积极意义。但同时也应看到，由于当前老年人入住养老机构产生的护理费用未能纳入社会保险体系，导致部分有长期护理需求的老年人选择长期住院而不入住养老机构。长期护理保险制度作为应对失能失智老年人照护问题的一项制度选择，有助于减缓需照护老年人及所在家庭的经济和精神负担，受到养老机构运营者和入住老年人的欢迎。目前，山东全省广泛开展试点工作，力争在 2020 年全面建立职工长期护理保险制度。当前，青岛市的做法较为成熟，覆盖范围囊括城乡全体居民；其他试点地区的参保范围仅为参加职工基本医疗保险的职工和退休人员，社会认知度低，受惠群体极为有限。

(4)机构服务供给与老年人需求未能实现有效对接，养老资源整体利用率较低。一方面，市场供给床位数远远超过老年人刚性需求数量。2016 年年底，山东省各类养老服务机构床位数已达到 67 万张。山东 60 岁及以上老年人数量为 2057 万，目前以低龄老人为主。调查显示，入住养老机构的老年人平均年龄为 79 岁。通常来说，80 岁以上、需长期照护的老年人为机构养老的刚性需求群体。根据山东省老龄办公布的数据，山东 80 岁及以上老年人占老年人口的 14.4%，需照护老年人占老年人口的 12.6%，养老机构刚性需求群体占全体老年人口的比例不超过 27%。按刚性需求老人每千人 40 张床位的比率计算，只需要 22 万余张便能满足需求。另一方面，部分有刚性需求的老年人无力承担社会化养老所需费用，只能望而却步。调研结果显示，山东省养老机构中自理老人、介助老人和介护老人的入住比率分别为 37.05%、32.59% 和 30.59%，最需入住养老机构接受照护的介护老人入住比率最低。老年人入住养老机构的有效需求与其经济负担能力密切相关。虽然山东省养老机构的最低收费(包括伙食费、床位费以及基本护理费)平均只有1652元/月,部分机构收费甚至不到1000元/月,但是对于没有收入或收入水平不高的老人及其家庭来说,仍然面临有需求但住不起的现实问题。

2. 扶持政策也产生了负面效果

(1)资源浪费。政府主导和大规模社会资本投资兴建的养老机构有"高大上"的建设倾向,导致其服务对象只能是极少数人群,脱离了普通群众的接受能力。目前,这类机构的入住率普遍在30%以下。此外,政府为支持发展社区养老,在城市和农村分别兴建了大批日间照料中心和幸福院。调研发现,绝大部分的日间照料中心和幸福院都处于闲置状态,至多算是老年人活动中心。其主要原因:一是不符合老年人的实际养老需要;二是现有的扶持政策不配套,缺乏后续发展动力。此外,2013年政府提出"推进医疗卫生和养老服务相结合"的发展方向后,全国掀起"医养结合"型养老机构建设热潮。以山东省为例,出于对医养结合服务的重视和考虑到护理床位成本较高,在政策扶持方面,护理床位的省级财政补助比普通床位平均多1100元,目前全省"医养结合"型养老机构超过1200家。"医养结合"模式有多种,比较理想的是将已有的养老资源和医疗资源整合起来,实现养老机构和医疗设施的互惠、双赢。在建设形式上过于强调"医养结合",容易造成养老机构和医疗设施的盲目、重复和过度建设,最终导致资源浪费。

(2)政策套利。调研发现,由于后期监管力度弱,政府的财政补助一定程度上诱发了民办养老机构的"道德风险"。为了获取政府提供的一次性建设补助和三年运营补助,部分机构存在虚报床位数量和入住老人数量以套取财政资金的现象。为鼓励社会资本参与养老服务,各地政府都对新建和改建的养老机构提供一定数额的建设补助,这种一次性的建设补助会列出资质要求、建设要求、床位要求等方面的补助条件,最后按照养老机构(拟)设置的床位数量给予补助。在符合硬性补助条件的情况下,养老机构运营者尽量把床位数上报到最多,以获得尽可能多的扶持资金——这种现象在其他学者的研究中也有指出。[①] 这也是导致当前养老机构规模大、床位数量过盈的一个现实因素。考虑到养老机构资金回转周期较长,在养老机构投入运营满一年、取得养老机

① 张翔、林腾:《补"砖头"、补"床头"还是补"人头":基于浙江省某县养老机构的个案调查》,《社会保障研究》2012年第4期。

构设立许可证书并符合核定床位数量的前提下,政府还会在前期“补砖头”“补床头”的扶持基础上“补人头”,即按照入住老人数量和自理情况提供3年期间的运营补助。运营补助要求按照实际入住老人数量进行补助,但原则上当地民政部门只要求养老机构提供前一年入住老年人的花名册,对实际缴费和入住情况不进行严格核实,这给部分养老机构造成可乘之机,虚报入住老人数量套取财政补助,造成不公平竞争。

五、结论及建议

(一)合理扶持,避免资源浪费

地方政府多将养老机构和床位建设、医养结合情况等纳入考核指标,鼓励机构做大做全。针对目前养老机构闲置率过半的状况,应更加注重老年人的实际需求和机构的可持续发展,避免养老资源和医疗资源浪费。鉴于目前城市日间照料中心和农村幸福院有效利用率极低、造成大量资源闲置浪费的现实,建议重新定位城市日间照料中心和农村幸福院的功能,不再对新建数量提硬性要求;对现有此类设施进行改造,一部分改建为社区嵌入式小型住养、托管机构,一部分改建为老年人活动中心,切实提高其利用率。

(二)加强人才培养

养老机构的发展,除了体现在床位数量的增长方面,更重要的是养老服务水平的提升。相对稳定和高素质的管理人员和护理员队伍,尤其是护理员的技能水平和敬业精神对机构可持续发展起到关键作用。目前,养老机构护理员整体水平与养老服务业发展不相适应,亟须加以改变。短期培训虽然可解燃眉之急,但人才培养是个长期的过程。政府可扩大在养老机构设立的公益性岗位数量,通过购买服务的方式,对养老机构和护理人员进行扶持;针对已设立养老护理专业的大专院校,强化学生在校期间的实习机制,与专业学生签订最低服务年限,实现高校培养和社会需要的对接,提高护理员队伍专业化水平。

(三)强化监管,奖优罚劣

针对养老机构的扶持政策与管理政策,其目的是为了更好地推动养老服务业的健康、可持续发展。任何产业的良性发展都离不开严格、系统的行业规范和正确引导。政府在推出扶持政策的同时，应加强对养老机构的管理、监督和考核，随时发现、消除和惩戒各种不合理行为。建立第三方评估机制，对养老机构及政府购买服务进行定期评估，改变当前政府机构与养老机构之间缺乏“裁判”、政府或是养老机构既当裁判员又当运动员的局面，奖优罚劣，进一步加强对养老机构的后期监督管理。

（四）提升老年人在养老服务发展中的获得感

政府为鼓励社会力量参与养老服务业，前期扶持政策集中在供给方即养老机构方面。通过一系列的扶持政策，推动养老服务供给方发展这一直接效果已基本达到。归根结底，满足更多老年人多元化的养老需求是扶持政策的最终目标，今后需要加强对服务需求方的养老保障和支持。对机构养老服务有使用意愿且有消费能力的老年人才是有效服务对象，应根据不同需求群体特征实施相应的保障方式，扩大长期护理保险制度的试点范围，尤其是有刚性需求的失能失智老人和农村贫困老人，使他们平等地享受到发展起来的养老服务。

（原载于《山东大学学报（哲学社会科学版）》2018 年第 3 期）

日本医药品副作用致害的救济制度与实践研究

——以风险分担的转变为视角

董　文

在当今风险社会的背景下，患者按医药品说明书上标示的用途、用量服用国家批准生产的医药品，仍然可能无法治愈罹患的疾病，甚至存在感染其他疾病的危险。此即医药品副作用致害现象。世界卫生组织规定：副作用（side effect）指药物在治疗剂量下使用所产生的与治疗无关的不适反应。[①] 近年来我国发生了多起医药品副作用致害事件，比较典型的如泻火药“龙胆泻肝丸”造成患者肾损害甚至引发尿毒症、关节炎[②]，注射液“欣弗”导致患者肝肾功能损伤[③]等，严重侵害了医药品使用者的生命权与健康权，造成了难以挽回的损失。然而，由于致害医药品均为质量合格、经授权生产或进口销售的，而非假药、劣药，且医生对医药品用途、用量的指示亦未存在违规操作，因而患者在我国现有法律制度下陷入了救济不能的尴尬境地。

医药品本身即是矛盾的综合体，一方面为人类生活所必需，对病痛具有治疗效果；另一方面又因药理作用的复杂性，在某些情况下不可避免地产生一些

---

① ［日］加藤周一：《世界大百科事典》，平凡社2007年版，第464页。

② “龙胆泻肝丸”事件，又称“关木通”事件，“中国十大药害事件”之一。龙胆泻肝丸的主要药味——关木通含有马兜铃酸，对肾脏有较强的毒性，长期服用后患者会出现肾功能衰竭。由于龙胆泻肝丸曾广泛应用于临床，其造成的人员伤亡极为严重。

③ “欣弗”事件，“中国十大药害事件”之一。2006年青海西宁部分患者在使用“欣弗”注射液后，出现胸闷、心悸等临床症状。随后，黑龙江、广西、浙江、山东等省份也发现类似病例。该事件在全国出现93例病例，导致11人死亡。

毒副作用，对人体健康造成损害。基于医药品有效性与安全性的辩证关系，无论是因果关系的举证，还是过错的认定，医药品副作用致害诉讼均具备传统侵权诉讼所不具备的复杂性与棘手性。相较于我国对于医药品副作用致害救济的几近空白，日本对此的讨论与研究则起步较早。从过错责任至无过错责任，再至医药品副作用致害救济基金对患者的针对性救济，救济方式转变中所折射的理念不无值得我们借鉴之处。

一、基于过错责任对医药品副作用致害之救济

在20世纪50～70年代间，日本相继发生了5起严重的药害事故，其中以服用肠胃药奎诺仿引发的斯蒙病（SMON，Subacute Myelo-Optico-Neuropathy的简称，又名“亚急性脊髓视神经症”）事件最具知名度。斯蒙病的患者一般在腹痛后会下肢麻痹，渐渐无法行走与站立，并常伴随有视力功能与语言功能的萎缩，承受肉体与精神的双重折磨。该事件在1955年前后发端，至1969年患者的数量到达了顶峰。[①] 1971年，斯蒙病患者以国家以及肠胃药奎诺仿的制造企业为被告向东京地方法院提起诉讼，要求赔偿1566亿日元。随后全国8个法院都受理了斯蒙病诉讼案件，原告共计6476名。[②] 东京地方法院历时6年以诉讼和解结案，金泽地方法院历时4年10个月最先做出判决，由被告支付原告损害赔偿费53亿日元。其他法院在斯蒙病案件审理上亦久拖不决，最终大部分以诉讼和解结案。

日本侵权责任的一般条款见诸《民法》709条，即行为人因故意或者过失侵害他人权利或者法律上保护的利益的，应当承担损害赔偿责任。因而1995年《制造物责任法》施行前，追究制药企业的医药品副作用致害责任仍以过错责任为依据。医药品不同于一般产品，其特殊性在于兼具有效性与致害性，副作用在一定程度上不可避免，加之审理该案件的法官需具备一定的医学与药学知识，因而在医药品副作用致害诉讼中对侵权行为构成要件——因果关系与过错的认定变得异常复杂与艰难。

① 森島昭夫，「北陸スモン判決の問題点」，『ジュリスト』1978年第663期。

② 小長谷正明，「スモン——薬害の原点」，『国立医療学会誌』2009年第63期。

(一)因果关系的认定

当今医学界普遍认为肠胃药奎诺仿与斯蒙病之间存在因果关系,然而在20世纪斯蒙病发现初期,对于致病原因却未达成统一的认识,存在病毒感染说、肠内细菌毒素说、脊髓血管障碍说、过敏说以及代谢障碍、维他命障碍说等。为此,1970年日本厚生劳动省召集药事食品卫生审议会对斯蒙病致病原因进行调查,发现约80%的斯蒙病患者在神经症状出现的前6个月内服用了肠胃药奎诺仿,以此认定二者之间存在因果关系。① 然而该结论受到了病毒感染说等诸多学说的冲击。首先,其无法说明约20%的斯蒙病患者未服用肠胃药奎诺仿仍有病症出现的原因;其次,其亦无法解释在采取停止销售肠胃药奎诺仿的措施前斯蒙病患者已大量减少以及采取该措施后仍有斯蒙病患者陆续产生的现象。由于药物反应的复杂性以及个人体质的特异性,因果关系的认定极为困难,消耗了大量的时间成本。

在该事件中,因果关系的认定分为两个阶段:一般的因果关系认定与个别的因果关系认定。一般的因果关系着眼于医药品与疾病之间的因果关系,即只要医药品导致了某种疾病的产生,根据一般性的法则,即可认定二者之间存在因果关系。具体而言,因果关系的认定分为以下几个阶段:首先,该致害因子在健康权被侵害前已存在;其次,二者间存在高度关联性;再次,该关联性与医学理论并不矛盾;最后,用量与反应存在关联,即患者与致病因子接触越多,病发率越高,病情越重。如东京地方法院在判决中运用疫学因果关系理论②认定了肠胃药奎诺仿与斯蒙病之间的因果关系。个别的因果关系是在一般的因果关系得以认定的基础上,通过将致害原因特定化,判断个人的身体损害症状与该药品是否存在因果关系③,即在证明某医药品的服用通常会产生一定症状后,若能够对患者服用该医药品并出现同种症状的事实也予以证明,即可推定该症状与医药品间存在因果关系。④ 此为事实上的推定。福冈地方法院更近

---

① 「昭和四十八年第一二一号損害賠償請求事件判決」,『判例時報』1978年第879期。

② 疫学因果关系理论,是药害事件中判断一般的因果关系存在与否时常用的研究方法。其以群体为研究对象,通过观测群体中罹患疾病者数目以计算病发频率,使因果关系得以量化体现。

③ 藤木英雄・木田盈四郎,『薬品公害と裁判』,東京大学出版会1974年,第8頁。

④ 川井健,「医薬品の製造者責任」,『ジュリスト』1973年第574期。

一步，认为只要原告能够证明其身体出现了医药品引发的同种症状，即可对其服用该医药品予以事实上的推定。因而在肠胃药奎诺仿导致斯蒙病得以认定后，服用该肠胃药的事实只是起到了补强的作用，无法提供服药证明的原告的诉讼请求亦予承认。最终除金泽地方法院未否定病毒感染与斯蒙病的因果关系外，其他地方法院都肯定了肠胃药奎诺仿与斯蒙病的因果关系，并且认定其是唯一的致病因子。

（二）过错的认定

在裁判当时，规定无过错责任的特别法的适用范围尚不及于医药品致害领域，故而认定制药企业的侵权责任仍需证明过错的存在。然而福冈斯蒙病判决作为个例，突破了当时的过错责任原则，采取了之后颁布的《制造物责任法》对侵权责任的认定方式，即只要医药品存在缺陷，无须证明过错即可认定侵权责任。该判决认为，医药品除对疾病的治疗以及预防有效外，还必须保证对服用者的身体具有安全性。在有效性与安全性存在矛盾时，要在比较衡量之后进行价值判断。尽管不能在医药品对服用者出现副作用时即认定医药品存在缺陷，但在医药品的有效性明显低于安全性而导致服用者因医药品的副作用生命权、健康权受到侵害时，除非制药企业证明即便其尽到高度注意义务仍不能预见该损害后果，否则即在事实上推定制药企业的过错。[①] 然而当时其他法院并没有逾越现有的法律框架，认为过错的证明对于侵权责任的认定仍不可或缺。如东京地方法院认为，侵权责任认定中的过错，归根到底是对结果回避义务的违反，但须以采取正当的结果回避措施能够被期待为前提，即具有预见可能性。

1. 预见义务

东京斯蒙病判决认为，制药企业在制造医药品时有必要认识到该医药品对服用者生命健康施加的影响。该预见义务具体包括：(1)在医药品属于新研发的情形时，以销售之前最高技术水平为标准进行了试管实验、动物实验、临床实验；(2)销售开始后，在供给人以及动物临床使用的情况下，应时常收集医学、药学以及其他关联学科领域的信息以及文献。若对该医药品是否存在副作用具有疑惑，应在比较衡量当时已有的关于该药物临床安全性的报告后，针

① 中井美雄・田井義信,『民事責任の規範構造』,世界思想社 2001 年,第 104 頁。

对该疑惑程度进行动物实验，开展该医药品的病例调查以及追踪调查，尽早确认该医药品副作用的有无以及程度。①

课以预见义务的依据在于，在医药品致害这种新型诉讼中尽管借助既存的科学、技术知识不能预见危险性的情况并不少见，但通过事先的调查研究预见危险的情况也是存在的，应当对预见可能性加以肯定。② 此外，鉴于医药品本身由合成化学物质组成，其用于疾病治疗时伴随而生的危险性常不可避免③，因而更有必要对制药企业课以高度的注意义务，使其能够在医药品研发时对医药品的安全性进行充分的研究调查。④

2. 结果回避义务

东京斯蒙病判决认为，制药企业在对医药品副作用具有预见可能性的基础上负有损害结果的回避义务。其依据在于，所谓过失，是对社会生活中因不注意而引发的不被法律所允许的行为的非难。⑤ 制药企业在履行预见义务的基础上确认该医药品存在副作用或者有足够理由相信其存在副作用之时，有义务采取法律所期待的结果回避措施，避免患者生命权、健康权受到侵害。具体而言，其内容包括，公布副作用的存在或可能性，对医生或医药品服用者予以副作用的指示及警告，暂时停止销售或者进行全面的回收。当然该措施有无必要采取应在履行预见义务的基础上对于该副作用的严重性、发生频率、治愈的可能性以及该医药品的治疗价值，即是否对于疾病的治疗具有显著的有效性、不可替代性进行综合考量后决定。

有鉴于此，在国家批准生产、销售的医药品导致服用者生命权、健康权受到侵害的案件中，认定其内在的因果关系与过错需要花费高额的诉讼成本。然而对于医药品致害的救济却极为紧迫，因该损害结果并非一个静止的结点，若不及时采取措施，可能于被侵权者衍生更加严重的生理问题和心理问题。加之医药品致害事件的受害人群往往呈现大规模的特点，救济不适当易使该致害事件发酵为社会事件。就斯蒙病的诉讼进程来看，以过错责任为依据的诉讼救济显然未对医药品致害事件作出及时有力的回应。也正缘于此，随着

---

① 前田陽一，『不法行為法』，弘文堂 2010 年，第 16～17 頁。

② 森島昭夫，「スモン訴訟判決の総合的検討(3)」，『ジュリスト』1980 年第 715 期。

③ 植木哲，「製薬業者らの責任」，『判例時報』1978 年第 879 期。

④ 森島昭夫，「薬禍と民事責任(1)」，『法律時報』1973 年第 45 期。

⑤ 潮見佳男，『債権各論Ⅱ』，新世社 2016 年，第 28 頁。

大规模侵权案件的频繁发生，以无过错责任为依据的诉讼救济进入大众视野。

二、基于无过错责任对医药品副作用致害之救济

在日本的产品责任案件中，传统侵权行为法要求只有证明产品制造者存在过错才能追究其侵权责任，然而过错的难以证明使被侵权人无法获得及时有效的救济。此外，随着科技发展的“副产品”——产品风险的进一步提升，产品制造者在产品安全性方面亦被课以了更加严格的注意义务，故在产品责任领域以无过错责任原则取代过错责任原则成为必然。在此背景下，以无过错责任为原则的《制造物责任法》自 1995 年起予以施行。然而该法虽然不要求侵权责任的成立以产品制造者存在过错为前提，却对产品缺陷的证明作了特别要求。其第 2 条第 2 项将“缺陷”规定为“鉴于该产品的特性、通常预见的使用形态、制造者在交付该产品时的其他事项等，该产品欠缺通常应当具有的安全性”。该“缺陷”一般可分为以下三类：设计上的缺陷、制造上的缺陷、指示、警告上的缺陷。该法颁布后，虽然对之前救济不力的困境有所缓解，然而救济效果却未存在大幅度的改善，兹举一例予以说明。

2002 年 7 月，AstraZeneca 公司在获得厚生劳动大臣的医药品输入许可后开始销售抗癌药易瑞沙，许多患者服用该药后引发间质性肺炎并最终死亡。患者家属以《制造物责任法》第 3 条为依据向东京地方法院提起损害赔偿诉讼，主张医药品易瑞沙因说明书中关于副作用的说明不适当而具有指示、警告上的缺陷，制药公司因怠于履行该适当说明义务而负有侵权责任。一审对患者的损害赔偿请求进行了承认，二审推翻了一审判决，否定了制药公司的损害赔偿责任。最高法院对二审判决加以肯定，最终认定药品不存在缺陷，故制药公司不承担损害赔偿责任。在判决更迭的过程中，因果关系与过错是讨论的焦点。

（一）因果关系的判断

从易瑞沙投入市场前日本国内临床试验的 133 例来看，患者服用易瑞沙后虽然呈现了不一的症状，但是间质性肺炎并没有显示出急性病发的倾向。然而在易瑞沙投入市场后 4 周内骤然涌现了大量的病发者，并显示出了致死的倾向。从国外临床试验的 2000 多例来看，引发间质性肺炎的有 5 例，其中死

亡有4例,然而该4例均是因与灭细胞性抗癌剂配合使用后癌细胞本身恶化导致,易瑞沙与该死亡结果的因果关系尚不明确。另外,从易瑞沙引发肺病的比例看,虽然美国只有0.3%的病发率,并且在同为亚洲的我国台湾地区和韩国,病发率也非常低,但是日本却呈现了极高的病发率。原因极有可能在于日本人对此具有独特的药物反应。易瑞沙引发间质性肺炎的原理,现在仍然没有明确。① 因而在因果关系的认定上,法院之间出现了矛盾,东京地方法院认为不能否定副作用导致死伤的结果与易瑞沙存在因果关系,而东京高等法院认为"不能否定"的程度无法成为民事赔偿性法律中因果关系成立的标准。②

(二)无过错责任的适用

《制造物责任法》尽管将过错概念客观化、抽象化,以无过错责任作为侵权责任成立的原则,然而该无过错责任贯彻得并不彻底,被侵权人仍需证明"缺陷"的存在。"缺陷"的认定以"欠缺通常应当具有的安全性"为标准,但是该标准具有高度概括性,在具体判断时仍需要对该产品的特性、通常预见的使用形态、制造者在交付该产品时的其他事项加以考虑。其中就"缺陷"的认定,尤其在指示、警告的缺陷方面,判决之间出现了较大的分歧。

大阪地方法院在一审判决中指出,若医药品在销售时说明书中未载有与使用方法或者危险性相关的准确信息,则该医药品欠缺了通常应当具备的安全性,构成了《制造物责任法》所谓之"缺陷"。具体而言,在判断指示、警告的信息是否具有适当性时,应以使用该医药品的普通医生的平均理解程度为标准。然而易瑞沙在投入市场时,制药公司强调其为不具有严重副作用的抗癌药物,因而一般医生在开具易瑞沙时很少对其引发间质性肺炎的风险加以考虑,其存在明显的指示、警告缺陷。东京地方法院亦持基本相同的立场,认为在判断医药品是否具有指示、警告的缺陷时,应对其功效、可能产生副作用的内容以及程度、有无其他可替代药品、该医药品在投入市场时医学、药学知识水平等进行综合考虑。基于此,药品说明书第1版关于间质性肺炎副作用的记载是不充分的,符合《制造物责任法》第2条第2项中的"欠缺通常具有的安全性"。

---

① 伊藤正晴,「最高裁判所判例解説」,『法曹時報』2015年第67期。

② 吉村良一,『市民法と不法行為法の理論』,日本評論社2016年,第418頁。

然而，与大阪地方法院、东京地方法院不同，东京高等法院主张：因使用易瑞沙的医生为治疗癌症的专门医生，而间质性肺炎是抗癌药物使用后通常产生的副作用，故而医生对于使用易瑞沙可能导致死亡的情况是明知的，没有必要进行特别的指示、警告。此外，易瑞沙的使用与副作用致死伤的因果关系仅为“不能否定”，副作用并非必然发生，因而制药公司对于副作用并不具有相当的预见可能性，即便说明书中未充分载有指示、警告内容，亦不能认定药品存在缺陷。大阪高等法院在判决中亦显示出了相同的倾向。然而该判决的问题点是突出的，其将侵权责任要件中的行为与结果之间的因果关系和预见可能性与指示、警告义务之间的因果关系进行了混同。对于制造商而言，若认为副作用的发生只有具有确实性或者高度盖然性时才有必要进行指示、警告，无疑是对危险的放任。对副作用的内容予以抽象化，预见幅度予以缓和化是公正的应有之义。在日本有关产品责任的判例中，可以看出即便制造商对危险的预见是抽象的，其亦被课以高度的调查研究义务，该义务未被履行时即认定其存在过错。

由此而论，以《制造物责任法》为依据对医药品副作用致害的救济，仍然碍于因果关系以及缺陷有无的证明而救济效果有限。民事诉讼在医药品副作用致害事件中救济功能的弱化与侵害后果的大规模性、严重性之间的矛盾，呼唤着更加有效的救济模式的建立，由社会分担风险的救济思路借以提出。正如大谷刚彦、大桥正春等法官所言，尽管不可能苛求制药公司在医药品投入市场前将投入使用后可能引发的病症予以说明，但是考虑到新医药品的使用需求以及安全性要求，不应仅使患者承担医药品投入使用后的风险，而应着眼于患者的保护与救济使该风险扩大至社会承担。① 基于此，医药品副作用致害救济基金制度应运而生。

三、日本医药品副作用致害救济基金制度

日本现行医药品副作用致害救济机构为2004年依据《医药品和医疗器械综合管理法》建立的医药品和医疗器械综合管理机构（Pharmaceutical and

① 伊藤正晴，「最高裁判所判例解説」，『法曹時报』2015年第67期。

Medical Devices Agency,简称 PMDA),是厚生劳动省管辖的独立行政法人。[①]前身医药品副作用致害救济、研究振兴调查机构于 1979 年设立,翌年 5 月起开展医药品副作用致害救济业务。随着《医药品和医疗器械综合管理法》的施行,2014 年 11 月 25 日后医药品副作用致害救济制度的给付对象扩大至再生医疗等制品。[②] 对于正在服用医院、诊所开具或者在药店购买的医药品、再生医疗等制品后因其副作用而产生需住院治疗的重大疾病或者严重残疾的患者,医药品副作用致害救济基金制度区分对象给予其医疗费、医疗补助、残疾年金、残疾儿童养育年金、遗属年金、遗属一时金、丧葬费的补偿。[③]

(一)基金的救济程序

《药事法》许可制造以及销售的医药品基于正当目的被正当使用后仍可能引起副作用致害,损害赔偿责任者的确定是极为困难的。医药品副作用致害救济基金即对于该副作用患者予以救济给付,此为该基金的首要业务。

在医药品副作用致害发生后,由患者本人或者死者家属向 PMDA 提出给付申请。申请提出时,需要证明病状以及发病经过与医药品的使用存在因果关系,为此有必要向 PMDA 提供请求书、医生诊断书以及开具的处方,若是在药店购买的医药品则要提供购买证明。在请求医疗费与医疗补助的情况下,也要提供证明医药品副作用所致疾病的治疗费用的诊断证明书。[④] PMDA 对

---

① 医药品副作用致害救济基金的来源由两部分构成。PMDA 运作医药品副作用致害救济制度事务费的 50%由国家进行补助,另一部分由制药公司缴纳。根据《医药品和医疗器械综合管理法》,每年 4 月 1 日前医药品生产、销售获得国家许可的制药公司于同年 7 月 31 日前向 PMDA 进行申报与缴纳。制药公司的缴纳金分为两种:一种是制药公司每年依据上一年度的医药品生产量向基金申报缴纳的费用,即一般缴纳金;另一种是上一年度生产、销售的医药品导致基金救济的制药公司在一般缴纳金的基础上附加缴纳的费用,即附加缴纳金。

② 根据日本《医药品和医疗器械综合管理法》第 2 条第 9 项规定,再生医疗等制品是指为修复、形成人体的构造或者机能,培养加工人或者动物的细胞而形成的制品,或者为治疗疾病而将人或者动物的细胞导入其中使其含有某种基因的物质。

③ 医药品副作用致害救济基金不予救济的情形主要包括:医药品非在正当目的、方法下使用;医药品副作用所致疾病未达到需住院治疗的严重程度;因服用抗癌剂、免疫抑制剂等医药品产生副作用;医药品制造、销售者损害赔偿责任明确;因挽救生命服用者不得不使用超过正常剂量的医药品,并且其在服用前对于该副作用已有认识;法定预防接种(预防接种健康被害救济制度的适用对象),但是任意预防接种例外;患者已过请求时效;厚生劳动省药事、食品卫生审议会不予认定的其他情况。

④ 長由美子,「医薬品副作用被害救済制度について」,『PHARM STAGE』2016 年第 12 期。

请求内容的事实关系进行调查、整理（调查事实、制作症状发展概要表以及制作调查报告书），向厚生劳动大臣申请判定。厚生劳动大臣所辖部门——药事食品卫生审议会对患者的救济申请进行实质审查，即从医学、药学方面判定损害是否由医药品的副作用引起（损害与医药品的因果关系）、医药品是否在正当目的下被正当使用（目的外使用、医疗过失的有无）、残疾等级、对患者医药品的使用是否为挽救其生命所必须等。厚生劳动大臣在听取药事食品卫生审议会的意见后作出是否给予患者救济的决定，PMDA 即将此决定通知请求给付的申请者。对于决定不服者，可向厚生劳动大臣申诉。申诉期间从决定的次日起算，自 2016 年 4 月 1 日起从 2 个月延长至 3 个月。

（二）基金的救济效果

近年来，PMDA 处理的医药品副作用致害案件日趋增加，根据日本 PMDA 机构的官方网站①提供的信息，2012～2016 年 PMDA 共处理医药品副作用致害案件 7128 件，在副作用的救济上扮演了重要角色。案件数呈现出了逐年上升的趋势，其中决定支付的案件占 81%，决定不支付的案件占 19%，救济比例较大。对于不支付的原因，以 2016 年决定不支付的 416 个案件为样本进行统计（见图 1）。

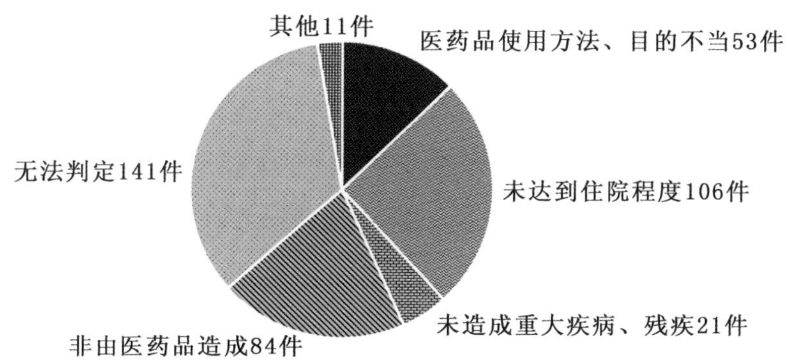

图 1　2016 年 PMDA 不支付理由构成

① 参见 http://www.pmda.go.jp/relief-services/adr-sufferers/0013.html，访问时间：2017 年 10 月 20 日。

从图1可以看出,在不支付的案件中,无法判定病症是否由药物的副作用导致的案件比例最大,占34%。可见医药品副作用致害救济基金制度在因果关系的证明度上虽不及民事诉讼严格,但是基于药物副作用致病机理本身的复杂性,很多情况下仍无法判明人身损害是否由药物副作用导致。在这种情况下,患者仍处于救济不能的困境。此外,无法判定的决定与患者提供资料的不完备也有极大关系。在申请救济时患者不仅需要提供用药证明、病历、诊断书,还需要提供记载该药各种副作用的资料,对于患者而言并不轻松。可以说,医药品副作用致害救济基金虽在总体上为医药品副作用患者提供了迅速有效的救济,但其仍有不可推卸的瑕疵。比如,对于制药公司而言,其虽需要额外缴纳一部分费用,但基于该附加缴纳金受到很大限定,故而无论对于贯彻损害结果由行为者负责的原则还是药害事件的抑制,效果都不甚理想。[①] 而且因医疗行为中一般都有医药品的介入,故医生可通过基金将不当的医疗行为“调包”成医药品副作用以逃避追责。此外,在是否给予救济给付的认定环节上基金亦遭到了诟病。《日本医药品副作用致害救济基金法》规定,担任认定工作的人员从中央药事审议会中产生并须得到厚生劳动大臣的承认。然而药事、食品卫生审议会是对医药品的批准生产予以审查的机构,由其再行认定损害是否由自身已批准生产的医药品的副作用所导致,无异于既参与了游戏又进行了最终的裁判,认定的公正性很难保证。[②] 因而,平泽正夫不讳言,医药品副作用致害救济基金不是副作用患者的“保护伞”,而是制药公司和医生的“护身符”。

尽管如此,在传统救济方式几近“失效”的僵局下,医药品副作用致害救济基金以社会分担风险的方式,使被侵权者在制药企业的侵权责任即便未予认定的情况下亦能够得到救济,此无疑具有显著的进步性。首先,从因果关系证明来看,患者只需初步证明药品与致害间存在因果关系即可,因果关系的实质审查则交由药事食品卫生审议会进行,相较于民事诉讼而言证明负担大大减轻,救济也将更加高效。其次,从救济效果层面来看,尽管医药品副作用致害救济基金无法对精神损害予以填补,但对于医药品副作用致害原因的认定,相

---

① 石橋一晃,「医薬品副作用被害救済基金法の成立と問題点」,『法律時報』1979年第51期。

② 平沢正夫,「薬害救済基金の虚と実—人道法案、実は加害者救済法案」,『エコノミスト』1979年第57期。

对于制药公司的人为过错，患者在精神上显然更愿意接受副作用是由不可避免的固有风险所致，救济思路从过错方赔偿至即便无过错仍予补偿的转变，对于患者具有一定的精神慰藉作用。[①] 而且尽管医药品副作用致害救济基金的救济水平有限，比如残疾年金的支付因以平均工资为基准并参考物价水平而无法达至较高数额，但是在未对民事责任认定的前提下该基金的救济水准已然达到较高水平。[②] 最后，从长远利益来看，该基金对于今后医药品副作用致害事故的发生具有抑制机能。根据《医药品副作用致害救济、研究振兴调查机构法》第 30 条，在医药品副作用致病、致残、致死的责任者明确的情况下，基金将不再予以救济给付。在基金已予给付的相同限度内，患者享有对该责任者的损害赔偿请求权。另外，在制药企业所生产的医药品产生副作用致害时，其还须在一般缴纳金的基础上附加缴纳一部分费用，尽管该部分费用有限，但对于事故的预防仍具有一定的积极意义。

四、日本医药品副作用致害救济基金制度对中国的启示

进入 21 世纪以来，医药品致害事件在我国呈上升式发展趋势，“鱼腥草注射剂”事件、“亮菌甲素注射液”事件、“甲氨蝶呤”事件、“刺五加注射液”事件等都严重侵害了使用者的生命权与健康权，并造成巨大的精神痛苦以及财产损失。目前，我国虽然已经初步建成医药品副作用监测系统，但仅有事前的防范措施是不够的，事后的法律救济机制也应配套而健全。然而在我国现行法律框架下，仅假药、劣药造成的侵权事实具有救济的可能性，对于合格药品致害的救济尚无法律依据。《侵权责任法》第 59 条规定：“因药品、消毒药剂、医疗器械的缺陷，或者输入不合格的血液造成患者损害的，患者可以向生产者或者血液提供机构请求赔偿，也可以向医疗机构请求赔偿。”因而患者向医疗机构追责的基础在于医药品存在缺陷，而质量合格的医药品即便因副作用造成服用者残疾甚至死亡，制造者、销售者仍无须承担民事责任。此外，《产品质量法》第 46 条规定：“缺陷是指产品存在危及人身、他人财产安全的不合理的危险；产品有保障人体健康和人身、财产安全的国家标准、行业标准的，是指不符

---

① 山口斉昭，「医薬品副作用被害救済制度が医療事故補償制度の構想に与える示唆について」，『日本法学』2015 年第 80 期。

② スモン病損害賠償研究会，『スモンと損害賠償』，勁草書房 1986 年，第 229 頁。

合该标准。”该法对于产品缺陷的判定采用的是“强制性标准”与“不合理危险标准”,但是对于符合国家规定的强制性标准的医药品因其不合理危险造成服用者人身、财产损害时,制造者、销售者应否承担责任,该法并未给予明晰的回答。因而大量医药品副作用患者的维权存在法律适用的现实困境,很多情况下只能为自身的不幸“埋单”。

不同于传统侵权模式,医药品副作用致害具有自身的特殊性,即作为致害媒介的医药品有效性与致害性是统一的,即便严加注意与防范仍无法完全避免其副作用产生的损害。对此,日本在对于医药品副作用致害的救济上经历了从过错责任至无过错责任再至救济基金的变革。我国医药品致害的救济现状与日本存在差异,目前实践中的困境在于医药品副作用侵权诉讼中无明确的法律依据可供适用。然而不难预测,在对法律漏洞进行填补之后,日本在侵权诉讼上遭遇的困境我国亦很难回避。基于医药品的特殊性质,不管是由制药企业还是由患者承担无法预见与回避的副作用致害结果都会有失公平,因而与其将医药品副作用致害定性为医疗事故进行诉讼救济,不如将其视为医疗风险给予基金补偿,这样不仅更加贴合医药品的特殊性质,而且亦不影响医药品研究、开发、生产者的积极性,促使医药事业健康有序发展。此外,对于患者也具有精神抚慰作用,有助于损害结果的尽早修复。而基金模式在我国并非无例可循,在“三鹿奶粉事件”中我国首次尝试了医疗赔偿基金的先进做法,由中国乳制品工业协会组织22家责任企业出资设立医疗赔偿基金,是应对大规模侵权事件的一种有益的探索与实践。[①] 此外,我国台湾地区在药品副作用致害事件的救济上亦采取了基金救济模式,成果显著。[②] 因而,我国具有构建基金制度以救济医药品副作用致害的可行性,可通过向制药公司征收与国家补贴的形式形成基金的经济来源,由政府选定独立的财团法人对基金进行管理与经营。药品副作用致害患者可向基金提出给付的请求,由其转送专门的审查委员会进行审查,审查委员会将审查结果通知基金机构,由其对患者进行给付。

---

① 张新宝、岳业鹏:《大规模侵权损害赔偿基金:基本原理与制度构建》,《法律科学》2012年第1期。

② 受20世纪50、60年代德国“反应停”事件的影响,我国台湾地区出现了大量畸形胎儿。1976年,受害者与药品生产者签订了补偿协议,并设立了专门的基金会对补偿金进行管理。

五、余　论

从20世纪末期至今，核辐射、环境污染、产品责任等大规模侵权事件频繁发生。尽管侵权诉讼仍在纠纷解决中占据主要位置，但从实务经验来看传统的损害赔偿系统在处理该类纠纷时已经“捉襟见肘”。一种崭新的救济思路继而产生，即风险由加害者个人承担转变为由社会分担。如加藤雅信教授提出的“综合救济系统”，秉持的即是将损害负担于社会共同体的正义观，建立一个将社会保险制度与损害赔偿制度合一的综合的人身被害救济系统。① 以经济学的观点解释，即在当今损害救济系统的转型与构建过程中救济的效率因素受到了更高的重视，道德因素被相对弱化。正如在医药品副作用致害案件中，在传统救济模式的局限与患者对于救济的迫切需求存在严重不平衡之时，损害救济系统应当关注的不仅仅只是责任者定位的问题，更应包括如何科学合理地填补损害，而后者其实具有更显著的现实意义。

（原载于《山东大学学报（哲学社会科学版）》2018年第4期）

① 加藤雅信，『現代不法行為法学の展開』，有斐閣1991年，第6～8頁。

中国基层法院司法满意度考察
——以民事裁判文书为对象的实证分析

胡昌明

党的十八大提出“要进一步深化司法体制改革”，并将司法体制改革作为全面深化改革的重头戏。本轮司法体制改革中的“司法人员分类管理”“司法责任制”“司法人财物省级统管”等重点任务，都以努力让人民群众在每一个司法案件中感受到公平正义为目标。由此可见，司法体制改革的目的不仅在于实现司法的公平正义，还在于让人民群众在司法中“感受”到公平正义。因此，司法必须认真对待民众的司法体验和感受。

目前，国内外这方面的著述并不多见，主要原因在于民众的司法感受缺少具体的、确定的指向，传统的法学规范研究范式和路径，无法对司法感受这样一个涉及司法实践层面甚至社会心理层面的问题作出有力的回应。因此，本文站在实证分析的立场，尝试通过问卷方法，直接调查诉讼参加人对诉讼过程的满意度。这是获取民众对司法评价最有效的方式之一，也是分析研究民众司法感受可行的方法之一。

一、司法满意度及其研究方法

(一)从司法裁判文书满意度入手分析的可行性

本文选取裁判文书满意度这一视角来分析民众的司法感受的原因在于：首先，法官审理案件后制作的裁判文书，是反映案件争议和诉讼请求、记载司法审判活动过程、明确当事人权利义务的司法产品[①]，所以，裁判文书承载了司法活动和行为，在记录法官办案质量、执法水平与判案能力的同时，也是司法过程和裁判结果的最终体现。其次，裁判文书直接影响了当事人的利益格局，反映了诉讼过程的全貌，诉讼参加人对裁判文书的满意度直接影响他们对司法的评价，因此裁判文书满意度是民众司法感受的集中体现。再次，大部分公众主要是通过裁判文书来了解法院的工作状况的，他们对裁判文书的意见，直接反映了对整个法院和司法过程的意见。在裁判过程中作出民众接受度高的裁判文书，才能使人民群众在司法案件中感受到公平正义。因此，本文以裁判文书满意度为切入点，展开对民众司法感受的研究。

（二）调查的对象

诉讼参加人是诉讼活动的重要参与者，本次调查问卷发放的对象是参与B市某基层法院（Y法院）[②]民事诉讼案件的诉讼参加人，包括当事人及其代理人。

1. 选择民事裁判文书作为调查对象的原因

之所以选择民事裁判文书作为调查对象，主要原因在于：一是民事诉讼是法院受理的最主要的案件类型之一，从数量上来说，占据绝对优势。2016年，B市法院共受理各类案件65.16万件，其中民事案件42.14万件，占所有受理案件的64.7%，占所有非执行案件的85.15%[③]（执行案与其他案件审理性质差异较大，制作文书也不是执行工作的核心内容）。二是民事诉讼是最常见的、与民众关系最为密切的案件类型，无论是离婚纠纷、借款纠纷、劳动合同纠纷，还是人身损害赔偿纠纷，它们大都是民众日常接触多、直接影响普通民众切身利益的案件，因此最能真实反映民众的司法感受。三是民事诉讼双方地位平等，而刑事诉讼、行政诉讼一方当事人为检察机关和行政机关，仅调查一方当

① 胡云腾：《论裁判文书的说理》，《法律适用》2009年第3期。

② B市Y区法院是位于我国东部经济发达地区的一家基层法院，每年受理案件5万件以上，总体而言，诉讼参加人对法律比较了解，文化水平相对较高。如果能够抽样调查不同地区的不同层级法院，可能更具代表性。但同时在不同法院之间发放问卷本身可控性更差，有可能使结论产生偏差。而在现有条件下，Y区法院的380份问卷已经能够较好地说明本文讨论的问题。

③ 杨万明：《北京市高级人民法院工作报告——2017年1月18日在北京市第十四届人民代表大会第五次会议上》，2017年2月7日《北京日报》。

事人的感受和满意度结果可能会产生偏差,因此通过调查民事诉讼中平等双方、胜败诉双方对裁判文书的意见,更加客观和真实。[①]

2. 选择基层法院作为调查对象的原因

之所以将调查对象集中在基层法院,基于以下几方面考虑:一是基层法院是中国法院系统的重要组成部分。[②] 2016 年,全国法院共受理案件 2300 多万件,审结、执结 1900 多万件,其中 85%以上的案件在基层法院。[③] 目前,全国法院数量共计 3520 余家,其中中级以上法院仅 400 余家,基层法院 3100 余家,占法院总数的 88%以上。因此,无论是从法院数量还是审理的案件数量看,基层法院都是中国司法的最主要部分。二是在中国,中级以上法院主要审理的是二审、再审案件,以及在本辖区有重大影响的及重大的涉外一审案件,这些案件往往都委托了律师作为代理人,对这些诉讼参加人的满意度进行调查代表性不强。而基层法院审理案件的范围更为广泛,当事人的身份更为多样化,调查反映出的民众满意度更加客观全面。三是一审民商事案件中绝大部分都是由基层法院审理,这些案件对普通民众的利益影响最大,最能够体现民众的司法感受。综上,对基层法院裁判文书满意度的调查更具有代表性。

(三)调查的信度

信度(reliability)在社会学中是衡量测量方法质量的一个重要指标,即对同一现象进行重复观察是否可以得到相同的结果,它代表着调查的可信度。[④] 为了保证该调查问卷的信度,笔者采取了如下措施:第一,为保证问卷信度,本次调查共发放问卷 380 份,回收有效问卷 320 份,有效回收率达 84.2%。[⑤] 第二,调查过程的客观性。如上文所述,调查对象是调查期间内在 Y 法院签收裁

① 下文的裁判文书、诉讼参加人如不加特别说明均仅指民事诉讼的裁判文书和诉讼参加人。

② 苏力:《送法下乡——中国基层司法制度研究》,中国政法大学出版社 2000 年版,第 9 页。

③ 《2016 年全国法院司法统计公报》,《中华人民共和国最高人民法院公报》2017 年第 4 期。

④ 巴比:《社会研究方法》,邱泽奇译,华夏出版社 2009 年版,第 143 页。

⑤ "比起低回收率来,较高的问卷回收率,偏误也较小。问卷回收率至少要 50%才是足够的;要至少达到 60%才算是好的;而达到 70%就非常好。"参见巴比:《社会研究方法》,邱泽奇译,华夏出版社 2009 年版,第 262 页。

判文书的所有诉讼参加人，其中既有代理人，也有当事人。既有胜诉方，也有败诉方，从而避免了抽样中可能出现的片面性。第三，匿名性。调查问卷要求被访者匿名填写问卷，最大限度保证调查问卷结果的客观性。第四，消除主观因素的影响。一方面，虽然法官是裁判文书制作者，通过裁判文书优劣能够评判其工作的良莠，但是调查问卷不透露法官姓名、案号等内容，也不涉及对个案和具体法官的评价，法官不存在干预的动机；另一方面，受访者是已经签收裁判文书的诉讼参加人，即意味着本阶段诉讼已经结束，不必担心问卷填写影响裁判结果。

二、初步调查结论：有差别的满意度

（一）对裁判文书的整体评价

调查问卷根据李克特量表将诉讼参加人对于法院裁判文书质量满意的整体评价分为“非常满意”“满意”“不好说”“不满意”“非常不满意”五类。其中，回答“非常满意”的 119 人，回答“满意”的 148 人，合计占 83.5%；回答“不好说”的 49 人，占 15.3%；而回答“不满意”或者“非常不满意”的各 1 人，各占 0.3%，另有 2 人未填写（见图 1）。从这一结果看，公众对裁判文书的总体满意度较高。

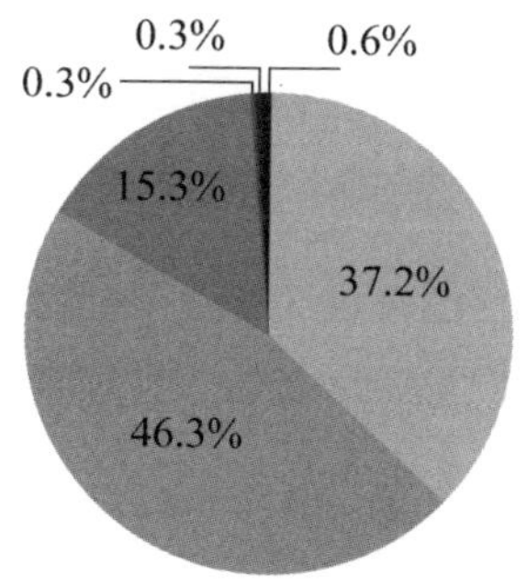

图 1　当事人对裁判文书接受度的整体满意度

(二)裁判文书各项指标满意度的差异

一份完整的裁判文书是由证据认定、裁判说理等多个部分组成的。为全面了解诉讼参加人对裁判文书各个方面的意见,问卷设置了裁判文书通俗性、裁判文书对当事人意见归纳、证据认定、文书查明事实部分、文书说理部分、法律的适用、诉讼费用、文书格式、错别字现象等九个指标,不同指标均设置好或较好、一般、较差或较差三个选项。从调查结果看,公众对裁判文书这九个方面的满意度存在较大差异。满意度最高的是裁判文书的通俗性,高达 98.5%;对裁判文书的说理部分公众的满意度最低,仅为 69.7%。而其他七项内容满意度从高到低分别是错别字现象、当事人意见归纳、证据认定、法律适用、查明事实部分、诉讼费用和文书格式(见表 1)。

表 1　受访者对裁判文书评价分项排序

项目	好或者较好	一般、差或者较差	其他①	合计
通俗性	98.5%	1.2%	0.3%	100%
错别字现象	97.5%	1.5%	1.0%	100%
当事人意见归纳	95.3%	4.4%	0.3%	100%
证据认定	93.8%	6.2%	0.0%	100%
法律适用	92.5%	6.3%	1.2%	100%
查明事实部分	91.0%	7.2%	1.8%	100%
诉讼费用	82.2%	17.2%	0.6%	100%
文书格式	80.0%	19.0%	1.0%	100%
文书说理部分	69.7%	30.3%	0.0%	100%
整体评价	83.5%	15.9%	0.6%	100%

(三)裁判结果及当事人上诉情况

在对法院裁判结果的调查中,认为完全支持己方诉讼请求或者答辩意见的受访者 117 人,占 36.6%;认为己方请求或者意见得到法院部分支持的 147

① 个别当事人未回答该问题。

人，占45.9%；认为完全没有得到支持的35人，占10.9%；认为不好说的21人，占6.6%。

在对是否上诉的调查中，受访者中表示上诉的21人，占6.6%；表示不会上诉的178人，占55.6%；需要考虑后再决定的121人，占37.8%。

三、影响满意度的多重因素分析

受访者对裁判文书及各项指标的满意度仅仅是了解民众司法感受的开端，而找到影响司法满意度的诸多因素，则要进一步对相关变量进行分析。

（一）诉讼参加人身份对满意度的影响

调查表明，对诉讼参加人裁判文书满意度影响较大的身份因素有年龄、学历、收入和职业等，这些因素的影响呈现一定的规律性，而受访者的性别和籍贯因素对裁判文书满意度的影响较小。

第一，年龄因素。调查表明，年龄与裁判文书的满意度大体呈现负相关关系，即总体上呈现年龄越大的诉讼参加人对裁判文书满意度越低的规律。30岁以下受访者的满意度为90.1%，30～40岁受访者的满意度为84.4%，40～50岁受访者的满意度为74.2%，50～60岁受访者的满意度为85.7%，60岁以上受访者的满意度为63.6%。其中，只有50～60岁受访者的满意度水平高于上一个年龄组（见图2）。

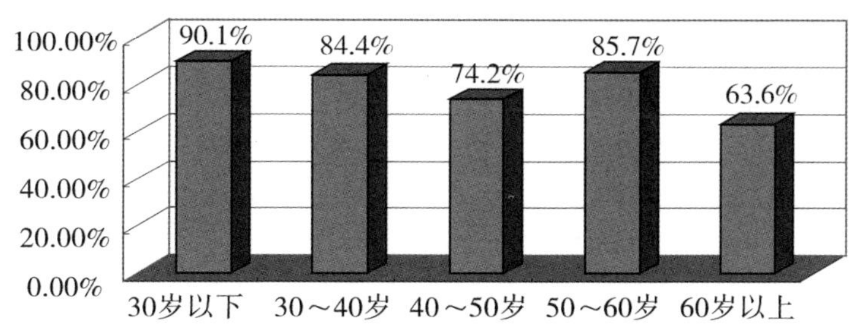

图2　不同年龄调查对象的满意度变化

第二，学历因素。受访者对裁判文书的满意度，总体上随着学历的提升而上升。初中及以下学历者对裁判文书的满意度只有66.7%，高中学历者的满意度提高到77.3%，大专学历者为80.4%，本科学历者为90.4%，是所有学历中满意度最高的,而硕士及以上学历者为85.7%,也高于平均满意度。可见,学历与满意度大体上呈现正相关的关系(见图3)。

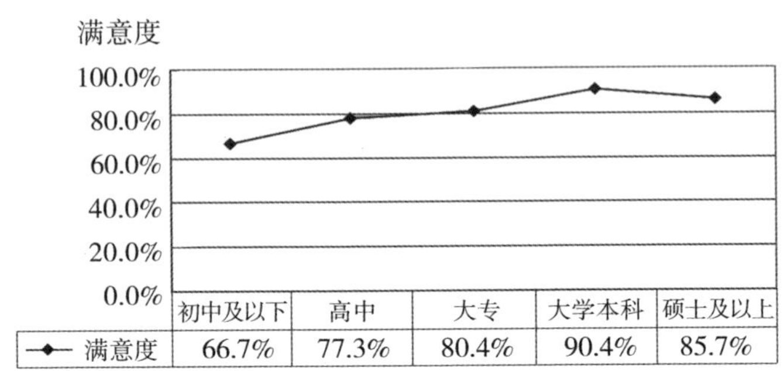

图3 不同学历调查对象满意度变化

第三,收入因素。受访者对裁判文书的满意度与收入呈正相关关系。月收入2000元以下的低收入者对裁判文书的满意度最低,只有70.8%。随着收入水平的上升,满意度也随之升高。月收入2000~5000元的受访者满意度提高到87.4%,月收入5000~10000元的受访者满意度为88.2%,月收入10000元以上的受访者满意度为88.6%。上述统计数据表明,受访者收入越高其满意度越高。尤其值得关注的是,月收入2000元以下的低收入者与其他收入阶层相比,满意度差距较大(见图4)。

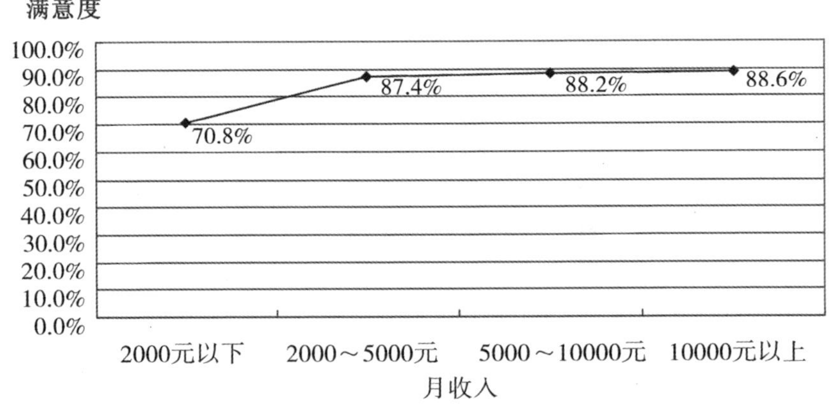

图4 不同收入者对裁判文书满意度变化

第四,职业因素。职业直接体现一个人的社会地位和身份状况,是人们最重要的社会结构特征之一。根据统计,职业因素对裁判文书满意度的影响也非常显著。满意度从高到低的职业分别是政府工作人员(100%)、社会团体工作人员(100%)、学生(100%)、自由职业者(89.3%)、其他职业者(87.0%)、企业职工(86.9%)、个体工商户(79.5%)、待业人员(76.5%)、事业单位人员(75.9%)、农民(40.0%)。从数据可以看出,不同职业的受访者对裁判文书的满意度差异明显。调查显示,在政府机关、社会团体工作、具有稳定收入和较高社会定位的人对裁判文书的满意度较高,而社会保障较弱、地位不高的个体工商户、待业人员、农民等对裁判文书的满意度则排在倒数几位(见图 5)。

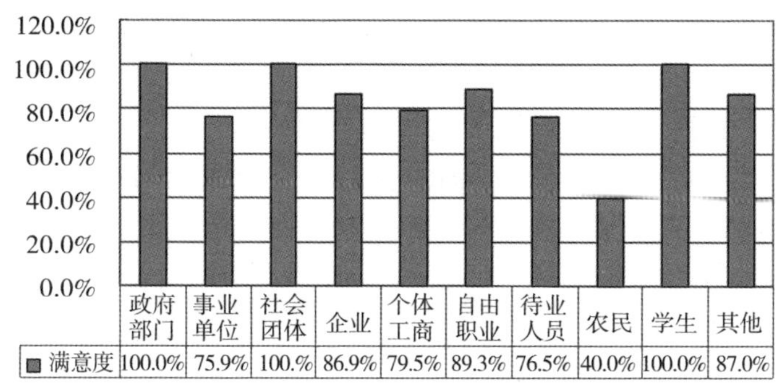

图 5　不同职业者对裁判文书满意度对比图

从上述分析中可以看出,诉讼参加人的身份不同,对裁判文书的满意度相差较大。同时也反映出年长者、低学历者、低收入者和农民等弱势群体对于裁判文书不满意程度较高。这一现象说明,首先,这些群体的非理性思维特征较为明显,容易产生心理失衡,产生厌恶、对抗社会的心态,甚至做出一些偏激行为①,他们对法律也较为陌生甚至敌视,对法律和裁判文书的认同度低。其次,这些群体往往诉讼能力、收集证据能力低下,通过法律和诉讼程序赢得诉讼的概率较低。60 岁以上的老人、初中以下学历者、月收入 2000 元以下的低收入者以及农民的胜诉率分别只有 18.2%、25.0%、32.3%和 26.7%,都远低于 36.6%的平均胜诉率。这同时也反映出,中国的民事诉讼程序已经比较理性化、专业化和程序化,与年长者、低学历者、低收入者或者社会地位较低的职业者所理解和认同的情理差距较大,难以获得这些弱势群体的认可。

① 马继前、王民:《弱势群体的心理困境》,《瞭望》2005 年第 17 期。

（二）法律知识背景对满意度的影响

调查发现，受访者的满意度与他/她的法律知识背景具有一定的关联度。第一，律师、代理人的满意度更高。普通当事人的对裁判文书的总体满意度为79.5%，代理人的满意度为89.9%，其中专业律师的满意度为91.1%（见表2）。第二，参与诉讼次数越多的受访者满意度越高。参与过一次诉讼的受访者满意度为77.2%，参与过两次诉讼的受访者满意度上升到87.1%，参与过三次诉讼的受访者满意度为94.1%，参与过四次以上诉讼的受访者总体满意度为89.8%。可见，满意度与当事人参与诉讼的频次整体上呈现正相关关系。第三，法律的熟识程度越高的受访者对裁判文书满意度越高。认为自己对法律了解或者很了解的受访者裁判文书满意度为91.8%，对法律一般了解的受访者的裁判文书满意度为88.1%，而对法律不了解的受访者裁判文书满意度仅为59.4%（见图6）。

表2　诉讼参加人身份对裁判文书满意度的影响

诉讼参加人身份	满意度
当事人	79.5%
委托代理人	89.9%
律师	91.1%
平均	83.4%

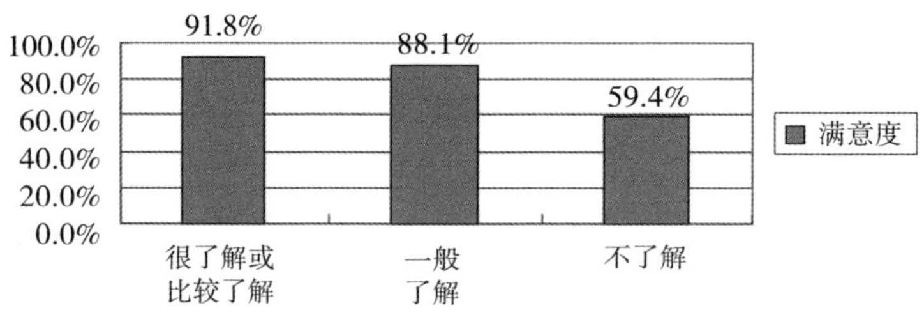

图6　调查对象的法律熟悉程度对裁判文书满意度的影响

综上所述，诉讼参加人的法律知识水平以及对法律的熟悉程度对裁判文书满意度具有较大影响。法律熟悉程度越高的诉讼参加人越能够理解诉讼程序和裁判过程，认可裁判结果，因此对于裁判文书的满意度也较高；而对法律越不了解、对诉讼程序越不熟悉的诉讼参加人，对裁判文书的评价也越低。对法律不了解的人，满意度不足6成，与对法律比较了解的诉讼参加人相比低了32.4个百分点；首次参加诉讼的当事人，满意度也比多次参加诉讼者满意度低了9.9～16.9个百分点不等；在诉讼中，当事人的满意度明显低于代理人，而代理人的满意度又略低于专业律师。这一方面反映出中国的民事诉讼程序对于那些第一次参加诉讼、不熟悉法律的普通民众关怀不足，使他们在诉讼中更多感受到困惑、失望和不满；另一方面则表明增进对法律和诉讼的理解，有助于提高诉讼参加人的司法满意度。

（三）裁判结果对满意度的影响

当事人参加诉讼的最终目的是赢得诉讼，裁判结果显然会深刻影响当事人的满意度。调查也表明，裁判结果的影响体现在两个方面：一是完全胜诉方的满意度显著高于部分胜诉方和败诉方。受访者中完全胜诉方对裁判文书的满意率高达92.3%，部分胜诉方对裁判文书满意率为81.6%，而败诉方的满意率仅有57.1%，不同的裁判结果对当事人满意度的影响十分明显（见图7）。同时，调查还表明败诉方对于裁判文书的说理、当事人意见归纳、法律适用等方面的满意度也普遍低于胜诉方（见表3）。二是与当事人利益相关的诉讼费用分担对于裁判文书的满意度的影响也比较显著，对裁判文书中诉讼费用分配很满意的受访者中，95.9%的人对裁判文书表示满意；对诉讼费分配比较满意的受访者中，90.1%的人对裁判文书表示满意。相反，对诉讼费用基本满意和不满意的当事人对裁判文书的满意度分别只有69.4%和41.4%。

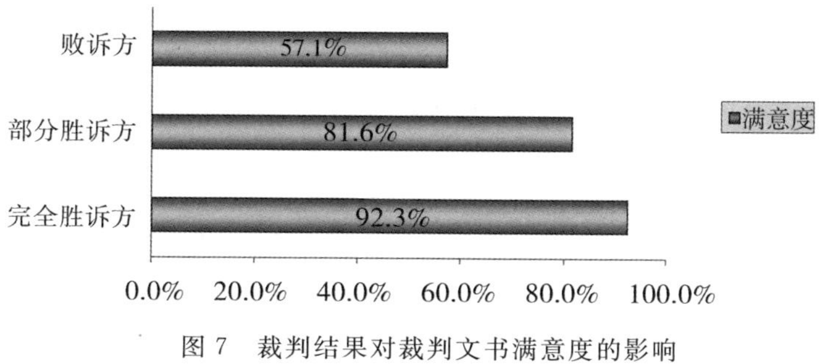

图7 裁判结果对裁判文书满意度的影响

表 3　　胜诉、败诉方对裁判文书具体指标满意度的对比

具体指标	胜诉方满意度	败诉方满意度	满意度相差百分点
当事人意见归纳	98.3%	82.8%	15.5
证据认定	98.3%	88.6%	9.7
查明事实	99.1%	60.0%	39.1
文书说理	90.6%	34.3%	56.3
法律适用	99.1%	65.7%	33.4
诉讼费用分担	88.0%	34.3%	53.7
文书格式	96.6%	48.6%	48.0

可见,裁判结果是影响当事人裁判文书满意度的重要因素之一。其中完全胜诉方当事人对文书的总体满意率高达 92.3%,败诉方只有 57.1%,胜诉方比败诉方满意度高 35.2 个百分点,比部分胜诉方满意度高 10.7 个百分点。同时,调查也表明,上诉率与裁判结果关系紧密,胜诉方、部分胜诉方、败诉方的上诉率分别为 2.6%、3.4%和 34.3%。由此可见,裁判文书满意度以及上诉率等不仅取决于法官适用法律正确,说理翔实、清晰,文书格式完备等裁判水平和文书质量的影响,还在很大程度上受到裁判结果的影响。由于司法程序面对的是双方当事人,任何一个裁判必然会对当事人的利益进行再分配。败诉方由于己方的诉求没有得到法官支持,更容易对裁判和法官表示不满意。在法律程序吸纳当事人不满情绪的功能没有充分发挥、普通民众对司法和法律缺乏崇高信仰的情境下,这种不满在一定程度上会被放大。

(四)裁判文书撰写水平对满意度的影响

调查显示,裁判文书的内容、格式乃至文字都会对裁判文书满意度产生不小的影响。其中,诉讼参加人更加关注的是自己的意见有没有在裁判文书中正确而完整地被归纳、案件的事实是否查证清楚,以及法官对自己提出的证据是否采信等与事实问题相关的内容。认为裁判文书对当事人意见归纳不准确或不太准确的受访者,对裁判文书的整体满意度仅为 21.4%。而认为裁判文书对当事人意见归纳准确的受访者,对裁判文书的满意度高达 86.2%,两者相差 64.8 个百分点(详见表 4)。

表 4　　裁判文书撰写水平对裁判文书满意度影响对比

类别	对裁判文书满意度影响相差的百分点①
当事人意见归纳是否准确	64.8
是否正确适用法律	51.8
是否正确认定证据	51.7
查明事实部分是否准确	47.0
文书格式是否满意	36.2
文书说理是否满意	33.9
能否看懂裁判文书	33.7

四、提高民众司法满意度的措施

由上可知，当事人的身份地位、当事人对法律知识的掌握程度、裁判结果以及文书撰写水平都是诉讼参加人满意度的重要影响因素，而且这种影响呈现一定的规律性。虽然法律是一门专业的学科，但是司法要获得人民的尊重和信任，就不能脱离时代，忽视人民群众的接受度而机械地适用法律。提高民众的司法满意度，应采取以下措施：

（一）立法要体现社会公平

1. 给予弱势群体更多法律援助

调查表明，弱势群体的胜诉率比平均胜诉率低很多，他们对裁判文书的满意度也普遍较低。因此，提高其满意度的方式之一是为弱势群体提供较为广泛的法律援助。我国现行《法律援助条例》对公民申请法律援助的条件要求比较苛刻，主要是针对刑事诉讼中的经济困难者，以及要求国家赔偿、抚恤金、救济金等特定诉讼的经济困难当事人。②

① 为了方便比较这些因素对裁判文书整体满意度影响的差异，本文分别计算了对这些分项满意与不满意的调查对象对整体满意度评价的差距。例如，对查明事实部分满意的调查对象的整体满意度为97%，而对此不满意的人整体满意度为50%，差距47个百分点，差距越大说明这一因素对裁判文书满意度的整体影响越大。

② 见《中华人民共和国法律援助条例》第二章“法律援助范围”。

然而,我国需要帮助的弱势群体远远超出了法律规定的法律援助范围。这些群体在不得不面对诉讼时,由于其经济能力无法支付昂贵的法律服务费用,他们往往选择凭借自己既有的生活常识和经验参加诉讼,这使其在诉讼中处处碰壁,不仅败诉率高,而且对裁判结果的满意度也较低。因此,笔者建议:第一,增加国家对法律援助的资金投入,适当扩大法律援助的覆盖面,向更多诉讼能力低下的当事人提供法律援助,提高诉讼的公平性。第二,扩大法律援助服务范围,除了为当事人提供诉讼服务外,法律援助还应该包括法律咨询、撰写简单法律文书等法律服务。这样才能使最广泛的当事人在较为平等的条件下进行诉讼,提高其胜诉率和满意度。

2. 建立特定案件强制代理制度

律师及诉讼代理人的司法满意度显著高于当事人,原因不仅在于他们更有可能赢得诉讼,还在于他们本身具有较强的诉讼能力,更能够充分地准备诉讼所需的证据材料,对司法程序更加熟悉和理解也使得他们对诉讼结果更容易产生合理预期,更加能够接受败诉的结果。因此,可以借鉴域外一些国家强制律师代理的经验,规定在特定诉讼程序或争议较大的案件中必须聘请律师等法律专业人士作为诉讼代理人,可以首先尝试在申诉、申请再审案件以及涉外、涉海商事案件中必须聘请律师,然后逐步扩大适用范围,以减少因当事人对诉讼程序或者诉讼规则不熟悉而导致败诉的现象,从而在一定程度上提高诉讼参加人的满意度。

(二)司法应贴近民众

1. 加强法官的释明工作

当下社会变革迅速,贫富差距较大,公众的诉讼能力、法律知识千差万别,如果法官机械地“平等”“中立”地对待各种各样的诉讼参加人,有些诉讼参加人可能会利用法律漏洞,滥用诉权,拖延诉讼,甚至伪造证据。而另一些诉讼能力较低的诉讼参加人因不了解法律运作的程序、诉讼技巧,不会收集和保全证据,难以赢得诉讼。他们对裁判文书当然会心生不满,长此以往,他们对法院和法律也会丧失信心。因此,针对多数诉讼当事人诉讼能力不高、聘请律师比例较低的现状,法官在坚持审判中立、遵守宪法法律的基础上,应当积极能动司法,扩大释明权适用范围。除了在当事人举证、拟制自认、法律关系的性质、民事行为的效力等方面进行释明外,还应就当事人诉讼请求不明确、当事人诉讼行为明显不当、当事人忽视法律观点、诉讼主体不适格、诉讼标的不适当等[①]加强释明，使得诉讼双方能够在更加平等的基础上进行诉讼。这样才能消除弱势群体对诉讼和法院的误解，提高当事人的满意度。

2.重构多元纠纷解决机制

调查表明，诉讼结果对于诉讼参加人的满意度有着直接而重大的影响，胜诉方的整体满意度比败诉方高35.2个百分点。如果通过诉讼，特别是判决方式解决纠纷，败诉方对于裁判文书以及法院的满意度自然不会很高。因此，为提高公众对裁判文书的满意度，笔者建议：一方面，贯彻“调判结合，调解优先”的理念，加大法院调解的力度。引导双方当事人对自己的利益进行理性的取舍，优先以和解方式解决诉讼，实现双方当事人的利益乃至整个社会的利益最大化。另一方面，大力推广多元化纠纷解决机制。建议在司法救济途径之外，扩展司法所、街乡办事处、仲裁机构、工会、行政部门纠纷解决机构的职能，将这些部门的调解作为特定纠纷，如劳动争议、物业管理、相邻关系纠纷的前置程序，并逐步推动其与诉讼纠纷解决机制相衔接。

3.增强诉讼程序的亲和力

部分社会群体对裁判文书认可度低也反映了另一种倾向，即现行的民事诉讼程序大多是从西方直接移植过来的，无论是“谁主张谁举证”的规则，法官的消极中立理念，还是法庭上的诉辩对抗等，都是舶来品。虽然这些“正当程序理论”在中国法律界已经耳熟能详，甚至不容置疑，但是这些刚性程序和要求对于平时远离法庭、不熟悉法律的普通当事人来说，仍然是陌生乃至“不可理喻”的。因此，为提高公众满意度，应该在现代法治程序中适当寻找一些能够与民间传统的情理相勾连的因素，使我们的各项诉讼制度、措施具有易接近性和可操作性，“在程序上，保护他们的人格尊严，不采取有辱人格的强制措施”[②]。通过具体措施提高裁判文书和诉讼程序的亲和力，体现司法为民的理念，使不具有专业知识背景的民众也能够理解和正确地评价法律和法院的裁判文书。

4.进行裁判文书改革

由于裁判文书的撰写方式和内容会深刻影响诉讼参与人的满意度，建议

① 王松：《民事法官释明权：行使、规制与救济》，《法律适用》2007年第10期。

② 唐磊、汪启和：《论司法权应具亲和力的十大理由》，《中国司法》2005年第9期。

从以下两个方面对裁判文书撰写进行改革。第一,加强裁判文书的说理。对裁判文书说理不认同是诉讼参加人对裁判文书不满意的主要原因之一,而不满的理由又以“文书说理过于简单,没展开说明”的占大多数。可见,当事人对文书说理部分的不满主要是说理过于简单。因此,增强裁判文书的说理性是提高公众满意度的途径之一。2018 年 6 月,最高人民法院颁布了《关于加强和规范裁判文书释法说理的指导意见》,要求“加强和规范人民法院裁判文书释法说理工作,提高释法说理水平和裁判文书质量”,并把裁判文书的制作和释法说理纳入法官绩效考核内容,为加强裁判文书说理提供了法律依据。第二,改变法律条文的表述方式。有相当一部分当事人认为,裁判文书中涉及的法律条文应当写明具体内容或主要内容,因此,建议在裁判文书中不仅应当列明涉及的法律条文,还应列明法条的主要内容,并结合法条进行说理,这有助于提高当事人对裁判过程和结果的认同和理解。

(三)加强社会融合

1.加强社会的同质化建设

中国正处于社会的转型期,社会公众的地位分化比较明显,社会贫富差距较大。统计数据表明,2016 年中国居民收入基尼系数为 0.465,显著高于 0.4 的国际警戒线。[①] 社会各阶层的分化严重,不同阶层对同一事物的看法差距也越来越大,甚至存在阶层固化的危险;体现在司法中,则是不同社会阶层的公众对判决的认同度大相径庭。这就难以产生令所有人甚至大多数人都满意的判决。因此,为提高公众满意度,有必要加强社会同质化建设,缩小社会各阶层差距。

2.提高民众对诉讼程序的认知水平

调查显示,对法律不了解或仅一般了解的受访者比例高达 53.2%,而这部分人对法律和裁判文书的认同度普遍较低。因此,应当进一步提高公众对于法律的认知水平和对司法的了解程度。为此,笔者建议:一方面,增强司法透明度,通过公开裁判文书,主动在门户网站公开有助于司法公正的审判事务信息、庭审信息、审判流程信息等,不断拓展司法公开的广度和深度;另一方面,

---

① 《统计局局长就 2016 年全年国民经济运行情况答记者问》,http://www.stats.gov.cn/tjsj/sjjd/201701/t20170120_1456268.html,访问日期:2017 年 7 月 3 日。

利用信息化手段加强与民众的互动，通过视频庭审直播、网上接访、网上开庭、微博、微信等方式，拉近与民众的距离，以社会公众的切身利益为出发点，征求社会公众的意见和建议，努力满足公众多元司法需求，赢得公众的信赖。

（原载于《山东大学学报（哲学社会科学版）》2018 年第 5 期）